工业化、城镇化和农业现代化协调发展研究丛书

总编◎李小建　仉建涛

中原农村发展研究·智库系列　　主编◎马　华

转型与治理

河南现代农业与
新型城镇化发展评价

TRANSFORMATION AND GOVERNANCE
The Evaluation of Modern Agriculture
and New Urbanization Development in Henan Province

马洪伟　鲁小亚　等◎著

社会科学文献出版社
SOCIAL SCIENCES ACADEMIC PRESS (CHINA)

总　序

中原经济区"三化"协调发展河南省协同创新中心（以下简称"中心"）是河南省首批"2011 计划"（高等学校创新能力提升计划）所设立的研究单位，2012 年 10 月由河南省政府批准正式挂牌成立。中心以河南财经政法大学为牵头单位，由河南大学、河南农业大学、河南师范大学、河南工业大学、许昌学院、信阳师范学院、河南省委政策研究室、河南省政府发展研究中心、河南省工信厅、河南省住建厅等多所省内著名高校和政府机构为协同单位联合组建。

中心的使命是按照"河南急需、国内一流、制度先进、贡献重大"的建设目标，以河南省不以牺牲农业和粮食、生态和环境为代价的新型工业化、新型城镇化、新型农业现代化"三化"协调发展的重大战略需求为牵引，努力实现"三化"协调发展基础理论、政策研究与实践应用的紧密结合，支撑河南省新型工业化、新型城镇化和新型农业现代化建设走在全国前列，引领中原经济区和河南省成为打造中国经济升级版中的新经济增长极。

工业化、城镇化和农业现代化本身就是非常复杂的问题，三者相互协调更是一大难题。研究如此大系统的复杂问题，中心一方面展开大量的理论研究，另一方面展开广泛深入的调查。此外，还不断将理论应用于实践，目前已取得一定的阶段性成果。

为此，中心推出"工业化、城镇化和农业现代化协调发展研究丛书"。一方面，丛书可及时向政府和公众报告中心的研究进展，使中心的研究成果能够得到及时的关注和应用；另一方面，中心也可以从政府和公众的反馈中不断改进研究方法。我们深知所要研究的问题之艰难以及意义之重大，我们一定会持续努力，不辜负河南省政府及人民对我们的信任和寄托，做对人民有用的研究。

十分感谢社会科学文献出版社为丛书的出版所做的重要贡献。

李小建　仉建涛

2015 年 6 月 1 日

目　录

城镇化发展与乡村治理篇

河南省城镇化水平综合测评报告 ················· 3

　一　构建评价城镇化水平的指标体系 ············ 4

　二　河南省新型城镇化的现状 ············ 10

　三　河南省新型城镇化发展面临的主要问题 ············ 13

　四　分析与思考 ············ 16

离土不离乡，就地城镇化 ············ 18

　一　新型农村社区建设的主要做法 ············ 18

　二　新型农村社区建设的杠杆效应 ············ 21

　三　新型农村社区建设的经验启示 ············ 22

　四　新型农村社区建设的探索方向 ············ 23

城乡一体化进程中应注意"难点村"治理 ············ 24

　一　城乡一体化之前的 L 村——平静祥和 ············ 24

　二　城乡一体化之后的 L 村——四大困境 ············ 25

　三　城乡一体化进程中"难点村"治理的对策建议 ············ 29

新型农村社区何以建成？ ············ 35

　一　新型农村社区建设：A 村实践 ············ 35

　二　个案评析：A 村建设的成效及存在的问题 …………… 38

　三　结论与思考 ……………………………………………… 43

新型农村社区建设调查研究 …………………………………… 46

　一　调查之一：组合型城中村建设调查 …………………… 46

　二　调查之二：组合型乡里村建设调查 …………………… 51

　三　新型农村社区建设的政策建议 ………………………… 58

私人治理 ……………………………………………………… 60

　一　治理体制的私人化 ……………………………………… 61

　二　治理组织的私人化 ……………………………………… 63

　三　私人治理的形成原因 …………………………………… 67

　四　私人治理的后果 ………………………………………… 70

农村党组织公共服务职能建设的创新实践 ………………… 73

　一　Z 村党组织服务功能建设的个案背景 ………………… 73

　二　Z 村党组织服务功能建设的创新实践 ………………… 76

　三　Z 村党组织服务功能创新实践的个案经验 …………… 78

经济欠发达地区公共文化服务建设经验研究 ……………… 82

　一　政府力量：公共文化服务建设的基点 ………………… 83

　二　社会资源：公共文化服务建设的力量源泉 …………… 85

　三　群众需求：公共文化服务建设的行动指针 …………… 88

现代农业与粮食安全篇

当前发展现代农业的理论思考 ……………………………… 93

　一　当前农村发展呼唤现代农业 …………………………… 93

　二　发展现代农业亟须思路创新 …………………………… 97

　三　现代农业的未来是和谐发展 …………………………… 102

发展现代农业：农民的"盼与忧" ·········· 104

   一　农民对发展现代农业的认知差异 ·········· 104

   二　农民对发展现代农业的"盼与忧" ·········· 108

   三　四大联动机制"解忧给盼" ·········· 112

"排难促转"：推动农业现代化 ·········· 117

   一　当前 X 市土地流转的现状分析 ·········· 117

   二　当前 X 市土地流转存在的问题与原因 ·········· 120

   三　解决 X 市土地流转问题的对策与建议 ·········· 125

降"本"增"利"：合作组织解民忧 ·········· 128

   一　首峰植保专业合作社的运转机制 ·········· 128

   二　首峰植保专业合作社发展的成效 ·········· 131

   三　首峰植保专业合作社发展的借鉴意义 ·········· 132

"主体多元、功能扩展"：现代农业公共服务 ·········· 135

   一　X 市现代农业公共服务的现状分析 ·········· 136

   二　X 市现代农业公共服务存在的问题与原因 ·········· 137

   三　发展 X 市现代农业公共服务的对策与建议 ·········· 141

河南：谁在种粮，种得如何？ ·········· 144

   一　河南省粮食生产与销售情况 ·········· 144

   二　河南省种粮投入与收益状况 ·········· 152

   三　河南省粮食生产中存在的问题 ·········· 166

   四　对河南省未来种粮的几点建议 ·········· 173

新型农民专业合作经济组织的调查研究 ·········· 177

   一　农民专业合作经济组织的发展状况 ·········· 177

   二　新型农民专业合作经济组织内卷化的原因分析 ·········· 182

   三　启示 ·········· 184

发展现代农业，保障粮食安全 ………………………… 186

　一　"陈曹经验"的突出特点 ……………………………… 186

　二　"陈曹经验"的基本经验 ……………………………… 190

　三　"陈曹经验"的借鉴意义 ……………………………… 191

发展现代农业过程中的农民权益保障 ……………… 194

　一　K 村农民上访事件 ……………………………………… 194

　二　当前土地流转过程中农民的现状分析 ……………… 196

　三　土地流转过程中农民权益受损的原因探析 ………… 198

　四　维护土地流转过程中农民权益的对策思考 ………… 200

土地流转与公司下乡篇

农村土地经营管理制度探究 …………………………… 205

　一　土地经营和管理的现状 ……………………………… 205

　二　实施土地流转制度存在的问题 ……………………… 207

　三　对策与建议 …………………………………………… 210

中原农村土地流转的问题与出路 …………………… 215

　一　当前农村土地流转的主要形式 ……………………… 215

　二　中原农村土地流转面临的问题 ……………………… 218

　三　中原农村土地流转的出路何在 ……………………… 220

公司下乡要警惕乡村关系行政化 …………………… 223

　一　公司下乡中乡村关系行政化问题 …………………… 223

　二　公司下乡中乡村关系行政化的原因 ………………… 225

　三　公司下乡中建立均衡多元乡村关系的政策建议 …… 226

游离在政府与市场之间 ································· 229

　　一　公司下乡后的现状分析 ························· 230

　　二　涉农公司下乡后的问题解析 ····················· 232

　　三　涉农公司下乡的路径探析 ······················· 234

真正的自治要接地气 ······························· 237

　　一　涉农公司下乡对村庄治理的具体影响 ············· 237

　　二　涉农公司下乡后村庄治理的有益经验 ············· 241

　　三　涉农公司下乡后村庄治理的政策建议 ············· 244

公司制农场：资本下乡与规模经营的困境 ············· 246

　　一　规模化经营与大户 ····························· 248

　　二　公司式农场：外来资本的经营管理 ··············· 251

　　三　大规模经营的问题与困境 ······················· 253

　　四　土地分包：公司制农场的退出与调适 ············· 255

　　五　扩展的讨论：大规模土地流转的"未预后果" ······· 258

其　他

河南省城市居民生态文明建设状况调查研究 ··········· 265

　　一　调查过程和方法 ······························· 265

　　二　调研结果分析 ································· 266

　　三　对策与建议 ································· 268

美丽乡村建设勿忘传统农耕文化的记忆与传承 ········· 271

　　一　美丽乡村建设背后的乡愁情思 ··················· 271

　　二　美丽乡村建设勿忘传统农耕文化的记忆与传承 ····· 272

　　三　中原农耕文化博物馆所做的点滴努力 ············· 274

后　记 ··· 276

CONTENTS

Urban Development and Rural Governance

Report of Urbanization Comprehensive Evaluation

about Henan Province / 3

1. Constructing the Index System of Estimating Urbanization Level / 4

2. Current Situation of the New Urbanization about Henan Province / 10

3. The Main Problem of the New Urbanization Development

about Henan Province / 13

4. Analysis and Thinking / 16

Leave Land not Leave Country, Urbanization on the Spot / 18

1. The Practice of the New Rural Community Construction / 18

2. The Leverage of the New Rural Community Construction / 21

3. The Experience and Revelation of the New Rural Community

Construction / 22

4. The Exploration Direction of the New Rural Community

Construction / 23

The Process of Urban – Rural Integration should Pay

Attention to the Problem Villages / 24

1. The Situation before Urban – Rural Integration—Calmness

and Peaceful / 24

2. The Situation during the Process of Urban—Rural

Integration – The Four Dilemma /25

3. The Countermeasures and Suggestions about the Problem

Villages in the Process of Urban – Rural Integration /29

How to Build New Countryside Community? /35

1. The New Rural Community Construction:

The Practice of a Village /35

2. Case Analyses: The Effects and Problems of a Village'

New Rural Community Construction /38

3. Conclusion and Thinking /43

The Investigation on New Countryside Community Construction /46

1. One of Investigation Contents is about the Combined

Village in the City' Construction /46

2. One of Investigation Contents is about the Village in the

City' Construction /51

3. The Countermeasures and Suggestions about New Rural

Community Construction /58

Private Governance /60

1. Private Governance System /61

2. Private Governance Organization /63

3. The Reasons for the Formation of Private Governance /67

4. The Consequences of Private Governance /70

The Innovative Practice of the Rural Party Organization'

Service Function Construction /73

1. The Background of Z Village Party Organization' Service

Function Construction /73

2. The Innovative Practice of Z Village Party Organization' Service
Function Construction   / 76
3. The Experience of Z Village Party Organization' Service
Function Construction   / 78

The Experience Research of Public Cultural Services Construction
in Economic Underdeveloped Regions   / 82
1. Government's Power: The Basis of Public Cultural Services   / 83
2. Social Resources: The Strength Source of Public Cultural
Services Construction   / 85
3. People's Demand: The Guide to Action of Public Cultural
Services Construction   / 88

Modern Agriculture and Food Security

The Theory Thinking of Developing the Modern
Agriculture Currently   / 93
1. The Current Rural Development Calls Modern Agriculture   / 93
2. Developing Modern Agriculture Needs Thinking Creation   / 97
3. The Future of Modern Agriculture is the Harmonious Development / 102

Development of Modern Agriculture: The Farmer's
"Aspirations and Concerns"   / 104
1. Farmers' Cognitive Differences of Developing Modern Agriculture   / 104
2. The Farmer's Aspirations and Concerns of
Developing Modern Agriculture   / 108
3. Four Linkage Mechanism is to Solve Worry and to Give Hope   / 112

Remove Problems to Promote the Land Circulation: Promoting
Agricultural Modernization   / 117
1. The Status Quo Analysis of X City Land Circulation   / 117

2. The Problems and Reasons of X City Land Circulation　　/ 120

3. The Countermeasures and Suggestions to Solve the
Problem of X City Land Circulation　　/ 125

**Increase Profits by Reducing Costs: Cooperative Organizations Solve
the Concerns of the Farmers**　　/ 128

1. The Operation Mechanism of Shou Feng Zhi Bao Cooperative　　/ 128

2. The Effect of Developing Shou Feng Zhi Bao Cooperative　　/ 131

3. Reference of Developing Shou Feng Zhi Bao Cooperative　　/ 132

**"Subject Diversification, Function Extension":
The Public Service of Modern Farming**　　/ 135

1. The Status Quo Analysis of X City Modern Agricultural
Public Service　　/ 136

2. The Problems and Reasons of X City Modern Agricultural
Public Service　　/ 137

3. The Measures and Suggestions to Develop X City Modern
Agricultural Public Service　　/ 141

Henan: Who is Growing Grain, How are Planting?　　/ 144

1. Grain Production and Sales of Henan Province　　/ 144

2. Grain of Input and Output of Henan Province　　/ 152

3. The Problems Existing in the Food Production of Henan Province　　/ 166

4. The Suggestion of Growing Grain in the Future of Henan Province　　/ 173

**The Investigation of the New Farmers' Professional
Cooperative Economic Organization**　　/ 177

1. The New Farmers' Professional Cooperative Economic
Organization Status of Development　　/ 177

2. The Reason of the New Farmers' Professional Cooperative
Economic Organization Involution　　/ 182

3. Enlightenment　　/ 184

Development of Modern Agriculture, Safeguard

of Food Grain Security / 186

1. The Remarkable Features of "Chencao Experience" / 186

2. The Basic Experiences of "Chencao Experience" / 190

3. The Reference Significance of "Chencao Experience" / 191

Safeguard Rights of Farmers in the Process

of Developing Modern Agriculture / 194

1. Farmers Petition Incidents of Village K / 194

2. The Status Analysis of Current Farmers in the Process
of Land Transfer / 196

3. The Analysis of the Damage of Farmers' Rights and Interests
in the Process of Land Transfer / 198

4. Countermeasure Thought about Maintain Farmers' Rights and
Interests in the Process of Land Transfer / 200

Land Transfer and Companies
Go to the Countryside

The Exploration of Management Institution of Rural Land / 205

1. The Current Status of Land Operation and Management / 205

2. The Existing Issues of Implement Land Transfer Regime / 207

3. Countermeasures and Proposes / 210

The Problems and Way out about the Central Plains

of the Rural Land Transfer / 215

1. The Current Major Form of Rural Land Transfer / 215

2. The Issues of the Central Plains of the Rural Land Transfer / 218

3. The Way out of the Central Plains of the Rural Land Transfer / 220

Company Going to the Countryside that to be Alert

to the Administration of the Rural Relations / 223

  1. The Issues of the Administration of the Rural Relations When

     Company Go to the Countryside / 223

  2. The Reasons of the Administration of the Rural Relations When

     Company Go to the Countryside / 225

  3. The Proposes about Establishing Balance and Diversification of

     Rural Relations When Company Go to the Countryside / 226

Free between Government and Market / 229

  1. Analysis of Current Situation of Companies Go to the Countryside / 230

  2. Analysis of Issues of Agricultural Companies Go to the Countryside / 232

  3. Analysis of Paths of Agricultural Companies Go to the Countryside / 234

The Real Autonomy is to Accord with the Local Characteristics / 237

  1. The Specific Effects of Village Governance about Agricultural

     Companies Go to the Countryside / 237

  2. The Beneficial Experiences of Village Governance about

     Agricultural Companies Go to the Countryside / 241

  3. The Policy Proposal of Village Governance about Agricultural

     Companies Go to the Countryside / 244

Corporation Farms: The Dilemmas of Capital Go to

Countryside and Large – Scale Operation / 246

  1. Large – Scale Operation and Large Landlords / 248

  2. Corporation Farms: Management of Foreign Capital / 251

  3. The Issues and Dilemmas of Large – Scale Operation / 253

  4. Subcontract of the Land: Exit and Regulation of Corporate Farm / 255

  5. The Extended Discussion: "Unknown Consequences"

     of Large – Scale Land Transfer / 258

The Other Info

The Investigation about the Status of Ecological Civilization Construction about Urban Residents in Henan Province　/ 265

1. The Investigation Process and Methods　/ 265

2. The Results of the Investigation Analysis　/ 266

3. Countermeasures and Suggestions　/ 268

Don't Forget the Traditional Farming Culture Heritage Memory in Beautiful Rural Construction　/ 271

1. Nostalgia Emotion behind the Beautiful Rural Construction　/ 271

2. Don't Forget the Memory of the Traditional Farming Culture in Beautiful Rural Construction　/ 272

3. The Efforts of the Farming Culture of the Central Plains Museum　/ 274

Postscript　/ 276

城镇化发展与乡村治理篇

河南省城镇化水平综合测评报告

许昌学院中原农村发展研究中心课题组

  城镇化是现代化的必由之路，是解决农业、农村、农民问题的重要途径，是推动区域协调发展的有力支撑。2014 年，河南省政府根据《国家新型城镇化规划（2014～2020 年）》、中央城镇化工作会议和省委九届六次、七次全会精神，制定了《河南省新型城镇化规划（2014～2020 年）》，加快推进新型城镇化建设①。然而，在当前城镇化快速推进的过程中，由于城镇化自身的复杂性，其发展水平和发展质量难以测算，政策指导性和实际操作性难以有效统一，从而影响了城镇化的健康发展和城镇化工作的落实。

  为了更好地掌握河南省城镇化的动态进程，从而为制定政策和政府决策提供依据，促进河南省城镇化健康、有序发展，中原农村发展研究中心课题组根据《河南省统计年鉴 2013》公布的数据，编写了《2013 年河南省新型城镇化建设水平综合评估报告》。本文针对河南省 18 个地市的城镇化水平差异构建了指标体系，通过数据分析方法对其进行分析研究，探索其发展规律，找出对城镇化发展影响大的因素，希望能够有助于我们进一步完善河南省城镇化的理论体系，有助于我们更深刻地了解河南省城镇化的具体情况，这对推动河南省城镇化建设的稳定、可持续发展，推动中原经济区的"三化"协调发展以及社会的全面进步都有着十分重大的现实意义。

---

  ① 参见《河南省人民政府关于印发〈河南省新型城镇化规划（2014～2020 年）〉的通知》。

一 构建评价城镇化水平的指标体系

（一）指标体系的构建及具体解释

新型城镇化的核心要义不仅包括人口市民化，而且包括城市综合能力的提升和城乡一体化发展等内容。因此，参考河南省政府对新型城镇化的重点要求，借鉴河南省政府制定考量新型城镇化水平的主要指标，结合2013 年河南省官方统计数据，课题组设定了评价河南省新型城镇化水平的综合指标体系。

本文从人口城镇化指标、社会服务指标、资源环境指标三个层面构建了新型城镇化的二级指标体系。除此之外，我们还设定了 10 个三级指标进一步明晰二级指标内容，从不同的维度运用多指标构建综合评价模型，对河南省 18 个地市的新型城镇化水平进行定量评价（见表 1）。

表 1　新型城镇化主要指标

一级指标	二级指标	三级指标
新型城镇化水平	人口城镇化指标	常住人口城镇化率
		户籍人口城镇化率
	社会服务指标	城镇常住人口基本养老保险覆盖率
		城镇常住人口基本医疗保险覆盖率
		城市生活污水处理率
		城市生活垃圾无害化处理率
		城市公共供水普及率
	资源环境指标	人均城市建设用地
		单位能耗量
		城市建成区绿地覆盖率

1. 人口城镇化指标

新型城镇化的要义之一是人的城镇化，但以往在评价城镇化水平的研究中，往往把城镇人口比重作为单一的指标来衡量城镇化水平。为了综合评价城镇化水平，我们将常住人口城镇化率、户籍人口城镇化率作为反映地区人口集聚能力和人口城镇化指标的核心变量。

2. 社会服务指标

城镇生活居住情况是反映城镇化水平的重要内容,我们根据可得到的数据,将城镇常住人口基本养老保险覆盖率、城镇常住人口基本医疗保险覆盖率、城市生活污水处理率、城市生活垃圾无害化处理率、城市公共供水普及率作为体现居民生活质量的综合指标。

3. 资源环境指标

把生态环境建设作为衡量城镇化水平的二级指标,可以反映一个地区推进城镇化的投资模式。我们把人均城市建设用地、单位能耗量和城市建成区绿地覆盖率三个变量作为反映地区资源环境状况的指标。

(二) 权重及综合指数的计算

在进行因子分析以前,对提取的数据进行相关系数分析,检验收集到的变量是否适合采用因子分析法。表2显示,KMO指数为0.745,表示适合作因子分析;巴特利特球度检验 (Bartlett's Test) 的概率为0,故拒绝原假设,即认为总体变量间的相关矩阵为非单位矩阵,因子模型合适。

表2　巴特利特球度检验和 KMO 检验

取样足够度的 KMO 度量		0.745
巴氏统计量	近似卡方	148.766
	自由度	45
	显著性	0.000

运用 SPSS 17.0 进行主成分分析,得出总体方差解释 (见表3)。在表3中,第一列是因子名称,以后三列组成一组,每组中数据项的含义依次是特征值、方差贡献率和累积方差贡献率。

第一组数据项 (第二至第四列) 描述了初始因子解的情况。可以看到,第1个因子的特征值为5.239,解释原有10个变量总方差的52.389% ($5.239 \div 10 \times 100\%$),累积方差贡献率为52.389%;第二个因子的特征值为1.944,解释原有10个变量总方差的19.438% ($1.944 \div 10 \times 100\%$),累积方差贡献率为71.827%。其余数据含义类似。在初始解中,由于提取了10个因子,3个因子共解释了原有变量总方差的82.056%。总体上看,原有变量的信息丢失较少,因子分析效果理想。

第三组数据项（第八至第十列）描述了最终因子解的情况。可见，因子旋转后，累积方差贡献率没有改变，也就是没有影响原有变量的共同度，但重新分配了各个因子解释原有变量的方差，改变了各因子的方差贡献率，使得因子更易于解释。

表 3　总体方差解释

因子	初始特征根			提取载荷的平方和			旋转后载荷的平方和		
	特征值	方差贡献率（％）	累积方差贡献率（％）	特征值	方差贡献率（％）	累积方差贡献率（％）	特征值	方差贡献率（％）	累积方差贡献率（％）
1	5.239	52.389	52.389	5.239	52.389	52.389	4.204	42.041	42.041
2	1.944	19.438	71.827	1.944	19.438	71.827	2.137	21.373	63.414
3	1.023	10.229	82.056	1.023	10.229	82.056	1.864	18.642	82.056
4	0.818	8.176	90.232						
5	0.360	3.595	93.827						
6	0.257	2.574	96.402						
7	0.177	1.773	98.175						
8	0.116	1.165	99.340						
9	0.056	0.559	99.898						
10	0.010	0.102	100.000						

图 1 中，横坐标为因子个数，纵坐标为特征值。可以看到，第 1 个因子的特征值很高，对解释原有变量的贡献率最大；第 4 个因子及以后的因子特征值都较小，对解释原有变量的贡献率很小，可以被忽略。因此，提取 3 个因子是合适的。

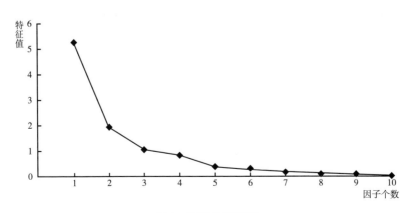

图 1　因子的碎石图

表4给出了各指标在各因子得分中所占的比重，将该比重作为相应的权重来计算因子得分。因此，可以列出各因子得分函数。

表4　因子得分系数矩阵

指标	1	2	3
常住人口城镇化率	0.219401	0.052327	− 0.08671
户籍人口城镇化率	0.242858	0.012504	− 0.10584
城镇常住人口基本养老保险覆盖率	0.235956	0.037366	− 0.12433
城镇常住人口基本医疗保险覆盖率	0.1691	0.029434	0.054531
城市生活污水处理率	− 0.00451	− 0.01581	0.399846
城市生活垃圾无害化处理率	− 0.12195	0.551898	− 0.13315
城市公共供水普及率	− 0.0245	0.388974	− 0.02503
人均城市建设用地	0.280881	− 0.40805	0.194232
单位能耗量	− 0.02738	0.125911	0.184722
城市建成区绿地覆盖率	− 0.09465	− 0.1912	0.64808

F_1 = 0.219401 × 常住人口城镇化率 + 0.242858 × 户籍人口城镇化率
　　+ 0.235956 × 城镇常住人口基本养老保险覆盖率
　　+ 0.1691 × 城镇常住人口基本医疗保险覆盖率
　　− 0.00451 × 城市生活污水处理率 − 0.12195 × 城市生活垃圾无害化处理率
　　− 0.0245 × 城市公共供水普及率 + 0.280881 × 人均城市建设用地
　　− 0.02738 × 单位能耗量 − 0.09465 × 城市建成区绿地覆盖率

F_2 = 0.052327 × 常住人口城镇化率 + 0.012504 × 户籍人口城镇化率
　　+ 0.037366 × 城镇常住人口基本养老保险覆盖率
　　+ 0.029434 × 城镇常住人口基本医疗保险覆盖率
　　− 0.01581 × 城市生活污水处理率 + 0.551898 × 城市生活垃圾无害化处理率
　　+ 0.388974 × 城市公共供水普及率 − 0.40805 × 人均城市建设用地
　　+ 0.125911 × 单位能耗量 − 0.1912 × 城市建成区绿地覆盖率

F_3 = − 0.08671 × 常住人口城镇化率 − 0.10584 × 户籍人口城镇化率
　　− 0.12433 × 城镇常住人口基本养老保险覆盖率
　　+ 0.054531 × 城镇常住人口基本医疗保险覆盖率
　　+ 0.399846 × 城市生活污水处理率 − 0.13315 × 城市生活垃圾无害化处理率
　　− 0.02503 × 城市公共供水普及率 + 0.194232 × 人均城市建设用地
　　+ 0.184722 × 单位能耗量 + 0.64808 × 城市建成区绿地覆盖率

根据因子得分函数，可计算得出河南省各地市因子得分系数（见表5）。

表5 因子得分系数

地 市	F1	F2	F3
郑 州	3.04643	− 0.46999	− 0.58595
开 封	− 0.06504	0.28183	− 0.55195
洛 阳	0.90622	− 0.51757	0.09544
平顶山	− 0.26857	0.56897	0.4577
安 阳	− 0.29353	1.02967	0.38443
鹤 壁	0.1571	0.12903	0.18378
新 乡	0.05564	0.47859	0.38636
焦 作	0.60438	0.46238	− 0.05594
濮 阳	− 0.85742	0.33349	− 0.04475
许 昌	− 0.40725	0.29665	0.38053
漯 河	− 0.02411	0.56587	− 0.58514
三门峡	0.56488	− 0.02965	1.28689
南 阳	− 0.53153	− 0.44078	− 3.49966
商 丘	− 0.17774	− 3.40566	0.8688
信 阳	− 1.05796	0.44241	0.34115
周 口	− 1.10103	− 0.69838	− 0.08515
驻马店	− 1.35334	− 0.26119	0.4651
济 源	0.80288	1.23434	0.55835

（三）得分及综合排名

对河南省各地市新型城镇化水平进行综合评价，这里采用计算因子加权总分的方法。在得到各地市3个因子的得分后，以之前得到的各基本因子对总体信息的贡献率作为相关性的权数，将相关的权数代入公式来计算各地市的综合得分，则代入权数的因子总得分计算公式为：$Z = 0.42041 \times F1 + 0.21373 \times F2 + 0.18642 \times F3$，由此得出河南省各地市城镇化的得分，见表6。

表6 河南省各地市综合得分及排名

地 市	得分	排名
郑 州	1.07	1
开 封	− 0.07	12
洛 阳	0.29	5
平顶山	0.09	9
安 阳	0.17	7

续表

地　市	得分	排名
鹤　壁	0.13	8
新　乡	0.2	6
焦　作	0.34	4
濮　阳	− 0.3	14
许　昌	− 0.04	11
漯　河	0	10
三门峡	0.47	3
南　阳	− 0.97	18
商　丘	− 0.64	17
信　阳	− 0.29	13
周　口	− 0.63	16
驻马店	− 0.54	15
济　源	0.71	2

　　根据河南省18个地市城镇化水平的数据分析结果，可知河南省各地市城镇化发展的地区差异明显，城镇化发展速度不平衡。根据数据分析结果，以及城镇化发展水平，我们将河南省各地市分为三类。第一类，城镇化水平最高地区。郑州作为河南省的省会城市，经济、文化、社会服务等各项指标均较高，整体发展情况较好。第二类，城镇化水平较高地区，如洛阳、济源、三门峡、焦作、鹤壁、新乡、安阳。第三类，城镇化水平较低地区，如平顶山、许昌、信阳、漯河、开封、濮阳、南阳、商丘、驻马店、周口。

　　从数据分析结果可以看出，郑州的城镇化水平较高，观察其综合因子得分情况，郑州作为河南省的政治、文化、经济中心，是重要的铁路、航空等交通枢纽，城市发展迅速，商业服务发达，因此，其人口城镇化率相对较高。济源是新兴的工业城市，经济发展势头较好，工业较为发达，因此，其综合指标得分相对较高，城镇化发展速度也相对较快，城市处于稳步发展阶段。洛阳、新乡等城市的城镇化起步较早，且经济发展基础较好，因此，其综合得分相对较高。商丘、驻马店、周口的城镇化发展速度较慢，处于人口外部转移阶段，因此，其人口集聚能力和经济发展能力相对较弱。

二 河南省新型城镇化的现状

（一）6个地市人口城镇化率高于全省平均水平

人口城镇化是城镇化的核心内容。考察河南省各地市人口城镇化率可知，郑州作为河南省的政治、经济、文化中心，其常住人口城镇化率为66.33%，户籍人口城镇化率为80.84%，均排在第一位；济源、鹤壁的常住人口城镇化率和户籍人口城镇化率均在50%以上，分别排在第二位、第三位；洛阳、平顶山、新乡、漯河、三门峡的人口城镇化率均在40%以上；信阳、商丘、周口、驻马店的城镇人口比重较小，排名较为靠后。根据《河南省统计年鉴》，2013年河南省人口城镇化率为42.4%。从表7可以看出，郑州、济源、鹤壁、洛阳、焦作、三门峡6个地市的常住人口城镇化率和户籍人口城镇化率均高于河南省总体人口城镇化率。也就是说，在河南省18个地市中，超过一半的地市人口城镇化率低于全省总体水平。

表7 河南省各地市人口城镇化率

单位：%

地　市	常住人口城镇化率	户籍人口城镇化率
郑　州	66.33	80.84
开　封	39.78	36.35
洛　阳	47.95	45.86
平顶山	45.03	41.50
安　阳	42.52	37.63
鹤　壁	51.57	51.25
新　乡	44.62	42.38
焦　作	50.85	48.91
濮　阳	35.28	32.90
许　昌	42.79	38.10
漯　河	42.97	40.15
三门峡	47.53	46.90
南　阳	36.85	32.08
商　丘	33.47	27.37
信　阳	38.13	28.54
周　口	33.48	26.20
驻马店	33.43	26.01
济　源	54.29	55.88

（二）社会保障覆盖率偏低

考察河南省各地市社会保障情况，表8显示，一方面，郑州、洛阳、漯河的常住人口医疗保险覆盖率均在30%以上，开封、平顶山、安阳、鹤壁等11个地市的常住人口医疗保险覆盖率为20%~30%，南阳、商丘、周口、驻马店的常住人口医疗保险覆盖率均在20%以下。另一方面，郑州的常住人口养老保险覆盖率最高，达27.88%，济源排在第二位，常住人口养老保险覆盖率为20.21%。南阳、濮阳、平顶山、许昌等8个地市的常住人口养老保险覆盖率不到10%。可见，除郑州以外，河南省17个地市的常住人口养老保险覆盖率明显偏低。

表8　河南省各地市社会保障情况

单位：%

地　市	常住人口养老保险覆盖率	常住人口医疗保险覆盖率
郑　州	27.88	32.84
开　封	13.36	21.34
洛　阳	15.23	30.69
平顶山	9.66	26.01
安　阳	13.31	24.05
鹤　壁	10.90	24.68
新　乡	13.42	25.08
焦　作	14.97	26.70
濮　阳	7.98	22.36
许　昌	9.88	21.11
漯　河	10.82	30.52
三门峡	12.91	29.12
南　阳	8.26	15.81
商　丘	6.91	19.43
信　阳	9.14	20.94
周　口	6.30	15.64
驻马店	5.36	17.50
济　源	20.21	29.83

（三）生活设施建设地区差异较大

从不同地市生活设施建设情况来看，整体而言，济源、安阳两地的生活设施建设相对较完善，城市生活垃圾无害化处理率和城市公共供水普及率均为100%。具体来看，就城市生活污水处理率而言，洛阳排在第一位，为99.85%，漯河排在最后一位，为70.61%。就城市生活垃圾无害化处理率而言，安阳、新乡、漯河、三门峡、济源均为100%，商丘为65.79%，排在最后一位。就城市公共供水普及率而言，郑州、安阳、焦作、济源均为100%，南阳、商丘分别为71%和62%，依次排在倒数第二位、倒数第一位（见表9）。

表9　河南省各地市生活设施建设情况

单位：%

地　市	城市生活污水处理率	城市生活垃圾无害化处理率	城市公共供水普及率
郑　州	95.82	90.17	100
开　封	88.25	97.37	97
洛　阳	99.85	84.81	93
平顶山	97.00	93.33	97
安　阳	97.70	100	100
鹤　壁	82.79	86.67	94
新　乡	87.80	100	99
焦　作	86.10	96.43	100
濮　阳	84.99	93.75	89
许　昌	96.96	95.65	97
漯　河	70.61	100	92
三门峡	96.55	100	98
南　阳	48.73	82.93	71
商　丘	72.69	65.79	62
信　阳	83.99	94.74	95
周　口	80.48	80.00	93
驻马店	92.06	94.44	78
济　源	93.00	100	100

（四）资源环境建设不均衡

表10显示，济源的人均城市建设用地面积最大，为54.28571平方米，郑州人均城市建设用地面积为41.30676平方米，排在第二位，周口、商丘、驻马店的人均城市建设用地面积均在10平方米以下。鹤壁、新乡、三门峡、商丘、信阳、驻马店、济源7个地市的城市建成区绿地覆盖率均在

40%以上，南阳的城市建成区绿地覆盖率最低，为25.1%。平顶山、安阳、鹤壁、焦作、济源的单位能耗量均在1吨标准煤/万元以上，可见，这4个地市的经济发展主要以资源型产业为主。

表10 河南省各地市资源环境建设状况

地 市	人均城市建设用地面积（平方米）	单位能耗量（吨标准煤/万元）	城市建成区绿地覆盖率(%)
郑 州	41.30676	0.656	36.1
开 封	21.07527	0.592	35.8
洛 阳	28.37633	0.817	35.9
平顶山	14.60446	1.06	39.4
安 阳	15.35433	1.221	38.7
鹤 壁	38.36478	1.208	40.4
新 乡	19.40035	0.893	41.3
焦 作	28.97727	1.029	38.7
濮 阳	12.77778	0.967	38.1
许 昌	18.60465	0.706	39.9
漯 河	23.4375	0.787	38.7
三门峡	13.45291	0.995	43.5
南 阳	14.48276	0.528	25.1
商 丘	8.469945	0.851	40.8
信 阳	12.03125	0.706	42.4
周 口	6.810443	0.489	39
驻马店	9.365994	0.722	40.3
济 源	54.28571	1.762	40.6

三 河南省新型城镇化发展面临的主要问题

（一）总体发展水平偏低

国家统计局数据显示，2013年中国人口城镇化率为53.7%，而河南省统计局数据显示，2013年河南省人口城镇化率为42.4%。可见，河南省人口城镇化率低于全国11.3个百分点。河南省统计局数据显示，2011年、2012年和2013年河南省人口城镇化率分别为38.8%、40.6%、42.4%。

可见，河南省近年来积极推进城镇化发展进程，并保持良好的发展态势，但是与全国整体水平相比，河南省的人口城镇化率依然偏低，发展速度缓慢。河南省是农业大省，农业人口众多，如何实现农民市民化是河南省面临的重大问题，也是促进农业现代化和解决"三农"问题的关键。

（二）地区差异明显

考察河南省各地市城镇化情况可知，在综合得分排名方面，郑州高于全省综合得分，排在第一位，最高得分为 1.07，济源、三门峡、焦作、洛阳、新乡、安阳、平顶山、鹤壁 8 个地市的综合城镇化水平均高于河南省城镇化平均水平，漯河的综合得分与河南省持平，而许昌、开封、濮阳、驻马店、商丘等 8 个地市的城镇化水平均偏低。南阳作为城镇化水平最低的地市，与城镇化水平综合得分最高的郑州差距超过 2，城镇化差异较大。在人口城镇化水平方面，高于全省平均水平的地市有 6 个，分别是郑州、济源、鹤壁、洛阳、三门峡、焦作，南阳、驻马店、商丘等人口城镇化率相对较低，其他地市处于中等水平。在社会服务指标方面，社会保障覆盖率最高和最低地市之间相差 20 个百分点。可以看出，河南省 18 个地市的城镇化水平差异较为明显。

（三）公共服务供给不足

近年来，河南省农村大量剩余劳动力转移到城市却难以融入城市的问题突出。政府相关数据显示，截至 2013 年底，河南省共有 2600 多万农民工，其中省内有 1500 多万人[①]。进城农民工虽然转变了职业，但是受传统的城乡二元体制制约，依然没有摆脱身份的限制，进城务工人员无法在住房、教育、医疗、养老等方面享受与城镇居民均等的基本公共服务，不能实现"住有所居、病有所医、老有所养、学有所教"的目标。在调查访谈的 400 名农民工中，不到 10% 的农民工表示参加了城镇医疗保险，约 6% 的农民工表示购买了城镇养老保险。当问及没有参加城镇医疗、养老保险的原因时，80% 以上的农民工表示城里没有房子，担心工作不稳定。通过调查年龄为 25～35 岁的农民工得知，八成以上农民工都希望把孩子带到城

---

① 参见《河南省人民政府关于印发〈河南省新型城镇化规划（2014～2020 年）〉的通知》。

市上学，但由于担心租房贵、入学难，孩子只能托管给父母照看。可见，教育、医疗、养老等公共服务缺位是阻碍人口市民化的重要因素。

（四）可持续发展能力不足

河南省统计数据显示，济源的人均 GDP 最高，达 62358 元，但是就各地市的万元 GDP 能耗而言，济源最高，为 1.762 吨标准煤，焦作、安阳、鹤壁、平顶山的万元 GDP 能耗均在 1 吨标准煤以上（见表 11）。这说明，随着城镇化的推进和经济的快速发展，一些地区重经济发展、轻环境资源保护，采取粗放型发展方式拉动 GDP 增长。伴随粗放式经济增长，一些地区衍生出了环境污染、生态恶化、资源严重浪费等问题。此外，随着城镇化进程的加快，个别城市由于管理制度不完善和管理服务水平缺位等原因，出现了交通拥堵、生活环境恶化、社会治安混乱等社会问题。这些问题纵横交错，成为阻碍城镇化可持续发展的因素。

表 11　河南省各地市生态建设水平状况

地　市	万元 GDP 能耗（吨标准煤）	人均 GDP（元）
郑　州	0.656	62054
济　源	1.762	62358
焦　作	1.029	44029
安　阳	1.221	30624
许　昌	0.706	39947
漯　河	0.787	31211
鹤　壁	1.208	34456
三门峡	0.995	50406
新　乡	0.893	26598
洛　阳	0.817	45316
平顶山	1.06	30380
濮　阳	0.967	27654
开　封	0.592	25922
信　阳	0.706	22347
南　阳	0.528	23086
驻马店	0.722	19592
周　口	0.489	17734
商　丘	0.851	19029

四　分析与思考

作为农业大省，河南省农村整体发展水平不高，而且地区之间发展不平衡。新型城镇化的主要内容之一是人的城镇化，核心是以人为本。河南省人口众多，且劳动力素质不高，如何实现农民市民化是河南省在城镇化进程中面临的重要难题。此外，河南省是我国重要的粮食生产基地，国家对河南省的耕地有严格的要求，在推进城镇化进程中，如何保障粮食安全是河南省面临的巨大挑战。因此，不仅要完善河南省配套的公共服务建设和公共服务供给，而且要完善政府的社会管理职能。顺应城镇化发展的新趋势，应立足河南省情，加快推动城镇化发展，提高城镇化发展的水平和质量，坚持"三化"协同发展。

（一）创新涉农政策与政府体制

要改变政府涉农政策"政出多门"的现状，对河南省农业实行"大部制"探索。对各级涉农部门进行有机整合，改变机构繁多、职能交叉的现状，降低各部门协调的难度，明确政府作为市场监管和服务者的定位，并且在资金帮扶、农业保险、农业补贴、农村金融等方面不断创新政策安排。力争创建一个能统筹农业产前、产中、产后各个环节的部门，有效整合政府涉农部门。

（二）创新农业经营体制

大力推动河南省土地的合理流转和集中规模经营，借鉴"主体功能扩展"的原则，根据功能划分农业功能区，包括粮食高产示范区、绿色农业示范区、旅游农业示范区、创意农业示范区等，多样划分、互相支撑，协同打造科技化、标准化、规模化的现代农业产业园区。

（三）创新农业服务供给体制

在农业服务供给体制上，依据"主体多元、功能扩展"的原则，探索政府之外的多样化供给主体，包括农民合作组织、企业组织等，共同合作，相互配合，建设覆盖全程、综合配套、便捷高效的现代农业公共服务体系，弥补政府作用的不足。鼓励企业和各种合作组织参与公共服务供给，适当参与基础设施建设，并在农田植保、农田机械、销售信息等方面为农民提供方便。与此同时，政府要不断完善投入机制，加强相关部门的合作，将资源合理地投入公共服务中。在加强基础设施建设的前提下，保证持续有效的后期管理，改变传统的管理职能，实现权力和资源的下放，实现由管理向服务的转变。

离土不离乡，就地城镇化

许昌学院中原农村发展研究中心课题组

在农村城镇化进程中，始终存在农民"离土又离乡，进厂难入城"的困境。如何实现有序城镇化，如何统筹城乡发展，如何走出一条中国特色的城镇化道路，关系着全面建设小康社会目标的实现。基于此，河南省A市在科学发展观的指导下，立足本地实际，构建了以新型农村社区为引领的城镇化体系，以多元就业为主线，立家业、扶创业、兴产业、保就业多管齐下，走出了一条"离土不离乡，就地城镇化"的路子，不仅实现了人口聚居、服务延伸和城镇发展，而且取得了耕地增加、粮食增产和农民增收的效果，其做法和经验值得借鉴。为此，笔者总结对河南省A市新型农村社区建设调研的情况，提出有关建议。

一　新型农村社区建设的主要做法

（一）立家业，激发就业动力

1. 新建中心社区

在充分征求群众意见、听取专家论证的基础上，依据核心带动、轴带发展、节点提升、对接周边的原则，将全市190个行政村、834个自然村、1421个村民小组规划为"一城四镇十七个中心社区"，就近集中建社区，并配套完善公共基础设施和社区公共服务机构，让新型社区生活更便捷，服务更优质，环境更美好。

2. 实施购房奖补

农民在社区购房可以享受每户 5000～20000 元的奖补。对困难农户购房实行 3 万元 3 年期政府贴息贷款。在开工建设的 13 个中心社区中，农民购房均价维持在 800 元/平方米左右。目前，已经有 1460 户农民搬入新居。

3. 推进确权颁证

积极为入住社区的居民进行住宅用地审批，办理集体建设用地使用权证。按照"地随房走"的原则，在取得集体建设用地使用权证的前提下为入住社区的居民办理房产证，允许房屋所有权在一定范围内转让、出租，从而明确了房屋的产权归属，保护了农民的财产性权利。

（二）扶创业，夯实就业基础

1. 支持居民创业

鼓励与支持社区各类组织和个人开展社区服务业，鼓励相关企业通过连锁经营等市场化方式提供购物、餐饮、洗衣、维修、中介、物资供应和回收等社区服务。积极创设保洁、管护、家政服务、物业管理等服务性岗位，为社区居民提供创业和就业的机会。

2. 设立创业园区

在社区规划时预留出部分商业用地划为社区创业园，设立社区居民自主创业基金，鼓励社区居民开展文体娱乐、家政服务或其他工商业生产经营，对从事自主创业的社区居民，工商税务等部门对其免收办证费用，并将前三年上缴税金的地方留成部分奖补给自主创业的社区居民。

3. 发放创业贷款

积极探索土地承包经营权质押贷款和新型农村社区住房抵押贷款，开展"兴万家"社区居民特色贷款业务，贷款额度原则上不超过抵押物评估价值的 60%，贷款期限为 1～3 年。在贷款利率上，农村信用联社给予新型农村社区居民 4 个百分点的优惠，同时市财政给予 70% 的贴息，为居民创业提供金融支持。

（三）兴产业，扩展就业空间

1. 以农兴业

在农业基础较好的社区，积极推动土地向规模经营集中，依靠高效农业示范园区、大型农牧公司、专业合作社、种养大户等多元化的农业经营主体，发展现代畜牧业和高效种植业，农民既可以获得土地分红收入，又可以就地转移为农业产业工人。

2. 以商造业

在商业基础较好的社区，鼓励社区规划建设特色专业市场，发展连锁经营，引导社区居民进驻社区专业市场，从事商贸经营或服务。

3. 以游联业

在旅游业基础较好的社区，支持社区居民发展"农家乐"、土特农副产品加工销售、观光果园和农业生产体验园等特色旅游业，农民就地转化为服务业者。

4. 以工建业

在工业基础较好的社区，依托工业聚集区的优势，引导企业集中布局、产业集聚发展、资源集约利用，发展劳动密集型产业，并对社区居民进行一定的技能培训，农民就地转化为产业工人。

（四）保就业，增强就业后劲

1. 开展技能培训

以"阳光工程"和"雨露计划"等为载体，对农民进行培训，并根据农户收入情况、增收意向、增收渠道和技能状况等分户调查，建档立卡，制订居民具体的增收计划，增强居民自身的就业能力。

2. 完善就业安置

设立就业安置区，实现水、电、路等基础设施配套，免收各项行政事业性费用，对安置社区居民就业50人以上的企业，将前三年的上缴税金地方留成部分奖补给企业，并对企业扩大再生产给予70%的贷款贴息。

3. 健全社会保障

积极探索户籍改革，对入住新型农村社区的居民，根据本人意愿，可以转为非农业户口，按照"就高不就低"的原则，享受城镇居民相应的医疗、低保、养老和就业保障等，同时推进"城保"和"农保"互转，将新型农村社区居民纳入城乡基本养老保险体系，构建城乡一体的基本医疗体系，多渠道保障社区居民的基本生活。

二　新型农村社区建设的杠杆效应

小社区，大杠杆。新型农村社区建设不仅保护了耕地，而且促进了粮食增产、农民增收，更推动了新型城镇化的发展。

（一）保证耕地供应，解决人地冲突

2010 年以来，A 市退宅还耕面积达 1213 亩，根据 A 市农村宅基地 7.11 万亩的总量，按照现有新型农村社区建设用地标准计算，再预留 5 万人的居住空间，还可节约用地 3.5 万余亩，节约的用地指标用于城市扩容和产业集聚区建设后，仍能保证建设用地总量不增加、耕地面积略有增长。

（二）农业规模经营，促进粮食增产

A 市在保证全年粮食作物种植面积为 32 万亩的基础上，土地流转面积达 13 万亩，占该市土地面积的 40.6%，农户参与土地流转的比例为 41.8%，并逐步培育出地市级以上涉农龙头企业 15 家、各类农民专业合作组织 68 家，带动农户 1.86 万户。2012 年，全市小麦总产量达到 8.02 万吨，玉米总产量达到 7.52 万吨，同比分别增长 4.3% 和 5.0%。

（三）打破内需困境，消费投资良性互动

三年来，A 市新型农村社区建设累计完成投资 15.8 亿元，成为拉动内需增长的"黑马"。截至 2012 年，城镇居民人均可支配收入达到 17979 元，比 2008 年增长 52.9%。农民人均纯收入达 8328 元，比 2008 年增长 77.6%。城镇化率达到 50.9%，高于河南省平均水平 8.5 个百分点，新型农村社区建设成为撬动新型城镇化的重要杠杆。

（四）改善居住环境，优化公共服务

新型农村社区的人口适度集中，打破了人口分散给公共服务供给带来的成本高、效率低的困境。以 A 市某中心镇为例，经过多年的社区建设，全镇农村生活污水处理率达 63%，生活垃圾无害化处理率达 89%，人均公共绿地面积达 9.46 平方米，新型农村社区让服务下乡有了制度平台。

三 新型农村社区建设的经验启示

A市的新型农村社区建设取得阶段性成效的关键在于，坚持科学发展观，统筹兼顾，走就地城镇化的道路。

（一） 以人为本，协调好农民受益和经济发展的关系

新型农村社区必须坚持持续推进农村繁荣、农业发展、农民增收，这是农村城镇化稳步推进和经济发展的内在驱动力。A市在推动新型农村社区建设中，积极扶持农民多元就业，健全社区公共服务和社会保障，解决农民的后顾之忧，让农民在社区建设中受益，为土地有序流转、农业规模经营、产业集聚发展和农民转产致富奠定基础。

（二） 突出就业，协调好产业培育和居民就业的关系

新型农村社区建设不是简单的人口集聚，而是改变农民的生产方式。A市依靠社区原有的产业基础，多方培育特色产业，大力发展社会服务业，鼓励农民自主创业，把产业发展与社区居民转产就业协调起来，让居民住得进、能就业、可致富，形成新型城镇化的良性循环。

（三） 尊重群众，协调好群众主体和政府引导的关系

新型农村社区建设始终离不开群众的参与和政府的引导。A市在社区规划、土地占用、户型选择、房屋建设、农户搬迁、拆旧复耕等方面，充分听取群众意见，保护群众利益，积极引导农民群众参与社区建设。同时，因势利导，顺势而为，在城乡土地政策、投资融资和基础设施建设等方面大胆创新，将市场力量和社会资本引入新型农村社区建设中，发挥市场在资源配置中的决定性作用。

（四） 因地制宜，协调好粮食安全与新型城镇化的关系

新型农村社区建设必须因地制宜，不能搞"一刀切"。A市从农业大市的实际出发，在保证耕地面积不减少、确保粮食安全的前提下，把新型农村社区建设作为新型城镇化的切入点，走就地城镇化的路子，既推进了城镇化，又保障了粮食安全。

四 新型农村社区建设的探索方向

新型农村社区建设是一项复杂的系统工程，随着这项工作的深入开展，还需要在"建得成""住得起""管得好"方面进一步探索。

（一）探索"建得成"的问题

一是调动群众的积极性，细化奖补政策，既要搞好社区基础设施、公共服务设施配套，又要对农民入住新社区给予合理奖补。二是积极探索运用现行土地政策的新途径，特别是土地增减挂钩、人地挂钩政策，破解新型农村社区建设动力不足的难题。三是发挥服务引领作用，加快基础设施向社区延伸、公共服务向社区配套、管理职能向社区下移，真正让农民就地享受到城乡均等的公共服务。

（二）探索"住得起"的问题

一是要促进农村生产的发展，加快农业生产方式的转变，积极发展适合本地实际的特色产业。二是要增加集体和农民的收入，充分利用闲置土地等资源发展规模经营以及第二、第三产业，实现集体资产保值增值。三是要继续完善农村社会保障体系。根据新型农村社区建设的新形势、新情况和新要求，加快健全农村社会保障，切实解决农民的后顾之忧。

（三）探索"管得好"的问题

一是社区化管理，探索出台相关政策和措施，使社区组织真正成为对接政府服务管理职能与社区居民自治职能的平台。二是社会化服务，采取市场化运作的方式，提高社区社会化服务水平。三是常态化教育，把社区精神文明建设作为常态化的工作来抓，大力倡导"讲文明、树新风"，建设社会主义和谐社区。

城乡一体化进程中应注意
"难点村"治理

许昌学院中原农村发展研究中心课题组

2006 年初，中共河南省委在党中央城乡一体化战略的引领下，提出了"中原崛起"战略，开始建设中原城市群。X 市委、市政府不失时机地提出并启动了城乡一体化推进区的建设规划，取得了显著的成效。但在调研过程中，课题组发现，原本平静祥和的 L 村却在划入城乡一体化推进区后出现了种种矛盾，具体表现为征地带来的户口问题及其引发的村民冲突等，村民关系疏远、干群关系疏离、村庄选举异化等问题使 L 村变成了"难点村"。通过调查走访，课题组认为 L 村的治理应以维护农民的利益为核心，以确立合理的征地方案为重心，以密切干群关系为切入点，强化制度规范建设，构建多元参与机制，全方位推进治理。

一 城乡一体化之前的 L 村——平静祥和

城乡一体化推进区规划之前，L 村及其附近村庄属于老城镇，是传统意义上的村庄，主要以农业为主，主导产业为旱作农业，并不算富裕。由于地处老城镇，L 村地理位置并不占优势，村庄距离集贸中心较远，属于比较偏僻的小村庄，很少一部分人以经商为主要产业，大部分人以种养和打工收入为主要收入来源。该村经济虽不算发达，但在被划入推进区之前并没有明显的冲突和矛盾，村民过着平静祥和的日子。X 市城乡一体化推进区规划的实施对于 L 村及其附近村庄来说是一个机遇，L 村由原来并不占优势的地理位置摇身一变成了规划区内的重地。按照推进区的设定，X市新区东扩北移，L村成为推进区内的村庄，也成为未来的"城中村"。

二　城乡一体化之后的L村——四大困境

（一）人地矛盾突出

1. 人地矛盾的表现

第一，村民征地抱怨多。2008年，L村第一期被征用700亩地，征地款先由政府支付给承揽工程的公司，公司每年给村民发利息，从另一个意义上说，这也是农民以土地入股分红的一种方式。征地前农户每亩地一年的收入为1000元左右，而补偿款每年发的利息是每亩地2000元。这些利息远远高于村民辛苦劳作一年的种地收入。对于生活并不富裕的农民来说，补偿款是比较划算，也是较稳定的一笔收入。但是，L村还是有大量的村民不愿将土地流转出去，在涉及土地的割舍时，部分村民强烈反对。第二，土地抛荒面积大。自从L村被划进推进区并被规划为X市新区以后，除了新区占地之外，L村7组还剩下约140亩田地，2008年秋收之后，组里干部以调整土地为由，把本村民小组征地剩下的所有责任田全部收回。田地收回以后村与组之间在处理土地分配时发生了分歧。双方的争执和推脱导致L村7组的140亩责任田近一年没人过问，结果田地变得杂草丛生，一片荒芜，造成直接经济损失10万元以上。

2. 人地矛盾的原因

第一，户籍管理不到位。按照国家有关征地政策，L村被征用土地，政府要支付给村民一定的钱款作为补偿。于是很多人在现实利益的驱使下，想通过转回户口的方式获得土地从而得到补偿，村里户口在短时间内大量增加。在户籍迁入过程中，拉关系、讲人情、为谋一己之利而损害群众利益的现象频频出现，基于理性算计的村民在各种利益分配不公面前无法保持沉默。第二，农民土地情结深。农村的中老年人往往有更多的土地情结，在他们的思维中，土地是"命根子"，有土地心里才踏实，农民也才像个真正的农民。事实上，打工收入的不稳定性，以及中老年群体在劳动力市场上竞争力的缺失，使中老年人将土地作为他们的最后保障。第三，保障机制不健全。土地是农民最重要的生产资料，是维持其生存最基本的保障。城镇化进程中的失地补偿多为货币性安置，货币性安置是一种生活指向性安置，而非就业指向性安置。被征地农民在得到土地使用权置换的生活安置费后，就被永久地推向了劳动力市场，失业问题随时可能发生，再加上子女受教育难，增加了农户内心的担忧与不安。

（二）群众关系疏远

1. 群众关系疏远的表现

L 村被划为推进区之后，部分村民看到征地可以获得可观的补偿，都想实现利益最大化。在以农村户籍为依据的分地进程中，L 村出现了很多疑难问题，这也成为影响 L 村村民关系的主要原因。对 L 村的调查发现，户籍问题表现在七个方面。①户籍在 L 村的大学毕业生已就业（不包括行政、事业单位），要求分责任田，大部分群众不同意。②双女家庭，两女儿均已出嫁，现想让其中一个女儿全家回来养老，并把女儿一家的户口全迁来，群众不同意。③原属 L 村籍村民，被招到外地成为养老女婿，现想拖家带口把户口迁回，群众不同意。④嫁出去的女儿，户口没有迁走，群众认为不应该分地。⑤户籍在 L 村的在外工作人员现已下岗，要求分责任田，大部分群众不同意。⑥原退休职工，其子女顶替接班，户口对调（退休职工为农业户口，其子女为商品粮户口），以前也分地、种地、交提留，群众认为退休职工领着退休金，不应该再分地。⑦一些村民常年在外做生意，但户口仍在家，部分村民认为不应该保留他们的户口。

2. 群众关系疏远的原因

第一，户籍管理不规范。部分村民使用非正常手段将熟人和亲戚的户口转为本村户口，而有些村民符合迁入条件，通过正规的程序却不能获得村里的许可，心里感觉不公平。第二，村民之间缺乏沟通。村民关于户口的争议和争取都有各自的立场和理由，没有与其他村民形成良好沟通。当问题出现的时候，村里未能给村民提供一个协商交流的渠道和为自己的要求进行解释的平台。在矛盾冲突凸显的时候，虽然上级派工作组进驻村庄来专门解决户口问题，但如果村干部或者上级机关能把派驻工作组的工作做在前面，后面的问题就不会出现。

（三）干群关系疏离

1. 干群关系疏离的表现

第一，村干部公信力缺失。调查表明，L村有52%的村民反映村干部不关心群众生活和集体事务，并没有在处理村庄日常事务中发挥应有的作用。村民对村干部的抵触情绪日渐增强，常采取各种措施不支持其工作。第二，村民上访事件频发。在调查中，有37%的村民曾上访过，村民除了屡次上访，向镇政府、市政府反映情况外，有的村民还将村庄的情况发至镇政府、市政府的网站、论坛上。从本村人的私下评论中，以及本村人在论坛上的回复可以看出，村民将矛头直接指向村干部。

2. 干群关系疏离的原因

第一，村干部因素。首先，村干部往往综合素质低下，缺乏领导能力，表现为村干部的受教育水平普遍较低，制约了其对国家政策的理解和执行，影响了其掌握科学技术带领群众发展农村经济的能力。其次，村干部工资收入微薄，缺乏工作积极性。村干部不是国家正式的公务员，不仅没有稳定的工资福利待遇，而且升迁的机会很少。繁重的工作和较小的现实利益之间强烈的反差降低了村干部的工作热情，大多数村干部的工作态度是对上级敷衍了事，为村民办事拖拖拉拉。最后，村干部往往采用家长式管理，官僚主义作风严重。村干部和群众由于所处地位的不同，在思维方式和行为模式上有一定的差距，造成两个不同主体之间的异议。有些村干部在处理村庄事务时不能积极听取群众意见，特别是在处理征地补偿和其他涉及经济利益的问题时不够公开、公正，损害了群众的利益。第二，村民因素。首先，村民受教育水平低。目前我国农民的文化程度以初中为主，较低的受教育水平使村民容易受传统思想的左右，在一定程度上影响了他们对科学技术和国家政策、法律、法规的理解和掌握。其次，村民集体观念淡薄。随着市场经济的发展，利益至上的观念逐步深入人心。很多村民集体观念渐渐淡薄，个人主义倾向严重，只注重个人利益和眼前利益，为利益矛盾的产生埋下了隐患。最后，村民法制意识有待提高。随着农民自主权的扩大，自我维权意识也逐步提高。然而，部分村民仍坚持"法不责众"的观点，认为声势越浩大就越能引起媒体大众和上级领导的重视，于是上访突出地表现出群体性、重复性和越级性等特征。

（四）村庄选举异化

1. 村庄选举异化的表现

第一，农户认知程度较低。通过对 L 村 100 个农户的调查发现，对于《村民委员会组织法》和选举程序完全不知晓的农户占比为 58%，也就是说，超过一半的村民对于村庄选举的相关法律完全不了解。可据此推断，当村庄选举过程中出现违法行为时，多数村民根本无从知晓，更谈不上维护自身的合法权益。村民对于选举程序的不了解，又为贿选等违法行为创造了条件，部分候选人可能会因此违反选举程序，从而使基层民主选举在实施过程中"走样""变味"。第二，村民参选热情不高。对村民的竞选意愿进行分析可知，有 72% 的村民不愿意参与竞选，农户的竞选意识很薄弱，竞选意愿低。在对村民是否参与了上一届村民委员会选举投票的调查中，80% 的农户表示参与了投票，但是真正理性参与投票的村民很少，从众心理、委托投票、现实利益等因素制约了村民参与民主选举。村民在投票预期与实际投票之间就会产生差距，从而导致选举结果与选举预期之间出现矛盾，使选举出来的村干部不能真正代表大多数村民的真实意愿。第三，选举拉票贿选严重。对正式投票前是否存在拉票行为进行调查分析，近 30% 的村民表示本村选举存在拉票行为。L 村选举中拉票贿选的方式主要有请吃饭、送礼品、打招呼、利益承诺、拉关系等。竞选人的拉票贿选行为在很大程度上影响了村民的投票意愿，许多村民会因为候选人的拉票行为而改变自己的投票意愿和行为，这严重影响了竞选结果的公平性和有效性。第四，宗族势力影响较深。调查中发现，虽然 L 村宗族势力在村委会选举中的作用有所减小，但它仍然是影响村级民主选举的一个重要因素。在干部候选人提名时，各村民小组往往都会从本宗族的利益出发，尽可能地将本宗族的人推荐为候选人。在正式投票选举时，人们也往往不自觉地将选票投给本宗族的人，以期其当选后能够给予照顾。在一定程度上，宗族势力是村委会干部权威的重要来源。宗族势力的存在不仅影响了农村基层民主选举结果的公平性，而且损害了一些较小宗族的参与热情和参与效果。

2. 村庄选举异化的原因

第一，功利意识影响选举过程。市场经济的发展，使当今农民的功利主义倾向越来越明显。村民的经济利益导向也在一定程度上刺激了贿选现象的产生，部分村民可能出于现实利益的考虑，容忍甚至参与贿选活动。参与竞选的人也可能抓住村民的这一心理，采用物质利益诱惑等方式为自己拉取选票，这些都在一定程度上扭曲了民主选举的本质，使选举失去了真正的意义。第二，流动性增加民主选举的困难。随着社会流动性的不断增强，越来越多的农民外出打工，村民离开村庄越远，其参与村民自治的成本就越高，参与的需求和热情也就越低，这就在一定程度上影响了农村民主选举的参与率。更为严重的是，很多村庄由于人口大量外流，村民大会难以达到其召开的法定人数。即使勉强凑齐人数，来参加会议的也只是一些妇女和年迈的老人，他们的议事、决策能力相对较低，这样一来村庄民主选举便难以有效开展。第三，法律制度不完善制约民主选举的实施。首先，相关法律不健全。目前我国没有一部专门的村委会选举法，这与农村基层民主选举复杂而丰富的实践脱节。同时，现行的法律法规之间存在冲突。其次，配套制度不完善。一方面，表现为监督制度不完善，导致对选举的监督缺失与乏力；另一方面，表现为选举后的后续保障机制不完善，缺乏对村干部权力的有效监督和制约机制，为贿选的滋生提供土壤。第四，宗族势力限制民主选举的实施效果。一方面，宗族具有高度而严密的组织性，所以宗族力量对选举的干预和操控具有广泛性和隐蔽性，往往使政府的限制和干预难以奏效；另一方面，国家行政权力上收，也造成大量宗派组织繁衍，这些组织因为特殊利益而拉帮结派，甚至采用各种非法暴力手段干扰村委会选举，侵蚀公共权力，导致村民自治无法规范运行，侵害了普通村民的民主权利。

三　城乡一体化进程中"难点村"治理的对策建议

（一）确立合理征地方案，从源头上解决"难点村"问题

1. 确定村庄人数，解决户籍难题

首先，村委会要对本村的人口做一次彻底清查，明确常年居住在村庄的人口数量以及常年在外务工或经商的本村人口的数量，明确因婚丧嫁娶产生的村庄人口的变化，明确在征地前后村庄人口的变化，仔细排查征地

后迁入村庄的人口，并记录在簿。其次，设立专门机构并派专人负责处理户籍事务，为申请户籍调整的村民架设一个表达意愿的平台。处理户籍问题要公正、公开，杜绝各种讲人情、拉关系现象的出现，对于运用非常规途径获得本村户籍的人，经查属实要严厉处罚，以绝后患。

2. 制定补偿标准，严格执行政策

首先，要进一步明确和完善征地补偿的法律规范，坚持依法补偿，切实保障失地农民的合法权益，保证征地补偿公平、高效地进行。其次，在征地补偿时，要顺应民意，着力解决失地农民最直接、最关心、最现实的问题，把征地补偿真正落实到满足广大失地农户的根本需要和提高广大农户的生活水平上。最后，在制定征地规范、执行征地收入与补偿时要密切联系失地农民，虚心向农户询问，积极听取失地农民的意见，向农民请教改进的措施，采纳失地农民的建议以改正不合理的部分，并及时有效地处理，真正保障农户的根本利益。

3. 做好安置工作，解决后顾之忧

首先，做好失地农民的养老保障。针对村庄存在不同年龄段的失地农民，建立有差别的失地农民养老保险政策。其次，为失地农民提供最低生活保障。政府应该对那些无法再就业、年龄比较大、体力比较弱、基本生活有困难的失地农民给予基本生活保障。最后，为失地农民提供就业保障。应该加强对失地农民的培训，提高失地农民的文化素质和劳动技能，增强其在劳动力市场上的竞争力，增加他们的就业机会。有保障的就业机会和收入能够为失地农民应对意外风险提供强有力的后盾。

（二）密切干群关系，从策略上解决"难点村"问题

1. 加强干部素质培养，促进干部职能转换

首先，改变思想观念。村干部要树立正确的价值观，在处理村庄事务时将自己摆在合理的位置，要熟识法律法规常识，胸怀公正之心，依照法律和情理办事，将农民的意见放在心里，把农户的利益放在首位。其次，提高管理水平。村干部应该在工作之余为自己"充电"，吸收学习新的管理方式和方法，将理论和实践结合，从实践中找到解决问题的方法。最后，推进干部转型。要加快推进村干部由"行政型"向"服务型"转型。税费改革之后，村干部肩负着社会主义新农村建设的重任，因此，工作重

心也应该落在发展农业生产、带领农户共同致富上。新时代、新发展给村干部提出了新要求，村干部只有适应变化了的实际，带领农民脱贫致富，发展农村经济，才能在完成党交给他们的任务的同时获得农民的信任和认可。

2. 完善干部激励机制，增强干部工作积极性

首先，增加物质奖励。提高村干部工资标准，将效益工资以及奖金纳入村干部的报酬之中。地方政府应该根据当地的实际情况以及村干部的实际工作量发放基本工资，按比例为村干部从发展集体经济带来的效益中提成，对于为村庄经济发展有突出贡献的干部应发放一定奖金作为奖励。其次，健全干部福利。对于为村庄付出多年的老干部，地方政府应该根据当地经济发展水平，做好村干部的养老保险和医疗保险等工作，使村干部不再有后顾之忧，安心为农民服务。最后，重视精神激励。精神激励能够满足村干部自我价值实现的需求，增强其责任感。地方政府要多关心和了解村干部在实际工作中的难处，帮助其解决问题。对于在实际工作中成绩突出的村干部应给予充分的表扬和尊重，并及时予以提拔，使其得到更好的发展机会。

3. 提高村民综合素质，提升村民实际地位

首先，加强教育培训，提高村民素质。地方政府要根据当地农村的经济发展状况以及当前农民群众的普遍特点，有针对性地加大对农民群众的教育和培训。培训的内容应侧重法律意识的培养以及国家相关法律法规常识的普及，侧重农业专业技术的传授和市场经济观念的讲解。以帮助农户解决实际问题为出发点，注重教育培训形式的多样化，可以请专业技术员下村进行现场指导，或与大中专院校合作，或组织农民参加专业的培训。其次，成立合作组织，提升村民地位。村民合作组织能够将分散的农民重新凝聚到一起。在与政府对话时，"抱"在一起的农民能发挥更大的作用，在市场经济的浪潮中，组织起来的农民更能应对风浪的袭击，抵御市场经济带来的各种风险，从根本上维护农民的合法权益。

（三）强化制度规范建设，从制度上解决"难点村"问题

1. 完善民主选举，确保选举的公平性

首先，培养民主意识。村民民主法制意识的提高是实现农村选举、促

进村民自治的基础，加大对农村的教育投入，逐渐改变当下村民民主意识薄弱、权利意识淡薄的现状。其次，加大宣传力度。针对村民对农村基层民主选举认知度低的现状，加大选举的宣传力度，通过丰富宣传内容、创新宣传方式，使村民对民主选举有清晰、明确的认识，从而实现民主选举的本义。在宣传内容上，将法律宣传与利益宣传相结合，既要注重加强村委会选举办法、选举机制、选举程序和选举内容的宣传，又要注重选举权与村民切身利益的宣传。在宣传形式上，将宣传与培训相结合，既要丰富宣传形式，利用各种媒介进行宣传，又要加大培训力度，有计划地培养干部骨干队伍。再次，规范选举程序。针对农村民主选举中出现的违反程序问题，应加强民主选举的程序化、合理化和规范化建设，通过程序民主促进选举民主，通过规范程序实现选举目标。一方面，应提高选举过程的透明度，确保选民登记准确无误，客观介绍候选人，适当扩大差额比例；另一方面，应强化选举的监督程序，强化村民代表的监督职能，建立观察员制度，确定监督事项，启动选举后罢免程序，罢免不合格村干部。最后，遏制贿选行为。贿选现象不仅破坏基层民主，而且危及农村社会的长远发展和稳定。一方面，要明晰贿选条件和查处方式；另一方面，要提高贿选行为成本，加大对贿选的处罚力度。

2. 加强民主监督，保障农民基本权益

首先，明晰监督内容。加大政务公开、财务公开的尺度和透明度。政务和财务是村级民主监督的两个核心内容。因此，实现真正的民主监督需要做到这两个内容的透明化。用最通俗简洁的方式，最大限度地公开村务、财务活动，接受村民和村民代表组织的监督。其次，建立反馈机制。一方面，村民和村民组织在对村庄民主的监督过程中发现问题之后，可由村民代表汇总，在村民大会上通告或者向上级部门反映，形成一个畅通的意见表达渠道；另一方面，应加强村委和村民之间的信息交流，增进双方的互相理解和信任。面对重大决策时，村委应主动发出信息，接受监督，保证工作方向的正确性。再次，拓宽监督渠道。拓宽村级民主监督参与的渠道，全方位利用广播、宣传单、村务公开栏、村民会议等多种形式，同时结合手机通信、网络等现代信息交流媒介，扩大民主监督参与的渠道和途径。最后，扩大参与主体。将外出务工者纳入村级民主监督体制中。利用每年外出务工人员大量返乡的时机，特别是春节等重要节日，由村民大

会或村民代表大会提出监督审查村委全年工作报告的议案，听取村委汇报全年工作，最大限度地防止基层监督主体缺位。

3. 创新信访制度，畅通利益诉求渠道

通过创新信访工作方法，为维护信访人合法权益、建立正常信访秩序、处理和解决信访事项提供便利。首先，创新预防工作方法。加强理性引导，在细节上下功夫，为信访化解创造有利条件；加强信息网络化建设和民情分析，增强工作的预见性和主动性；加强排查化解，把矛盾化解在萌芽阶段，将问题解决在基层。其次，创新受理办法。建立"下访"制度。走近群众有利于干群沟通感情并取得群众信赖，能在第一时间把问题解决在萌芽阶段。开通网络信访，打破地方对信息的垄断，第一时间对上访事件进行处理，降低民众表达意愿的成本。最后，创新办理方法。探索信访代理制度，鼓励和扶持各类非政府背景的社会组织逐渐介入信访代理领域，承担不需要政府过多介入的社会领域中的社会责任，通过法律援助的方式协助信访人进行正确的利益和诉求表达，并把这种争议引入诸如人民调解这样的民间组织或司法审判渠道。

（四）构建多元参与机制，携手推进"难点村"治理

1. 激发民众参与热情，形成多维参与网络

首先，激发村民参与热情。农民参与对"难点村"治理工作意义重大。建设"难点村"必须依靠农民，凝聚农民的建设动力。以农民最关心的直接利益，如增加收入、改善条件、将村集体资产公开等为切入点，激发其参与热情。从农民自身的迫切需要出发，激发村民参与"难点村"治理，加快治理工作步伐，从而为"难点村"治理及其可持续性提供良好的条件。其次，建立参与网络。"难点村"治理是全方位的、系统的社会工程，需要全社会的广泛参与和支持，要挖掘和综合利用社会各界力量，调动一切积极因素参与"难点村"治理。在激发村民参与、尊重群众首创精神的基础上，实现政府主导和多方有序参与的有机结合，上下互动、形成合力、共同推进。市、区、乡镇、街道要通过新闻媒体、工作简报和会议交流等多种形式，对"难点村"治理工作的意义、目标、原则和任务进行广泛宣传，把农村干部的思想、行动统一到治理工作的要求上，与民众形成合力。

2. 构建工作平台，进行综合性治理

首先，构建综合治理平台。将"难点村"治理工作纳入新农村建设、农村社区建设平台中，构建"难点村"治理综合性工作平台，尝试将各项工作融合起来。综合性工作平台能够更有效地针对当下城镇化进程中"难点村"出现的一系列新问题、新状况，从实践中找出解决问题的方案，在动态中解决问题。其次，形成干预链。除了相关的民政、纪委、司法等政府部门外，应该使相关专家、基层部门以及其他政府部门密切配合，在全面了解"难点村"问题及其原因的前提下，进行集中会诊，提出具有针对性的工作措施。

新型农村社区何以建成?

吴春宝*

新型农村社区建设是在全面统筹城乡发展的大背景下提出的。如何统筹城乡发展,打破城乡二元格局成为解决"三农"问题的关键。新型农村社区建设是解决问题的一种尝试,一些地方开始进行了有益的探索。本文通过对河南省新乡市 A 村新型社区建设进行调查研究,分析新型社区建设的现状及存在的问题,以期为我国其他地方的新型农村社区建设提供必要的经验支持。

一 新型农村社区建设:A 村实践

(一) 基本特征

A 村位于南太行山区的卫辉市太公泉镇,由 4 个行政村组成,既是省级扶贫开发重点村,又是革命老区村,共有农户 481 户、人口 1661 人,人均耕地面积为 2.24 亩。村民常年生活在海拔 800 米以上的山区,人畜饮水依靠自然降雨,农业生产基本靠天,村民居住分散,交通闭塞,广播、电视和电信处于信号盲区,常年缺水缺电,当地居民的文化生活单一,吃粮、饮水、交通、上学、就医等问题十分突出。2005 年,政府行政区划调整,将这 4 个村划归唐庄镇管辖。当年 4 个村农民人均纯收入只有 587.5

---

* 吴春宝,西藏大学思政部讲师。

元，不到全镇人均收入的 1/6，与唐庄镇新农村建设整体发展水平差距明显。

（二）新型农村社区建设

基于 4 个山区贫困村生存条件恶劣，经济发展滞后，收入低、增收慢的状况，自 2007 年起，当地镇政府开始对 4 个山区贫困村实施异地整体搬迁。经过 4 年的建设，A 村社区已经形成了"搬得出、稳得住、能发展、能致富"的局面，新社区居民的生产生活水平有了明显的提高。A 村社区建设的主要措施包括以下几个方面。

1. 合理规划，科学构建新型社区

由于缺乏新型社区建设的经验，镇领导与 4 个村的村干部以及村民代表参观了新农村建设的先进典型，这既能让山区村民开阔视野，又可以学习借鉴外地新农村建设的经验。与此同时，他们还聘请新乡市规划局规划设计院对规划新区进行实地勘测，编制规划资料，形成"六图一书"文本。规划将 4 个山区贫困村合四为一，整体搬迁，形成了小城镇建设、乡镇经济发展和新型农村社区建设"三位一体"的新型农村规划格局。新选村址原是一个废弃的窑坑，周围无污染企业，环境优越，交通便利，非常适宜居住。为了体现"合并、和睦、和谐、融和"的新村精神，A 村社区取了新的名字，更加凸显其特点。合并前，4 个山区贫困村占地面积为 800 多亩，合并后，包括居住建设用地、公共建筑用地、道路用地和绿化用地四部分占地仅 375 亩，每户占地面积为 200 平方米，可容纳农户 490 户、人口 1964 人。住宅设计让村民共同商议，每户建筑面积为 240 平方米左右，造价约 9 万元。房屋设计新颖大方，居住舒适，水、电、气、电话齐全。住宅建设由农民自己完成，但必须统一规划、统一样式、统一面积、统一座向、统一台阶、统一柱顶。在规划住宅建设的同时，村内道路、绿化、文化大院、医疗中心、超市等公用设施及后续产业发展等一并规划，一次性完成。计划用 5 年时间分四批完成建设，建成后的 A 村将成为能够体现现代文明、生态平衡、和谐发展的新型农村社区。

2. 注重工作方法与艺术，引导农民实现有序搬迁

A 村搬迁工程建设起点高、内容多、规模大，需要大量的资金投入。在资金投入方面，A 村采取了政府与村民共同分摊的形式。为了引导村民

有序搬迁,克服"等、靠、要"的依赖思想,同时调动村民自主建房的积极性,当地政府制定了一系列优惠政策。一是对每户建房采取以奖代补的形式进行补助,每户补贴2万元。二是搬迁户原居住地经济林、责任田、自留山经营权暂时保留不动,原享受退耕还林政策性补助不变。三是子女入学就近安排,享受与当地村民同等待遇。四是凡是经商办企业的,按有关政策实行税费减免。对新上"种、养、加"项目,优先安排扶贫贴息贷款。五是对搬迁户优先实施劳动技能培训,并推荐到附近厂矿企业就业。对新村的公共设施建设,完全由镇政府负责投资。

3. 完善监督机制,做好民心质量工程

社区是农民生产生活的重要场所,社区建筑的质量问题关系到农民的切身利益,而且社区建设又是一个民心工程,是彰显政府取得民意的标志,因此,能否保障建筑质量成为决定新型农村社区建设成败的关键。为了确保工程进度和质量,当地政府出台了专门的措施来确保工程保质保量顺利完成。首先,成立了A村社区建设指挥部,由一名副科级领导担任指挥长,同时从其他相关部门抽调干部,与4个村的村干部、大学生村官一起组成指挥部成员,集中力量加快A村社区建设。其次,尊重民意,政府不会过多干涉村民的建房行为。在公共设施方面,由镇政府单独完成,不需村民出资。政府充分尊重民意,只要是村民按照统一规划建房,政府不会干涉村民怎么建房。最后,做好服务,确保房屋顺利建成。为了保证房屋建材的质量,同时降低建材的成本,政府专门组织村民团购建材。目前,A村社区已经分三批建起了二层以上楼房200幢,第四批81幢已投入建设之中,已有180多户山区村民搬进新居,A村社区的小学也已建成并投入使用,医疗中心、文化大院、超市等正在建设中,村内景观绿化已经完成,主要街道已建成通车。

4. 做好耕地增减挂钩工作,力保民生

土地是农民赖以生存的基本生产资料,也是农民身份的重要象征。如果农民离开了土地,恐怕就失去了自己的身份,失去了自己最后的家园与避难所。由此可以看出,土地在农民一生中发挥着异乎寻常的作用。有了土地,农民才能拥有衣食之源;有了土地,农民才有了安居之所。所以,在土地问题上,当地政府相当谨慎,主要从两个方面保障农民的土地权益。首先,整合土地资源,保障搬迁农民有地可耕。当地政府投资3800多万元为搬迁农民提供基本的生活保障，利用南水北调中线引水工程的弃土，在新村北部十里沟进行闸沟造地，通过建淤地坝、消力池、顺河坝的方法，把十里沟整治成了 1810 亩旱涝保收田，使搬迁农民人均拥有 1 亩水浇地，为新村的搬迁和农民的增收奠定了基础。其次，通过合理、合法途径保障农民有房可居。镇政府与搬迁户签订了协议，"住新房拆老房，接新地丢老地"。目前，各村已经拆除老房 150 多座，腾出土地近 200 亩。待搬迁完成之后，原 4 个山区村腾出的 800 多亩宅基地、近 4000 亩山坡地及约 5 平方公里的山地资源，将由政府收回统一开发，以实现贫困户和政府的双赢。同时，村民通过拆旧房可以获得一些建材，如砖瓦、木材、钢筋等用于新房建设，这大大降低了村民的建房成本，减轻了农民的建房压力。

5. 成立专门合作组织，引领农民走合作化之路

当前我国农业经营的分散化成为制约农业发展从传统到现代的一个重要因素。由于农业生产不能组织在一起，无法实现规模化，因此，农村生产效率较低，农民收益提高就无从谈起。为了使搬迁农民迅速致富，政府多次组织村干部和村民代表到先进地区考察学习，使村民认识到不仅要满足于生活环境和生活方式的改变，而且要抓紧转变生产方式，只有走集约化生产、产业化经营和专业化发展的现代化农业发展之路，才能迅速走上致富道路。于是，A 村社区在政府的扶持下，成立了三个农民专业合作社，即农业种植专业合作社、养殖专业合作社和运输专业合作社。由村民根据各自的特长和家庭情况，通过土地、劳动力、技术入股等形式自主选择参与其中，使农户在产权上结成更紧密的利益共同体，让农民从合作组织的运行中得到更多的实惠。

二　个案评析：A 村建设的成效及存在的问题

（一）新型农村社区建设的成效

1. 新社区，提升农民幸福指数

新型农村社区建设全面改变了农村面貌。从 A 村社区建设的基本情况来看，社区建设彻底改变了原有村民的居住方式。在没有搬迁之前，村民房屋的类型是平房，居住条件比较简陋，建材主要以泥土和木质为主，水泥和钢筋等很少。同时，村民的宅基地一般都在山区，交通不便，防灾能力较差，合并前4个村的房屋都没有进行合理规划，因而村庄整体面貌较差。A村社区建成以后，这一情况大大改观。村民的房屋在距离山区较远的平坦地方修建。村民在统一规划的宅基地上修建自己的房屋，房子的规格也是一样的。在搬迁过程中镇政府一直坚持以人为本，把改善人居环境放在重要位置，并注重探索新型农村社区建成后的公共管理、社会服务、基层组织等方式，努力打造环境优美、治安良好、管理民主、人际和谐的新型农村社区，逐步形成了以A村新民居建设为代表的新型农村社区。

除此以外，虽然A村社区是搬迁后完全的新建社区，但这不是简单的村庄翻新，也不是简单的合村并组，更不是简单的人口聚居，而是营造了一种新的社会生活形态，其主要表现为公共服务均等化、城市公共服务向农村延伸。通过对A村社区的整体考察，我们看到，在农村营造的这种新的生活氛围就是让农村的村民享受到跟城里人一样的公共服务，过上跟城里人一样的生活。

2. 新产业，夯实新民居建设基础

产业发展为农村新民居建设提供了基础保障，开展农村新民居建设可以有效地促进产业发展。要让农民在"安居"的同时又能"乐业"，就必须有产业作为支撑。

在组成A村社区的4个村当中，农民的主要收入通过打工或务农获得。相比较而言，无论是在数量上还是在收入上，打工的农民都比务农的农民多。在A村社区，打工的农民主要有两类：一类在附近的石料厂就业；另一类到山西做建筑工。调查发现，A村社区中50%以上的农民在外务工，20%左右的农户自主创业，剩余农户在家务农。在新型农村社区建设中，A村社区调整农业产业结构，加快传统产业升级，以产业结构发展促进新型农村社区建设，最终实现农民安居乐业。概括起来，该做法主要体现在以下两个方面：一方面，通过新型农村社区建设促进第二、第三产业的发展，使一部分剩余劳动力向第二、第三产业转移，从而引导农民由外出务工向本地就业转变；另一方面，加快农业现代化发展。在当地政府的推动下，A村社区把荒废的河沟变成标准农田，从而新增农田113.79公顷。其中，A村社区由于整体搬迁，把原有的土地与重新整治的土地进行了互换，进行增减挂钩，确保了新社区的村民人均土地达 1 亩左右。此外，A 村社区通过农业组织化生产加快现代农业发展，为此，A 村社区专门成立了农业合作社，通过提高农业组织化，调动农民的生产积极性。该组织已经购置了 3 台拖拉机和 3 台收割机，基本实现了农业机械化。

通过产业调整与新产业建设，A 社区的富余劳动力全部在工业小区内上班，实现了就业转移，增加了农民收入，为该村新民居建设打下了坚实的经济基础。

3. 新机制，保障新型农村社区建设顺利推进

开展农村新民居建设以来，新乡市不断创新机制，完善举措，确保此项工作积极稳妥地开展。

建立稳步推进机制。政府专门成立新型社区建设领导小组，下设办公室。各乡镇成立相应的领导机构，各有关部门明确一名负责人分管此项工作，形成"市上有人领、部门有人管、乡镇有人抓"的工作格局。实行"每周报进度、半月一督导、每月一调度"的工作制度，要求各乡镇建立工作台账，并及时上报每周进展情况。

创新基层管理机制。探索市、乡、村三级纵向管理与村、街自治横向管理相结合的矩阵式管理模式，以适应新形势下农村管理的需要。建立了村党支部领导下的充分体现村民自治的新型农村治理机制，如专业合作社等组织，将村党支部领导下的村民自治管理拓延到农村资源整合、社会发展等方面，从而形成了社区化、产业化、制度化的新型农村治理运行机制。

健全保障机制。随着农村经济的发展，农民之间的收入差距进一步增大，一些收入过低的农户没有能力建新房子。除此以外，一些"五保户"由于收入没有保障，不可能建新房子。在这种情况下，为了保证这类农户能够入住新型农村社区，A 村专门修建了"福利楼"，保障这些农户能够入住新房子。

总体来看，三年多来村民们的生产生活环境发生了巨大变化。就居住条件而言，村民曾经深居山区，住窑洞、土坯房，如今搬入新社区，住上两层的楼房，村庄曾经崎岖的羊肠小道变成了笔直、宽敞、平坦的水泥路。就公共服务而言，村内埋设进水、排水管道，自来水流到每户村民家中，污水直接排出村外，设置了现代化的卡式电表，使户户通电。就农村教育而言，A村社区基本实现了教育服务均等化，还建立了现代化的小学，村里的孩子不出村就可以完成小学教育。由此可以看出，新型农村社区基本上让农民变成了城市人。

（二）新型农村社区建设过程中存在的问题

1. 居民：新型农村社区建设中农民适应能力较差

就当前来看，A村社区的农民已经搬进了新建的楼房，过着与传统农民不一样的生活，享受着跟城市人一样的公共服务。但是，笔者调查发现，许多农民还是存在诸多不适应。首先，居住不适应。在调查中笔者发现，年轻人特别是有过打工经历的农民感觉住楼房比较舒适。但对于四五十岁的农民而言，虽然住进小洋楼让他们向往，但是村民搬进了新楼房，体验完楼房生活以后，通过对比，许多农民更喜欢住平房。在搬迁过程中，除了一些贫困户没有搬迁外，其余大部分都是50岁以上的农民。他们总体上的感受是楼房"体验可以，但是居住不方便"。其次，生活不适应。在搬迁以前，A村社区的许多村民都是以户为单位独门独院。老人一般不和自己的孩子住在一起。子女结婚以后，他们便搬离父母的房子，另起炉灶。然而，农户搬进新型社区以后，彻底改变了他们的生活格局。老人和自己的孩子生活在同一个屋檐下，许多老人反映有一些不适应，儿女们也感觉不方便。最后，对环境秩序的不适应。A村社区为了方便村民的生活垃圾处理，专门设置了定点垃圾站。但是，村民为了方便和省事还是会随手乱扔垃圾。而且搬进社区以后，许多农民开始离开农田，他们感觉自己离开了乡土。对于年过半百的农民来说，离开土地，心理上有一种莫名的失落感。由此可以看出，农民由于自身原因短期内在某些方面还是无法真正融入社区生活。

2. 制度：新型农村社区长效机制需进一步完善

社区建设制度先行。完善的制度不但能够保障社区建设顺利进行，而且在关键时期能够确保社区建设的健康发展。通过对A村社区建设的考察，我们可以看到，制度创新对新型农村社区建设起到了关键性作用。新型农村社区建设不是简单地合村并组，强制性地把土地与农民分离，更不是机械性地把农民集聚在一起，而是通过土地、户籍、保险等各种政策整合现有的农村惠农政策，建立与完善更加惠农与利农的制度，确保农民生活水平不断提高。

从 A 村社区的建设来看，制度对社区建设起到了举足轻重的作用，但是从长远来看，如何保障 A 村社区建设发展制度的长效性是目前亟待解决的问题。首先，搬迁完成不等于社区建设完成。虽然目前的制度与政策保障了农民搬迁后住房与就业问题，但是由村建社并不是依照政府的意愿进行，而是要更加照顾到农民自己的真实想法与愿望，如何通过制度确保农民能够真实地表达愿望是今后社区建设遇到的首要问题。其次，社区建设不等于社区已经成熟、完善。目前 A 村社区主体已经完成，但是，笔者发现，周围其他村庄的村民开始"搭便车"——在 A 村社区建房，这就使得原本因缺乏资金而不能在 A 村社区建房的 A 村村民无法搬进新型农村社区，进而无法享受到 A 村社区的基本公共服务。所以，如何完善制度以保障农民的权利是今后新型农村社区关注的重要问题。最后，社区制度建立不等于制度已经规范。在村庄调研中，社区的建设有一些是按照当地的土政策与土办法来完成的，虽然从效果来看，这些土政策与土办法确实能够解决问题，但是对于社区制度的规范性造成了威胁，不利于以后社区管理的制度化与规范化。

3. 资金：新型社区财政支出存在诸多障碍与问题

虽然各级政府不遗余力地筹措资金，千方百计地促进发展，并取得了初步成效，但由于该市财政基础较为薄弱，政策运用空间较窄，加之新型农村社区基础设施和公共服务设施建设属于公共财政支持范围，需要财政投入更多资金。因此，在资金筹措、政策运用等方面 A 村社区建设仍存在诸多困难。

首先是资金不足。新型农村社区基础设施和公共服务设施建设资金不足，目前的情况是：①基础设施和公共服务设施投资全部由地方财政承担，地方财政压力过大，影响整个社会经济的发展；②上级财政支农资金虽然规模增长较快，但真正用于基础设施建设的资金较少，且相对分散，用途规定过死；③上级没有出台针对新型农村社区建设的财税政策。在新型农村社区内农民建（购）房资金不足。A 村社区建设的模式是，政府投资基础设施和公共服务设施建设，农民自己掏钱到社区建房（或购房）入住。但是，由于经济发展不均衡和农户自身经济条件存在差异，加之现阶段农民的生产和生活资料市场化程度很低，农村资金流失严重，农民贷款手续繁杂，门槛较高，这些不仅阻碍了农民借助银行贷款到新区建新房，而且从一定程度上制约了农村的发展。旧宅拆除和土地复耕资金不足，从社区实践来看，农民对土地享有的权利只有待原村庄全部搬迁后才能实现，并且前期土地复耕费用虽然可以通过市场运作实现，但需要财政资金引导，甚至还需要地方财政资金垫支。因此，在前5~8年土地收益尚未实现以前，给农民的补偿、复耕和上缴的有关费用将会对地方财政资金筹措产生较大的压力。

其次是涉农项目资金整合难度较大。据调查，目前涉农项目资金整合主要存在以下困难。一是目前上级以行政村为扶持对象出台的项目资金扶持政策与新型农村社区规划不衔接。如万村千乡工程、饮水安全工程以及卫生室、文化大院、体育设施建设等，均是以行政村为扶持对象的。在行政村整合为新型农村社区之后，原行政村享受到的财政资金扶持政策，难以等量地用于整合后的住宅社区。二是农村和城市区别对待的项目资金扶持政策与新农村发展状况不衔接，不利于城乡统筹发展。如廉租房建设就没有考虑到农村困难户的住房问题。三是上级下达的多数专项资金均要求地方在1~2年内完工，而新型农村社区相关项目建设可能要3~5年才能完成，与政府要求不同步。这样，符合新型农村社区基础设施建设投向的资金项目难以通过政府验收，得不到上级政府的资金支持。四是部分项目资金管理较严，尽管地方就整合资金出台了一些政策，但得不到政府相关部门的认可，地方整合资金的违规风险较高。

三 结论与思考

（一）新型农村社区的乡村资源整合：由机械式向有机式转变

新型农村社区建设作为统筹城乡发展的一种手段，对打破城乡二元体制、实现城乡之间公共服务均等化起到了重要作用，这当中离不开政府的规划与统筹。一言以蔽之，通过政府的统筹，新型农村社区建设就是把乡村资源进行再整合。A村社区是由原有的4个行政村搬迁合并而成的，几个村庄的土地、人以及物在新型农村社区平台上实现了有机整合。这种新机制避免了机械式的资源整合。有些地方在新型农村社区建设中只是把几个村的人简单地并在一起，对农民居住的地方统一规划，就完成了对乡土资源的整合。这种整合就是简单地把人、财、物拼凑在一起，不仅降低了乡村整合的效果，而且造成了资源的巨大浪费。通过 A 村社区的实践，我们可以看到，整合资源的方式已经由机械式整合转变为有机式整合。在尊重农民意愿的基础上，政府引导农民从不同的地区搬迁至新住址建房，改变了村民居住条件差的状况。建社区不是简单地让农民建房，而是实现一种新的管理方式，特别是改变农民的组织和活动方式。在 A 村的实践中，政府依托组织来实现人与物的结合，把人与土地、人与资本有机地结合在一起，从而推动了社区治理的进一步完善。

（二）新型农村社区建设：由外推式向内源式转变（由政府主导向农民参与式发展转变）

在新型农村社区建设中，政府与村民作为重要主体，对新型农村社区建设的方向与模式影响深远。通过对 A 村社区的考察，我们可以看到，这种模式为外推式。因为该村是一个移民村，属于开发性移民的范畴。从社区建设的方式来看，A 村的社区建设是一种外来力量作用的结果，特别是政府的作用，尤其突出了政府对农村社区建设的引导和推动作用。但是，随着农村社区的逐步建立，特别是在社区机制正常运转、社区文化氛围日益突出、社区内农民关系日益密切的情况下，新型社区的内源力量开始凸显出来。内源式的方式则是发现村庄社区自我独立性的特点，主要强调社区内在潜力的激发，从本质上讲是社区自主性的一种体现，是村庄内力量向外发展的一种模式。

为了维护新型农村社区建设的合法性，一般政府在社区建设中都扮演着家长式的角色。在 A 村社区建设中，A 村社区面临财政、组织以及合法性的三重危机，如果政府不发挥好作用，那么新型农村社区建设将会成为一纸空文。但是，在这一过程中，农民的角色也不能被忽略。

在我国解决"三农"问题的新时期，新型农村社区建设是一项体现民意的重大惠农工程与制度创新实践。其中，政府作为新型农村社区的主导者，扮演了社区建设的行动者与能动者的角色。在农村社区建设中，政府在村庄规划以及引导、组织、动员村民的过程中起到了重要作用。在政府主导下，社区建设的这种新机制与建设方式，合理地动员了全社区关心、支持、参与新型农村社区建设，引导了乡村资源向村庄社区集聚与配置。基于村庄社区建设的阶段性特点，社区建设在不同阶段面临的问题与约束有所不同，所以政府发挥的作用也存在一定的局限性。社区建设的方式需要从政府主导式向村民参与式转变。也就是说，在发挥政府主导作用的同时，要尊重农民在社区建设过程中的主体地位，从而进一步实现各项社区建设工作的有机衔接和政府与村民的良性互动。

（三）新型农村社区建设需要妥善处理的几个问题

新型农村社区建设不是新时期新的建房运动、"逼民上楼"的运动。因此，在新型农村社区建设过程中，需要妥善处理好以下几个关系。首先，应该注意身份的转换。无论是政府推动还是社区自我发展，社区建设都应着重区分"农民身份"转变与"农地身份"转变。从全国各地的实践来看，无论是土地增减挂钩还是土地整治核心，都是农地身份的转换，在新型农村社区建设过程中，如果不能注重合理与公平，非但无法实现城乡发展的共赢，反而会破坏农村秩序，浪费土地资源，侵犯农民权益。由此可以看出，如果不能正确转换农民与土地的关系，势必会破坏现有社区的发展与稳定。其次，全面推广还是梯级推进。从 A 村社区建设的经验来看，该社区建设在整个地市具有特殊性。A 村社区是集贫困搬迁、开发搬迁等多重因素于一体的综合性社区建设工程。因此，其复杂性就决定了 A 村社区建设应该梯级推进，而不能采用全面推广。此外，新型农村社区建设不宜全面推广还因为地方的特点，如果忽略地方的特殊性，则无法实现城乡互动、互利共赢的目标。

新型农村社区建设调查研究

张景峰[*]

随着新农村建设的推进，以及"三化"协调发展等新一轮政府干预经济发展，很多地方明确提出并积极实施新型农村社区建设。一方面，新型农村社区建设与民政部的社区建设有何区别、新在何处？另一方面，新型农村社区建设针对的传统农村社区建设是什么、有何区别？带着这些问题，笔者对河南省 H 市两个不同类型的新农村社区进行了实地调查。

一 调查之一：组合型城中村建设调查
——以 H 市新区组合型城中村小区建设调查为例

组合型城中村是在城镇化用地、经济开发用地安置返迁乡村居民时，由若干原有村庄根据安排分区位居住，并组合为一个公共服务基本单元区，既具有去乡村性，又包含乡民自治性的几个自治性社区组合在一起而构成的新型社区。组合型城中村建设，是在城镇化进程提速、经济快速增长的情况下，部分城市周边农村探索基层社会管理创新的实践活动。组合型城中村建设实际上是一种公共服务基本单元区建设，适应了政府公共服务的新变化，与基层群众自治相衔接，有助于推动初步城镇化基层社会管理转型的有序实现。这种蕴含创造性因子的活动，体现了社会管理创新所带来的社会管理新变化和所产生的社会管理新秩序，尤其符合社会管理创

---

* 张景峰，河南科技大学法学院教授、副院长，主要从事自治法研究。

新的时代要求，能够为社会管理创新提供新的注解和思路。但是，组合型城中村建设所蕴含的公共服务和基本单元区社会管理思想，由于缺乏权威的认可，还没有得到有效的推广，国家法律层面的支撑不到位，还存在保障上的欠缺和运行上的不足等问题。对组合型城中村建设进行认真调查、分析、总结和研究，发掘组合型城中村建设的创造性因子，并为其规范化提出建议，是一项具有重大理论意义和实践意义的研究活动。笔者在面上调查的基础上，重点调查了 H 市两个组合型城中村。根据调查资料，本文从三个方面对组合型城中村建设问题进行探讨，以期加大组合型城中村建设的研究与推广力度。

（一）组合型城中村的基本状况

笔者调研的组合型城中村是 H 市新区建设中安置返迁乡民的一种新型社区。H 市新区一期建设，已建成 10 个组合型城中村用于安置返迁乡民。政府通过对组合型城中村的规划、设计和建设，既满足了乡民返迁的需要，又为政府进行公共服务提供了基本单元。本部分首先分析组合型城中村的基本状况，作为进一步研究的基础。

1. 组合型城中村产生的社会与经济基础

组合型城中村的产生有其加快城市发展、推进城乡一体化进程等社会与经济基础决定因素。就当时决策建设的设想来看，有以下几个方面的因素考虑。第一，为了节约土地，成片、成建制地开发，有利于减少乡民返迁的土地占用额。第二，为了真正使城镇化范围内的失地农民得到实惠、增加收益。第三，为了真正实现乡民向市民的转变，使相关乡民变为具有硬件支撑的市民。第四，为了适应未来各项公共服务有效展开。这些考虑促成组合型城中村的设想、规划、设计和建成，并演变为一种新型社会管理模式的创造性实践。

2. 组合型城中村社会管理运转状况

组合型城中村建成并投入运转后，其社会管理大致包含三个方面的内容。第一，组合型城中村的共同事项，主要由各个组成村划区管理、共同管理或者由政府提供公共服务。第二，组合型城中村组成村内的公共事务，由各组成村按照基层群众自治的办法进行管理。第三，乡民转化引发的社会公共服务需求，主要由政府直接提供公共服务、购买服务或者委托各组合型城中村组成村提供公共服务。组合型城中村社会管理运转并没有使原来基层群众自治机制的作用丧失，而是实现了组合型城中村公共服务模式和基层群众自治模式在相互协调中运转。

3. 组合型城中村继续建设情况

在 H 市新区一期建设中，规划、设计、建成了预计数量的新型管理模式的组合型城中村，村民对其运转模式和成效基本认可。在 H 市新区二期建设中，更多的"高档次"组合型城中村在不断建设，有的已经建成，并准备交付、投入使用。因此，一方面，在城镇化继续进行、经济开发依然存在的情况下，组合型城中村的建设将继续存在；另一方面，旧城区城中村的拆迁改造，在许多地区也存在组合型城中村建设的计划，使得组合型城中村的规划、设计和建设不是一时一地的个别社会现象。另外，旧城区城市居委会的改造、改进，有可能出现具有仿真组合型城中村特点的组合型居委会，使符合公共服务基本单元区本质特点的组合型城中村的规模和范围不断扩大。

（二）组合型城中村公共服务基本单元区建设的实践智慧

作为政府主导城镇化进程中的产物，组合型城中村既体现了社会管理的继承性，也体现了社会管理的探索性，是一种富有创造性的社会管理新实践。组合型城中村社会管理模式将原有农村自治单元区运转体制和城市公共服务相对充分的运转体制较好地衔接起来，给予人们很多理论启发，也具有积极推动城市管理改进的重要现实意义。认真总结归纳组合型城中村社会管理模式，将会使中原经济区建设中的城镇化进程变得更为自觉和有序。笔者认为，组合型城中村社会管理创新的实践智慧可以归结为以下几个方面。

1. 公共服务基本单元区硬件规划、设计先行

高度重视组合型城中村公共服务基本单元区硬件规划、设计，并将其置于优先地位是组合型城中村建设的经验之一。组合型城中村公共服务基本单元区硬件的建设具有明确的计划性、目的性，不是随心所欲的结果。笔者所调研的组合型城中村都是在建设前经过规划部门和所在地地方政府的研讨，对照未来城市对其提供公共服务的可能情况，进行基本单元区硬件的规划、设计。在规划、设计的操作中，组合型城中村的规划、设计者根据可预计的未来城市公共服务主要类型，制定包含对应相关服务硬件设施的规划、设计，并根据公共服务基本单元区特殊需要的实际情况，如民族习惯、宗教信仰等，增设一定公共服务硬件设施的规划、设计。如果缺乏事先的规划、设计，具有公共服务基本单元区功能的组合型城中村就难以建成并投入使用。正是这些富有预见性的规划、设计，为建设具有公共服务基本单元区功能的组合型城中村奠定了建设规范化的基础。

2. 公共服务基本单元区建设契合民生变化需要

作为公共服务基本单元区的组合型城中村建设，不是一种从天而降的、无根无基的管理模式建构活动，而是契合了相关乡民民生变化的需要。组合型城中村建设密切联系乡民民生变化的实际，并且与我国政府职能转变、社会转型的时代特点有机结合，对现行的公共服务体制进行了积极的、建设性的技术性改进。

第一，公共服务基本单元区的组合型城中村建设契合了职业转换、居民属性转变的需要。城镇化所涉及区域乡民的必然走向是诸多去乡民性变化。从外在来看，首先是其职业的转换——很少或者不再从事农业活动，逐渐转变为产业工人或者社会服务从业者；其次是其居民属性的转换——由乡民转换为市民；最后是生活方式的转换——由乡村自给自足的生活方式转变为城市购买式生活方式。作为发生变化后的居民，从政府、社会取得的公共服务也在发生变化，组合型城中村构成的基本单元，便利于居民得到公共服务。

第二，公共服务基本单元区的组合型城中村建设契合了政府提供民生公共服务的需要。社会服务发展到现在，政府不再仅仅提供消极公共服务，还要进一步提供积极公共服务。政府提供积极公共服务，在一定的区域半径内才是有效率的，尤其需要适当的区域范围界分和一定的硬件设施。组合型城中村的建设，范围比较适当，硬件设施比较齐全，为公共服务提供了适合有效性要求的区域基础和硬件设施基础。

3. 基本单元区公共服务与基层群众自治共存共用

根据变迁村庄及其居民的实际情况，政府规划出能够满足公共服务的基本单元区——组合型城中村社区，为政府提供公共服务奠定了基础。在调查中发现，具备条件的设施已经发挥作用，居民日常生活非常便捷，并可以不断获得利用这些设施的社会保障。与此同时，组合型城中村的元素——各相对独立的组合型城中村组成村，原有的基层群众自治的体制没有被打破（有的进行了村改居，但还是按照村民自治的运作模式在运转），仍然发挥其社会功能。基本单元区公共服务与基层群众自治各司其职，共同作用于组合型城中村，由此形成基本单元区公共服务与基层群众自治共存、共用的基层社会管理体制。

基本单元区公共服务与基层群众自治共存、共用，从学理上来看，主要在于公共服务基本单元区——组合型城中村的合理定位：为公共服务提供硬件基础和合理区域、范围，而不以公共服务基本单元区取代基层群众自治区，不以公共服务替代基层群众自治，即公共服务归之于公共服务、基层群众自治归之于基层群众自治，符合基层群众自治与公共行政共同作用的运转规律。

（三）组合型城中村公共服务基本单元区建设的不足

由于没有硬约束的国家法律规范，以及政策部门对公共服务与基层群众自治不需共存的误解等原因，以基本单元区公共服务为主要标志的组合型城中村社会管理创新实践，在现实运转中存在一定的不足，有待进一步改进。只有归纳出那些确实存在的真正的不足，才能为施行改进措施提供方向与思路。当然，这些不足不全是直观地呈现，有些不足还需要我们认真地总结、分析才能发现。经过调查、研究，笔者将组合型城中村社会管理的不足归纳为以下几点。

1. 公共服务基本单元区硬件建设不足

公共服务基本单元区硬件建设的不足主要表现在两个方面：一方面，在组合型城中村建设的过程中，由于不同因素的影响，有的没有共同的服务中心楼设施，有的缺乏幼儿园设施等，影响基本单元区公共服务项目的开展；另一方面，由于建设资金缺乏或者前瞻性不够等原因，组合型城中村在建设的过程中，公共服务基本单元区硬件设施标准低，难以满足居民不断增长的公共服务需求。在调研中，笔者了解到，为了满足基本单元区公共服务的需要，不少人建议重新改造这些刚建成的组合型城中村，这也从一个侧面反映了公共服务基本单元区硬件建设标准低、数量不足的问题。

2. 基本单元区公共服务供应不够

组合型城中村在体制上仍然属于农村的建制，把若干个村庄先组合为一个公共服务的基本单元区，后续服务逐渐开展。组合型城中村对基本单元区公共服务的供应不够丰富，甚至很少展开服务。例如，有的是与硬件相应的配套服务还没有广泛展开，基本单元区公共服务的供应呈现不能满足需要的状况；有的是无法确定基本单元区公共服务的类型和模式，导致基本单元区公共服务的供应不能满足需要。

同时，还有公共服务基本单元区建设认识存在误区导致的基本单元区公共服务供应不足的问题。对组合型城中村建设的目的还没有弄清楚，没有将组合型城中村作为公共服务基本单元区的明确定位，甚至将组合型城中村建设等同于现行的"城市社区建设"或者"农村社区建设"。在调研中，对公共服务基本单元区及其建设认识上的差异，产生了政府公共投入不足或者放任基本单元区创收筹措公共服务经费等现象，导致基本单元区在经济利益的驱动下出现忽略公共服务的苗头。

3. 基本单元区公共服务与基层群众自治不衔接

基本单元区建设的目的主要是为基本单元区居民提供公共服务，从而满足基本单元区居民的生活、社会保障等共同性社会需求。部分组合型城中村没有将服务于基层群众自治作为自己的一项重要职责，其提供的基本单元区公共服务与基层群众自治不配套、不衔接、不协调，甚至出现将组合型城中村提供基本单元区公共服务与基层群众自治对立起来的情况。例如，以建设社区居委会为目标的村改居行动，根本不考虑基本单元区公共服务与基层群众自治并存，且符合基层群众自治的宪法、法律已有制度设计；不考虑不需要突破国家法规范，而依靠有效落实宪法、法律制度的富有创造性的实践就可达到目标的现实。

二 调查之二：组合型乡里村建设调查
——以 H 市 Y 县新型农村社区建设调查为例

根据 H 市有关政策规范对新型农村社区的前述界定，新型农村社区建设与组合型城中村小区建设在本质上是相同的，具体方法基本一致，可以称为组合型乡里村建设。组合型乡里村建设是在农村发展"第二次革命"判断的背景下展开的。建设组合型乡里村"顺应了科学发展观的基本要求，顺应了新时期城镇化建设的必然趋势，顺应了做好'三农'工作的客观需要，顺应了广大农民过上更好生活的共同期待，是统筹城乡发展的结合点、推进城乡一体化的切入点、促进农村发展的增长点，是破解钱从哪里来、人往哪里去、民生怎么办、粮食怎么保'四大难题'的有效抓手，是继家庭联产承包责任制之后农村发展的'第二次革命'"①。据此，组合型乡里村建设实际上成为农业、农村、农民现代化综合建设的举措，也是农村地区探索基层社会管理创新实践活动的形式之一。组合型乡里村建设在基本建设层面同组合型城中村建设一样，适应了政府公共服务的新变化，不脱离基层群众自治的已有平台，有助于推动新时期农村基层社会管理转型的有序实现，属于公共服务基本单元区建设的范畴。与组合型城中村一样，组合型乡里村建设还存在诸多问题，同样需要对这种新的社会现象进行深入的调查研究，发掘组合型乡里村建设的创造性因子，逐步实现建设的规范化。笔者主要根据所调查材料中 Y 县一个县域的情况，从四个方面对组合型乡里村建设问题进行探讨，以期抛砖引玉，引起更多研究者的关注，并参与到组合型乡里村建设的研究队伍中来。

（一）Y 县组合型乡里村建设基本情况

Y 县位于中部地区两个中心城市之间，总面积为 600 余平方公里，辖 9 个镇、2 个乡、1 个工业区、214 个行政村，总人口为 61 万人。2011 年，该县完成地区生产总值 286.4 亿元，财政一般预算收入为 9.3 亿元，城镇居民人均可支配收入为 17970 元，农村居民人均纯收入为 9826 元，综合经济实力居河南省第 19 位。

Y 县区域内组合型乡里村建设具有现实的基础和动力。据评估，Y 县在 H 市与其他县域相比具有三大特点：人多地少问题更突出、民营经济相对发达、农民收入水平相对较高。通过对 Y 县的相关调研，发现群众有三大期盼：一是群众对使家里干干净净、解决村庄脏乱差问题充满期盼；二是群众对完善基础设施和公益设施，享受城里人的生活充满期盼；三是对通过社区建设使住房具有产权，实现抵押贷款、自主创业充满期盼。在 Y 县看来，其开展组合型乡里村建设的依据除了上级的要求以外，还有其充分的自身需求和优势。因此，Y 县围绕组合型乡里村建设"三个集中、四

---

① 《H 市新型农村社区建设纲要（试行）》，2012 年 3 月 1 日。

个配套、五个同步、六个一体化"和 56 字方针,启动了县域内的组合型乡里村建设工作。统计资料显示,Y 县规划布点组合型乡里村 29 个,均完成了"二图合一"规划,6 个试点组合型乡里村建设规划通过上级评审,已经开工建设的组合型乡里村达 7 个。

Y 县坚持"着眼长远、科学规划,结合实际、分期推进,多元筹资、破解难题,坚持标准、保证质量,阳光操作、以人为本,紧抓重点、示范带动,完善机制、常抓不懈"的基本要求进行新型农村社区建设[①]。组合型乡里村建设的具体操作实行抓示范、抓产业、抓流转、抓环境、抓主体、抓产权、抓集中等关键措施,确保群众满意。这些要求和措施,保证了组合型乡里村建设平稳有序地向前推进。

(二)组合型乡里村建设的实践智慧

作为政府推动新型城镇化进程的产物,组合型乡里村既体现了经济发展对社会管理的决定性,也体现了社会管理对经济发展的积极回应性——能动地进行社会管理的变迁、主动地干预经济的良性发展。组合型乡里村建设拟创造的社会管理模式,吸收、借鉴城市公共服务运转体制,将原有农村自治单元区运转体制转化为城市形态的公共服务运转体制。组合型乡里村建设的实践,不仅具有乡村管理改进的现实意义,而且具有理论启示的价值。认真总结、归纳、改进组合型乡里村这种社会管理模式的设计与推进,无疑将会使中原经济区建设中的城镇化建设变得更为自主和有序,组合型乡里村社会管理创新的实践智慧可以归结为以下几个方面。

1. 以公共服务基本单元区为核心的组合型乡里村建设满足青壮年外出打工后农村生存质量提高的现实需要

农村青壮年外出打工,家里留下妻儿老小,是农村尤其是中西部地区农村的普遍现象。2008 年 12 月,中国农业大学人文发展学院叶敬忠教授的"中国农村留守人口研究"项目组公布,"全国有 8700 万农村留守人口","其中包括 2000 万留守儿童、4700 万留守妇女和近 2000 万留守老人"[②]。这种新的生产、生活方式,改变了原有的农村生存状况,既有积

---

① 《Y 县新型农村社区建设情况汇报》。
② 郭少峰:《调查称农村留守人口达 8700 万 妇女长期性压抑》,《新京报》2008 年 12 月 2 日,第 A15 版。

极的一面，也存在不少问题。尤其是"农村家庭为公共产品奉献太多"，"中国人太把家庭看成自己的事，而没有把它看成社会的事，所以，这些问题很长时间没有引起大家的关注。就像养老一样，大家都把养老看成家庭的事，没有想到社会应该怎么办，国家应该怎么办"，"就像农村孩子的教育一样，教育本来应该是一个公共产品"，"中国农村的家庭在为公共产品做奉献，因为教育是个公共产品，但过去是家庭在承担"①。国家、社会对留守儿童、留守妇女、留守老人等弱势群体缺乏足够的公共产品供给，影响了弱势群体的生存质量。这些社会问题不是农村局部地区问题，可能是带有普遍性的农村社会综合问题，是 H 市也需要面对的、必须解决的社会问题。公共服务基本单元区的组合型乡里村建设也许可以"解决好留守儿童的学习和生活，解决好留守妇女的生产和生活，解决好留守老人的养老和生活"。因此，作为公共服务基本单元区的组合型乡里村建设，有其国家、社会逐渐满足乡里村居民公共产品需求的社会基础。

2. 以公共服务基本单元区为核心的组合型乡里村建设契合改造"空心村"增加耕地资源的需求

我国 18 亿亩耕地红线的强制约，对各地的土地非农使用具有很大的硬性约束力。在现有土地基础上，废弃土地复耕是增加耕地面积的办法之一，以公共服务基本单元区为核心的组合型乡里村建设具有一定的土地复耕促进功能。其中，改造"空心村"进行土地复耕是一个重要方面。对于"空心村"现象，有学者认为，"这是一个普遍的现象，也是一个让人触目惊心的现象。近年来，随着农村经济的发展，腰包鼓起来的村民们都把新房建到公路附近等交通便利处，致使不少院落、老的住宅'人去房空'，新房子又把正在耕种的良田侵占。从村外看，新房一排一排、红墙绿瓦；到村里看，旧屋一座一座、残垣断壁、污水肆流。这种外实内空的'空心村'，在全国大部分地区都不同程度地存在着，而且不少地区的农村正在加速走向'空心化'"②。甚至有学者认为，"'说村不是村，有院没有人。

---

① 张弘：《叶敬忠：关注农村留守老人、妇女和儿童》，《南方日报》2009 年 1 月 4 日，第 A09 版。

② 唐志平、王玉霞：《"空心村"形成的深层次原因及其治理》，《发展》2008 年第 4 期。

说地不是地，草有半人深。'这是对河南省部分农村地区的真实描述"①。
"所谓'空心村'，是指随着农村人口的不断增加和农民对宅基地需求的不
断增长，大量新建住宅向村外扩张，导致村外新房越建越多，而村中无人
居住的老宅却不拆，从而逐步形成村庄外实内空的现象。其内部出现一定
量闲置住房和闲置宅基地，其中闲置住房多以砖瓦房和土坯房为主。"② 一
方面，"空心村"现象成为农村耕地被侵占而减少的一个原因；另一方面，
改造"空心村"可能成为节约耕地、增加耕地的一种方法。以公共服务基
本单元区为核心的组合型乡里村建设契合改造"空心村"、增加耕地资源
的社会需求。

**3. 以公共服务基本单元区为核心的组合型乡里村建设适应农村多数人
口事实上很长时期内不可能城镇化的国情**

有学者认为，"农村的地位看来要做长远估算"。其依据在于："城市
化不仅是指在城市居住着，而且是指在城市生活着，可以生活下去，可以
进行人口和劳动力的再生产，或者说可以在城市定居下来。作为标志，进
城务工经商的农村劳动力可以通过在城镇务工经商而将家庭搬到城镇定
居：一是可以让子女进城上学；二是可以让父母进城养老；三是自己退休
后可以在城市居住生活下去。""校正的可以接受的……城镇化率为
30.0%。""在未来50年，中国农村人口会在一个相当稳定的高位基数上
运行……农村人口不会像一些人想象的那样，在未来几十年随着城镇化的
发展自然消失。""农村的希望在于乡村建设。"既然多数农村居民难以在
短时期内通过城镇化进入城市，并成为城市的居民，就不能试图通过快速
城镇化或者实现所谓城乡融合来解决规模庞大的农民生存、生活问题，需
要在可预见的较长时期内，通过改造乡村居民的社会生产、生活环境来解
决规模庞大的农民生存、生活问题。根据目前农民收入的现状，完全通过
农民自己来解决道路、水利设施、教育、养老等公益事业问题是不可能
的。在现代工业、现代服务业逐渐居主导地位的当下，国家将依法收取现
代工业、现代服务业的财政资金，拿出适当的额度投入农村建设，为农民
提供较为完整的公共服务硬件和软件是基本的要求。以公共服务基本单元

① 邢成举：《山区与平原"空心村"的差异分析》，《中国乡村发现》2008年第1期。
② 朴永吉：《村庄整治规划编制》，中国建筑工业出版社，2010，第83页。

区为核心的组合型乡里村建设既是反哺农业、农村、农民的体现，也是支撑整个社会现代化建设的涉农基本保障，适应了农村多数人口事实上很长时期内不可能城镇化的国情。

（三）组合型乡里村公共服务基本单元区建设的缺陷

由于没有硬约束的狭义国家法律规范、决策部门对组合型乡里村建设的误判，以及政策部门对公共服务与农村关系的不适当定位等原因，以基本单元区公共服务为主要标志的组合型乡里村社会管理创新实践，在现实的推进中存在诸多问题和缺陷，亟待尽快改进。而对问题、缺陷的适当归纳，才是进一步解决问题的前提。经过调查、研究 Y 县的新型农村社区建设状况，可将组合型乡里村公共服务基本单元区建设的问题和缺陷归纳为以下几点。

1. 公共服务基本单元区建设对文化传递功能缺乏关注

传统村庄作为农村居民的社会生活共同体，传递着一定的文化、历史、社会、经济信息，是展现文明传递的重要载体之一。我国久远的历史文化，除了典籍的记载之外，更多的是通过聚居村落中主体的世代承继延续下来的。新型农村社区建设关注的主要是土地的增加，而忽视了新型农村社区建设所应当包含的文化因素。

传统村庄的消失一直在持续。"中国文联副主席、中国民协主席冯骥才在接受记者采访时表示，古村落文化是中国最大的文化遗产，堪称中国文化中的万里长城。他指出，中国村落消失速度惊人，2000 年全国约有360 万个自然村，到 2010 年自然村锐减到 270 万个，平均每年消失 9 万个村落，有些村落没有《村落志》和《民俗志》，仅存在一代一代人的记忆里，口口相传。村落消失，珍贵的历史信息也就随着时间的流逝殆尽了。"① 时下的新型农村社区建设基本上属于"千城一面""千区一面""千楼一面"的具体体现，在节约耕地、改善农村居民生活的同时，加快了促进村庄消失的步伐。

2. 公共服务基本单元区的建设不突出

公共服务基本单元区建设已经引起注意，甚至提出了很高的标准。例

---

① 《每年消失 9 万个自然村落　冯骥才：古村应活化保护》，《齐鲁晚报》2012 年 6 月 6 日。

如，H 市相关政策就有明确的原则标准。城市标准：新型农村社区要按照城市社区的标准进行规划建设，尤其要让广大农民逐步享受与城市居民同等同质的基础设施和公共服务。但是，这些标准主要存在两个方面的问题。

（1）盲目的社区建设硬件规模要求

H 市确定新型农村社区建设的目标是：计划通过若干年的努力，"共建设新型农村社区 355 个。其中，2012 年各县（市）区开工建设 1～2 个试点；2015 年前开工建设 180 个，建成 50% 以上；2020 年前全部启动，建成 90% 以上。实际上，这些主要是硬件规模要求。就调查来看，这些硬件规模要求没有经过认真的调查摸底，缺乏确切的经济、社会发展资料的支撑，在很大程度上是盲目的要求。

（2）公共服务建设没有确定为建设的核心

前述的硬性指标是一个以整体硬件建设为标准的指标，没有体现出其核心问题是什么？应该以什么为重点？从调查来看，关注盖房问题比关注其他方面要多得多，并通常是以盖房的进度作为衡量的显见标准。公共服务建设主要被作为新型农村社区硬件建设的一部分，不具有独立的价值，更不具有核心的地位。

3. 农民集中居住的经济基础不牢固

新型农村社区式的农村社会生活共同体建设，在现实的过程中主要体现为采用引导等方式实现农民集中居住。在规模上，农民集中居住可能会因人口的自然状况而有所不同，但是经济支撑问题计划层面多而现实层面少则是共性。具体来说，主要存在两个方面的问题。

（1）农民集中居住经济基础规划层面突出

新型农村社区式的农村社会生活共同体建设必须具备相应的经济基础作为支撑，才能保证集中居住向积极的方面运行。然而，即使在试点的新型农村社区建设中，也是规划重于现实状况。其典型表现是描绘出招商引资的良好前景，展望相关产业的极大发展空间，但对不利影响考虑不足、过于忽视，具体如何运行没有成熟的安排。

（2）农民集中居住经济基础上自然演化少

经济发展达到适当程度，政府在自发基础上进行引导，其实质仍然是在经济基础之上以自然演化为主，政策行为的色彩则相对淡化。当下新农村社区建设的农民集中居住是一种政策行为，在一定意义上是为了实现对农村经济尤其是土地的政府把控与调整的现实目标，较少考虑自然而然的水到渠成。

三 新型农村社区建设的政策建议

（一）加快公共服务基本单元区建设立法

面对新时期服务政府、责任政府、法治政府的定位，人民政府积极服务于社会、居民等成为其重要职责。但是，通过对新型农村社区建设的调研发现，社区建设的推进思路和实践弱化了政府职责，加重了社会、民众的责任，甚至损害了社会、民众的利益。例如，社区建设中的强制性不断损害村民的利益，引发社会矛盾；政府职责的缺位或者变形，难以保障社会的公正。因此，建议在政策层面明确公共服务基本单元区建设，在条件成熟时进行公共服务基本单元区建设立法。地方可以先行制定地方性法规，为全国性法律提供立法经验和借鉴。

（二）制定组合型社区自治国家法律规范

组合型城中村或者乡里村社区的组成元素为各个构成组合型社区的村庄，组合型社区成为更大范围的社区，形成了新的社会生活共同体。在组合型城中村或者乡里村社区内存在范围不一、层次不同的社会生活共同体，即组合型城中村或者乡里村社区各元素村庄的社会生活共同体以及组合型社区范围内的社会生活共同体。各元素村庄社会生活共同体可以继续适用《村民委员会组织法》的规定，实现基层群众性自治；而组合型社区的公共事务、公益事业缺乏相应的国家法律规范，不利于该范围社区秩序的稳定。因此，建议进行相关立法，制定组合型城中村或者乡里村社区范围社会治理的国家法律规范。

（三）政府集中精力进行公共服务基本单元区建设

新型农村社区建设的现实情况多表现为本身为指导者的政府直接从事住宅建筑的资金筹集，反而淡化了自身的职责，公共服务的设施和活动没有跟上，或者存在较大瑕疵。这种现象不仅违背了政府的职能，而且有侵犯农民利益、越俎代庖之嫌，有些地方甚至引发了干部与群众关系紧张、群众对政府不信任等问题，影响了政府的形象。政府积极作为超出了自己的界限，事实上成了超级政府，不利于社会的成长和社会自身治理因素的增长。在政府建设了高质量的公共服务基本单元区之后，提供高水平的公共服务，规划社区蓝图，尽量由社会因素根据实际、按照规划去建设。因此，政府的首要工作是集中精力进行公共服务基本单元区建设。

私人治理

刘 锐 曾红萍[*]

当前，乡村治理研究主要沿着两个路径进行。第一个路径是考察后税费时代国家与农民关系的变化及基层政权的行为逻辑，主要分为两个方面：一是基层治理能力弱化的政治社会后果；二是乡村组织的变迁特征及行为逻辑。第二个路径是考察利益密集型农村的乡村治理逻辑。笔者所在团队在豫东城郊 L 村调查发现，在治理能力弱化的背景下，村庄利益流量的增加促使乡村治理模式相应变化。由此，笔者提出"私人治理"的概念。私人治理主要是指在制度性权力不足的现实条件下，为摆平"钉子户"，完成征地工作，乡村组织通过治理体制的私人化、治理组织的私人化和治理资源的私人化等方式来保证干群关系和谐及村庄社会有序。私人治理寻求私对私的化解术而非政府公权力和村庄内生规范来解决村庄事务，它在维持表面乡村稳定团结的同时会带来政权合法性的流失。厘清私人治理的发生原因、现状特点、政治后果，对理解转型期乡村利益博弈机制，评估农村治理绩效具有重要的现实意义。

基层组织是村社成员共同需要的公共机构，提供的是公共服务，解决的是公共需要，处理的是公共事务，客观上决定了基层治理的公共性特征，基层组织运作必须由公共规则做支撑，不以私人意志为转移。公权力和公共规则保证了治理活动的正当性，提高了基层组织的治理效能。在后

---

* 刘锐，华中科技大学中国乡村治理研究中心博士研究生，主要从事社会学理论应用和乡村治理研究；曾红萍，华中科技大学中国乡村治理研究中心硕士研究生，主要从事农村问题及社会人类学研究。

税费时代，为平衡上级压力和公民权利，斩断基层组织作恶的"黑手"，实现乡村社会的稳定和谐，上级政府创新社会管理手段，实施了一系列化公为私的治理机制。笔者以 L 村为案例，从三个方面分析了 L 村的私人治理情况。

一　治理体制的私人化

基层治理的体制依据主要有两部分：一是国家制定的法律法规，以及上级政府颁布的规范制度；二是基层组织在社会治理过程中逐渐总结出来的不成文规则。前一部分是正式规则，它的效度比后一部分高得多；后一部分是非正式规则，只要不与大政策制度相违背，就可因地制宜，尽力发挥它的效用。L 村治理体制的私人化主要表现在两个方面。

（一）"不让村干部摸一分钱""不给村集体留一分收益"

L 村密集的利益流量主要来自农业用地变为工业用地带来的土地经济收益。按照当地政策，土地补偿包括四部分：劳动力安置费、土地使用费、土地附着物补偿费、青苗费。我国农村实行"统分结合、双层经营"的土地制度，土地所有权归村集体，土地使用权和经营权归农民，村集体对土地享有收益权和处分权，土地收益理应由村集体和村民共同分得。但在后税费时代，基层信访考核和维稳压力巨大，一旦出现干群矛盾或农民上访，乡村干部的政绩将受到极大影响，甚至很可能会被一票否决。为保证土地收益的公平分配，防止村干部捞取集体收益，上级政府通过弱化村级利益，使村级财政空壳化的制度来维持乡村稳定，主要通过"不让村干部摸一分钱"及"不给村集体留一分收益"的治理体制来实现。

L 村的征地分为四个环节。①政府测量。征地时，乡政府启用测量队对所占土地进行测量，然后通过村级组织将测量数据下达到村民小组。②小组测量。小组将政府数据公布，进行重新测量，测量时必须有组长、村会计及各门子①的群众代表到场。如果不请本家族的群众代表参与，该

---

① 门子是以血缘关系为基础形成的一个对内合作、对外防御的家庭联合单位，它以五服内的堂兄弟关系为基础，其规模一般为 10～20 户。

门子的人一般不认可测量结果，拒绝征地且不领补偿款。③公示领折子。组长将测量数据反馈给乡政府，由乡政府进行核实确认，然后公示各户征地面积，直至村民无异议。④土地利益分配，乡政府直接将土地补偿款发放到农户的存折上，不经过村级组织。

1998 年土地二轮承包时，L 村将所有耕地分配给村民，没有留下一分机动地，目前仅有的集体公地是河、道路、沟渠等。L 村被征用的土地主要包括两部分：一是个人的承包地；二是一些沟边、河谷等集体所有的公共土地。前一部分土地补偿款的分配较为简单，乡政府直接为村民开户，将征地款打到村民存折上，村民只需到村委会签名确认即可。L 村所在的 B 市对后一部分土地实行"两级同管"制度，如果土地补偿款较多，村委会则将补偿款尽数发放给村民；如果补偿款较少，就存放到村账户，存折和密码由乡政府代管，村里需要活动经费时向乡政府申请。

（二）利用基层社会力量进行治理

随着工业化、城镇化的推进和市场竞争中的价格波动，土地补偿中的土地附着物补偿费和土地使用费标准不一，当前的土地政策造成村集体丧失对土地收益的处分权，加上村民对土地收益的过分要求，由此出现两类"钉子户"：一类是"硬钉子"，他们多是无赖户、混混、职业上访户等乡村边缘势力，具有一定的"灰色背景"和捞取利益的能力与手段；另一类是"软钉子"，他们多是些普通农户，总体认可相关的法律和政策，想趁补偿标准模糊的机会多要些补偿款，其典型特点是"非暴力不合作"。L 村村委会结合村庄结构创新治理体制，通过将"门子"引入征地过程，化公为私，使复杂的利益分配变得简单化，征地和土地收益因为群众代表的缓冲调和变得轻松，"软钉子"也被降格为门子内部事务。

L 村每个村民组都有几个门子，村民以门子为载体争取权益，并逐渐形成了"组长不当家，门门都有人"的村庄自治模式。在集体利益分配上，组长只起协调作用，各个门子会推选群众代表讨论协商，大门子出两名群众代表，小门子出一名群众代表，如果村干部不请该门子的代表参加会议和参与征地工作，这个门子可能会以拒绝征地或不领补偿款的方式表示抗议。在组长的主持下，群众代表商讨出的决议具有较强的合法性，各门子的人有执行相关决议的义务。如果村民有异议或出现"钉子户"，村、组两级并不出面协调，只需由本门子的群众代表做思想工作即可。群众代表在本门子内部有较高的权威，除非严重违背本门子利益，一般都能化解征地矛盾，拔掉"软钉子"。

从 L 村的村庄治理模式可以看出，一方面，通过土地利益分配的"上移"和"下沉"，村委会失去了获取土地级差收益的权利，从制度层面有效地防止了村干部以权谋私和贪污腐化，干群矛盾的发生源被消除；另一方面，村集体失去了公共财政资源，制度性权力被大大削弱，失去了供给公共品及处理村级事务的能力。同时，将村庄内生组织引入征地和利益分配过程，使得本已虚弱的基层组织不再面临征地压力，处理"软钉子"的问题也转变为血缘组织的内部事务，从而大大减少了村庄的利益纠纷，有效地解决了村庄事务。

二　治理组织的私人化

治理基层社会，需要依托相应组织实现。基层治理是国家治理的重要组成部分，治理活动的开展及治理目标的实现离不开组织载体。基层组织的设置，一方面，依据国家宏观制度安排，与整体目标和国家任务相适应；另一方面，来源于复杂的治理实践，与乡土社会的不规则性、非程式性相契合。也就是说，基层组织既是国家管理基层社会的产物，又是基层社会自主创造的结果。城郊村作为一种特殊的农村社区，其治理组织需要考察多方面因素，L 村通过治理组织私人化顺利完成了征地工作，主要有两个方面的特点。

（一）吸纳社会力量进入治理组织

税费改革后，L 村的中心工作转移，征地拆迁逐渐成为村级组织的中心任务。征地带来巨大利益流量，各方主体展开激烈争夺。有利益分配的地方多会出现"钉子户"，尤其是耍蛮斗狠的"硬钉子"，这就对基层干部的素质和能力提出了高要求。传统村干部因缺乏与不良势力和"钉子户"做斗争的勇气和决心，在征地拆迁过程中必然要让位于强势村干部。所谓的"强势"村干部，一般是指那些社会资源丰富、斗勇斗狠、性格刚烈的村民。

2005 年，在 L 村村"两委"选举中，杨某当选村主任，按照当地"村书记和村主任一肩挑"的政策，杨某应同时担任村书记，但当地乡政府违反常规，只准其任村主任，并操作选举过程，让李某顺利当选村书记。乡政府的这种做法，主要是考虑到杨某空有工作热情，缺乏工作能力，没有工作思路，担心因征地工作无法完成而引起上级领导的不满。杨某对选举结果不满意，针对李某"假党员身份"发动村民越级上访，上级调查事实后遂免去李某村支书的职务。但因后来乡政府先后任命的三个"挂村书记"都很难胜任征地工作，现任的几个村干部工作能力又不太强，只好亲自给李某做工作，说服其担任 L 村副书记。乡干部之所以热心拉拢李某做村干部，主要是因为李某的叔公曾是 B 市市委秘书，他的姨父曾是 B 市税务局局长，他身上具有强烈的"灰色背景"，具备解决各种问题和矛盾的能力和资源。L 村通过"体制吸纳社会"，顺利完成了征地工作，李某在征地工作中也获益不少。

（二）吸收边缘势力充当治理先锋

在当前的乡村社会，混混的身影随处可见，在资源流量大的农村，混混势力更容易介入。混混进村主要有两个原因：一是利用"灰色背景"在利益分配中巧取豪夺，或者与"钉子户"结盟，要挟地方政府，谋取更多好处；二是混混势力被行政体制所利用，通过摆平"钉子户"，充当政府的打手来获取利益，如何处理与混混的关系成为乡村治理的难点。

李某当选 L 村副书记后，不仅自己获取了大量的经济利益，而且转移部分获利机会给村内混混，让一些小混混感恩戴德，再通过权力运作，让好勇斗狠、敢于得罪人的混混当上村民组长。L 村 5 个村民组长中的 3 个都被李某替换掉，原来的村民组长或者维护本门子利益，不配合征地工作，或者曾参与针对李某"假党员身份"的上访，或者对李某的村庄治理工作多有指责，不听从李某的调度。通过俘获村内混混，实行村治精英替代，现在的村民组长甘愿为其执鞭牵马，"钉子户"问题也得到解决。

进行公共治理本应依赖政府力量和村庄共同体情感，但税费改革及乡村体制改革使乡村制度性权力大大弱化，公共权力很难压制异己势力，完成自上而下的征地任务，稍有不慎，就将造成社会动乱和官民矛盾。另外，20 世纪 90 年代以来，随着人口流动的加剧和工业化、城镇化的推进，村庄共同体逐渐瓦解，公共舆论的作用丧失。基层组织的治理手段严重缺乏，又要完成压力型体制下的各项要求和任务，在夹缝中生存的基层组织只好变更治理主体，将具有"灰色背景"的社会势力纳入治理队伍，充当治理主体、治理先锋，使本应具有公共性的治理组织从内到外变成了私人关系的利益组织。

（三）治理资源的私人化

从事社会治理不仅需要治理规则和组织载体，而且需要治理资源。治理资源是治理良性运作的"血液"。陈锋认为，村组干部和村民的互动模式及其互动结果才是基层治理实践的基本形态，在那些正式或非正式的治理实践中呈现的利益连带、情感连带和责任连带方式是村干部规制村民、完成治理目标、维持社会秩序的主要治理资源①。L村的治理资源私人化主要表现在两个方面。

1. 将人与人之间的情感作为私人治理资源

在乡村治理实践中，为实现基层治理目标，乡村干部不仅在任务现场利用人情、面子等民间生活原则拉近干群关系，促成正式权力的非正式运用，而且在日常生活中主动扩展私人关系，将公共权力软化为具有乡土气息的人情逻辑，通过"内部化机制"将外人纳入自己的认同圈子。私人情感具有较大弹性，既可补充正式权力的不足，作为基层治理的催化剂，也可替代正式权力运作，成为丧失政治性原则后的私人治理资源。

虽然李某在征地时对"软钉子"很是恼火，不免说些粗话狠话，但在日常生活中，他却很注意与村民建立友好关系。李某从不摆官架子，能清楚记得所有村民的名字，见面打招呼从来不直呼其名，总是语气平和，笑容满面。另外，李某为村民办事很热心，一般有求必应，他可以花钱帮村民办一些事情，甚至利用自己的社会关系帮助村民解决一些棘手问题，获得了村民的一致认可和普遍赞赏。

L村混混有两种：一种是被纳入治理组织，充当治理先锋的混混；另一种是在社会中游荡的混混。对于那些活跃且斗狠的混混，李某会主动帮他们协调各种关系，时不时走动一下，去他们家里喝喝茶、聊聊天；如果

---

① 陈锋：《连带式制衡：基层组织权力的运作机制》，《社会》2012年第1期。

混混要做生意，李某会放宽政策尺度；L村混混家里办红白喜事，李某也会主动赶人情。"予人面子，予己面子"，乡村混混多具有暴力属性，他们能达成正规治理体制不能达成之事。混混与村干部搞好关系，既出于自保和降低风险考虑，也出于谋求稳定利益的算计，他们不仅不会阻挠征地开发工作，而且会积极配合征地工作，运用暴力威胁促成村民的妥协与顺从。

2. 将公共利益化作私人治理资源

低保是国家推行的一项福利政策，旨在保障农民最低生活水平，对农村贫困群体实行社会救助。在实际的政策执行中，低保政策背离政策初衷，变成私人治理的资源手段。L村从2006年开始推行低保政策，每年的低保指标都在增加。该村地处城郊，获取经济收益的机会多，真正贫困的人并不多，每个小组只有3~5个经济困难的农户，其余的低保指标如何分配成为治理难题。

为减小村委会的工作压力，降低低保名额确立的难度，L村采取以村民小组为单位进行低保评定的策略，即村委会根据各小组情况分配低保名额，再由小组长决定本组的低保户名单。低保户理论上应该是村庄中的贫困户，但L村大部分家户的经济水平相差不大，难以进行量化或排序。进行公开评议，民众意见大，影响村庄稳定。在低保指标缺乏明确评定标准的背景下，村民小组长自行分配低保名额，并不进行公示。一些小组长利用职权占用低保名额，或者分配给"关系户"，村干部当然清楚这些做法，但如果刻意要求小组长，会打击他们的工作热情，以后的征地任务就会面临更多困难。将低保名额作为巩固私人关系、收买人心的手段，会增强小组长的影响力与支持力，促成一些村民积极配合征地工作。在村庄权威流失的背景下，用公共利益拉拢关系，扩充私人资源网络，能够更好地完成公共事务，同时造成公共利益受损害，低保政策的救助效果大打折扣。

任何治理主体要想实现治理目标，就要掌握相应的治理资源。吉登斯将资源划分为两大类：配置性资源和权威性资源。配置性资源是指对物质的工具性支配；权威性资源是指对人类自身活动进行支配的手段[①]。笔者

---

① 〔英〕吉登斯：《民族－国家与暴力》，胡宗泽等译，生活·读书·新知三联书店，1998，第7~8页。

将吉登斯的资源分类进行中国化理解，则配置性资源是指基层组织治理社会所必需的物质资源和财力资源；权威性资源是指基层组织动员支配农民的制度与手段。税费改革后，基层组织的权威性资源被弱化，L村所在的B市创新管理体制，使村级组织的财力资源被抽空，基层组织丧失治理基层社会的能力。L村是城郊村，要完成大量征地任务，并完成上级考核任务，在公共治理资源匮乏的背景下，基层组织只能将人情、面子纽带作为潜在的私人治理资源，同时进行私对私的利益诱导和利益捕获，治理资源也私人化了。

三　私人治理的形成原因

乡村治理目标的实现，主要与乡村关系、村庄自主生产价值的能力、村干部的角色定位有关。如果村庄具有自主生产价值的能力，则这种能力不仅可以塑造良性的村庄秩序，而且能接应外来法律政策制度。理论上的乡村关系是指导与被指导的关系，实际的乡村关系要复杂得多。取消农业税后，乡村利益共同体瓦解，基层财政资源匮乏，乡镇政府既要完成上级任务，又没有可调动的资源，只好通过拉关系、套近乎、讲感情等方式获得村干部的支持与协作。村干部属于村民自治这一社会性建制部分，其工作特点的不脱产性和非正式性使他们的行动逻辑大大不同于乡镇干部，村干部扮演何种角色与其动力机制有密切关系。如果既无社会性收益，也无经济性收益，村干部就会消极对待村庄事务，做一个"当一天和尚撞一天钟"的"撞钟者"。本部分主要从三个方面说明私人治理的形成原因。

（一）门子结构：从积极到消极

在传统社会，每个门子都有一个年龄和辈分较高的"老总"，对内处理门内的矛盾纠纷，对外代表本门参与村庄公务。新中国成立后，大队干部、小队长成为村庄事务的管理者，"老总"仍然能调解门内的财产纠纷和兄弟纠纷，超出本门的事务不再插手。20世纪90年代以前，门子在维系当地的乡村秩序方面发挥着重要作用。门子大、兄弟多就可以逞强，成为村庄精英或当上村组干部，门子势力小则会被欺负。在集体化时期，门子大可以多吃多占，那些门子小的农户遇事则忍气吞声，尽量少出头。即使分家时兄弟闹别扭，平时往来较少，一旦兄弟和外人打架，也会一起上。村干部调解纠纷必须考虑不同家庭背后的门子力量对比，如果调解结果不让势力强大的门子满意，他们会借机报复，势力较小的门子的安全感也会打折扣。门子的"老总"享有很高的权威，受到村民的尊重和爱戴。兄弟分家要请"老总"到场，"老总"的财产分配意见兄弟要听从；如果办理红白喜事，本门的人都主动帮忙，由"老总"主持仪式；村庄公共品供给要请"老总"介入。总体说来，遭遇现代化冲击之前，无论是保持家庭关系和睦，还是维护村庄基本秩序，门子都能发挥积极作用。

20世纪90年代以后，随着市场经济的冲击和大众传媒的强力渗透，村民的就业方式发生了变化，人际关系变得理性化、功利化，社会边界越来越开放，村庄社会关联度降低，门子结构逐渐瓦解，呈现消极趋势。当前一些年轻人对门子结构较为淡漠，甚至有人不知道自己属于哪一门；门子在红白喜事上的作用降低，"老总"不再主持仪式，改由与主人关系不错、能说会道的人统筹；在村干部选举上，现在的村书记并非村庄中势力大的门子，村里人也不在乎；随着法律下乡和法制观念的深入人心，过去的"门头风"减弱，门子之间恃强凌弱现象不再出现；现在村民发生纠纷，多去找派出所调解或走诉讼路线。总结起来，L村的门子结构在调解村民纠纷、维护村庄秩序方面的作用日趋衰落，村庄生活的维系亟待国家权力介入。

（二）乡村关系：利益维系

税费改革及乡村体制改革使乡村治理能力大大弱化，主要表现在两个方面。一是物质资源匮乏。乡镇财政属于自收自支的财政，取消农业税后，乡村组织获取资源的渠道没有了，国家通过"乡财县管"的方式加强对基层财政的监管，使本就紧张的乡镇财政困难重重。国家通过转移支付和支农惠农政策加大对农村的投入，但大部分都通过项目化方式运作，绕开乡、村两级组织。土地集体所有制被虚置，村干部失去调配土地权力和获取征地补偿权利，村集体日益空壳化，失去创收空间。乡镇财政资源的匮乏使其失去了建设公益事业和维护村庄秩序的能力与动力。二是权力资源缺乏。乡村体制改革的总体目标是削弱基层组织的制度性权力，斩断乡村干部作恶的"黑手"，加强对基层组织的权力监督。通过精简机构、撤社并乡、合村并组、人员分流方式，乡镇政府的重要职能部门权力被上收，条块分割现象严重，权力体系更加细碎化。依法行政和程序管理使村干部治理"钉子户"、供给公共品的能力不足，只能做服务于村民的"勤务兵"，对那些扰乱村庄公共秩序、破坏村庄整体利益的人，村干部一般选择置之不理。在村民纠纷的调解上，如果村干部调解方式不当，会带来极大麻烦，有时甚至造成农民上访，村干部也会适时主动转型，对村庄矛盾不闻不问、听之任之，给基层稳定带来威胁。

乡村关系不是由法律文本决定的，而是由阶段性中心工作和上级政府的考核机制决定的。后税费时代的乡村治理有两个基本目标：一是顺利完成上级交付的任务，获得上级认可和赞誉；二是维持底线秩序，制止老百姓上访，杜绝群体性事件的发生。在治理能力弱化的背景下，为完成征地任务，压制异己分子，保证乡村社会稳定，乡镇政府有两个办法：一是与混混或"灰色势力"结盟，同时注意利用家族势力，将矛盾转移到社会；二是将"黑白通吃"、耍蛮斗狠、关系网络复杂的社会势力吸纳进入体制，通过给予经济好处、提升社会地位来满足他的胃口，结成新的利益共同体，以摆平"钉子户""无赖户"。无论运用哪种方式，乡镇政府深深知道，在当前的社会形势下，依靠自身的制度性权力很难在完成征地任务与杜绝农民上访这条钢丝上走平衡，必须援引社会势力，或者转移治理尴尬，或者缓解治理压力，其治理逻辑就是默许社会势力获得经济利益，乡村关系靠表面的讲人情、给面子、讲义气，实质的收益分享和利益俘获来维系。

（三）村治动力：获取经济收益

村干部作为村治主体，或者因经济收益，或者因社会收益而积极行动。在市场经济冲击和大众传媒强力渗透下，原有的村庄文化网络和意义系统逐渐瓦解，L村很少有人愿意为争夺面子或追逐荣誉而当村干部，村民变得理性而实际，经济收益成为谋得村干部职位的唯一标准。经济收益可以分为两种：一是获取体制内的收入；二是利用体制位置获取体制外的收入。L村所在的B市进行制度创新，通过将土地征收款全部发放给村民和交由乡政府代管的方式来保证"村干部不摸一分钱""村集体不留一分钱"，从制度层面斩断了村干部以权谋私、化公为私、从土地利益中捞取好处、占取村集体收益的"黑手"，有效地缓解了贪污腐化、分配不公造成的治理性危机，赢得了村民的普遍信任。在这个过程中，试图通过当村干部来获取体制内收入变得不现实。李某当选 L 村的村干部与其说是躲不开乡政府的人情面子，不如说是当选村干部能获取体制外收益的诱惑和激励。

征地收益包括两部分：一是显在的经济收益，如征地赔偿款的分配；二是潜在的经济收益，如乡政府拨付的征地工作经费。潜在的经济收益与显在的经济收益相比，九牛一毛，不值得一提，但 L 村征地工作经费至少有 30 万元，全部落入村干部口袋。潜在的经济收益不止于此，新企业落户 L 村，需要发包工程，为了与村干部建立互惠互利关系，一些老板将工程项目，如修围墙、建办公大楼、修水泥路等发包给村干部，工程项目有大有小，小的仅有几万元收益，大的则有几十万元收益，这些工程收入与显在的经济收益不相上下。

以体制性身份为载体，村干部不仅能获取潜在的经济收益，而且能活络关系，发展人脉，俘获其他获益机会。如杨某利用村主任身份，不仅承包小工程，而且做起收麦秸的生意，每年他在邻近的几个村庄可以收 3000 ~ 4000 吨麦秸，光卖麦秸的收入就有 8 万 ~ 9 万元。

四　私人治理的后果

私人治理给村庄社会生活、乡村治理带来一系列恶果，主要表现在两个方面。

（一）乡村治理去政治化

任何社会都存在边缘势力，在正常的社会形态中，乡村治理主要靠社会舆论谴责、主流文化道德束缚、国家权力介入来解决。正是社会核心价值观的深入人心和乡村政治的存在，使得边缘势力不能成为村庄主流，不能对村庄秩序进行持续破坏。乡村治理讲原则、讲正义、讲底线、讲正气，基层组织就能分配集体利益，表达大多数农民的意愿诉求，保证公益事业建设顺利进行，维护乡村社会的稳定团结大局。现实的情况是，乡村治理能力大大弱化，基层干部不仅不能供给用于乡村社会发展的公共品，而且失去打击黑恶势力、促进社会公平公正的能力。在压力型体制下，为完成上级任务，获得仕途政绩，维护社会稳定，一方面，乡镇政府通过"村集体不留一分钱"的制度安排消除利益分配过程中可能带来的矛盾和混乱，使得村级组织失去压制少数边缘性的力量，村庄政治消失；另一方面，乡镇政府以策略主义逻辑进行治理，与边缘势力达成妥协与默契，或者干脆吸纳社会力量，利用其私人关系和私人能力来维护脆弱的基层秩序。当社会势力有俘获体制外利益的能力时，体制与社会可以互利互惠、相互照应，当社会势力丧失获取外部利益的机会时，便有可能将利益之手伸入村庄内部，攫取乡村发展成果，造成基层治理内卷化。同时，乡镇政府对社会势力谋求利益的默许、包庇和纵容，客观上为社会势力的发展大开方便之门，当社会势力发展到一定程度，具备与乡镇政府分庭抗礼的能力时，就会严重损害体制利益，导致基层治理合法性资源的严重流失。

（二）乡村社会冷漠化、灰黑化

随着我国工业化、城镇化的快速推进，大批城市周边村庄被纳入城市范围，农民的谋生方式和生活方式发生变化，村庄社会边界更加开放，家户间的关系变得理性化、功利化、冷漠化，农民对村庄的预期不再长远，传统的由内生权威主导的基层秩序不再，村庄由熟人社会逐渐向陌生人社会过渡，农民的社会心理越来越接近城市人，变得工于心计且冷漠无情，以门子结构为载体的乡土逻辑发生变异。同时，随着农民就业方式的变化，乡村社会的经济社会分化剧烈，农民间的贫富差距拉大，村庄边缘势力崛起，他们肆无忌惮地捞取经济好处，破坏村庄社会秩序，乡村正义观大受影响，乡村面临社会解组危机，亟待国家权力的介入。乡村体制改革的总体目标是加强监督考核，遏制基层组织的牟利性冲动，并试图用规则之治代替原有的乡村治理逻辑，使得基层治理能力被严重弱化，失去维护乡村秩序和治理边缘势力的能力与动力。在征地任务和维稳压力下，虚弱的基层组织不得不寻求与具有"灰色背景"的社会势力合作，以便利用其关系网络资源维持底线秩序。从某个角度说，"无赖户"（"硬钉子"）和混混都属于社会边缘势力，理应受到村庄社会舆论和国家权力的压制，但基层政府出于政绩和稳定的考虑，对社会势力的结盟和侵害集体利益行为进行默许和包容；村庄社会舆论因公共性的丧失及内生规范的瓦解而不能约束社会势力的肆意侵害行为，村民抱着"事不关己、高高挂起"的态度消极对待村庄事务，客观上助长了边缘者的违法违规行为。社会势力在法制的模糊地带做事，他们虽然可以摆平"钉子户"，但也有做坏事的能量，在社会势力的强硬工作作风下，村民丧失表达意愿诉求、参与村民自治的权利，变沉默的大多数，一旦社会势力形成刚性利益集团，攫取乡村资源的力度加大，必将给社会稳定带来重大危害，农村社会将成为没有正义是非，只有身体暴力和混混争斗的乡村江湖。

进入 21 世纪，乡村社会变迁迅速。一是税费改革及乡镇体制改革重塑基层治理逻辑，基层组织与村民间的"制度性社会关联"被消解，日益悬浮于村庄社会，乡村治理能力大大弱化。二是随着我国经济发展的加快，城镇化快速推进，农民就业方式变得多元，农村经济分化剧烈，村庄边缘势力崛起，成为影响乡村治理的重要力量。三是在后税费时代，国家加大对农村的转移支付力度，大量资源涌入村庄，三大形势的交汇造成乡村治理的政治基础、社会基础、经济基础发生转变。利益密集型农村的首要治理问题是摆平"钉子户"和混混，在公共权力弱化、物质资源匮乏的条件下，乡镇政府与社会势力默契合作，促成"私人治理"，它在维持乡村表面稳定和谐的同时带来深层次的治理性危机及合法性危机。要想实现农村善治，必须建立一个强大的基层组织，让乡村政治重新活跃于基层社会。

农村党组织公共服务
职能建设的创新实践

付建军[*]

近年来，"基本公共服务均等化"逐渐成为基层公共服务建设的主体思想。对于农村而言，这种"基本公共服务均等化"主要表现为农村社区化建设。农村社区化建设的目的之一在于消除当前农村公共服务的真空、滞后状态。这种"公共服务下沉"的趋势对农村治理的主体——农村党组织的功能建设提出了挑战，即要求农村党组织的功能从过去的"管治"走向"服务"，从"资源吸纳"走向"资源创造"。那么，在现实中农村党组织服务功能建设如何？是否存在较好的个案经验？如果存在，这些个案经验对我国农村党组织服务功能的建设和强化是否具有借鉴意义？带着这些问题，笔者对河南省中西部农村地区党组织的公共服务情况进行了走访和调查，发现位于河南省西部地区的 Z 村党组织在推动农村公共服务发展过程中形成的做法和经验具有代表性。通过具体观察和走访，笔者对 Z 村党组织服务功能建设的个案背景和创新实践进行了梳理和分析，试图揭示 Z 村的个案经验在我国农村党组织服务功能的建设和强化过程中所具有的启示性意义。

一 Z 村党组织服务功能建设的个案背景

Z 村位于河南省西部丘陵浅山区，该村下辖 6 个村民小组、4 个自然

---

* 付建军，上海交通大学国际与公共事务学院博士研究生，研究方向为中国政治与社会治理。

村，总户数为 241 户，总人口为 1014 人，低保户有 18 户共 51 人，常年外出务工人员有 140 人。Z 村拥有耕地面积为 2600 亩，村民主要种植小麦、萝卜和白菜等作物。由于 Z 村没有集体经济，种植业和打工收入便成为该村村民的主要收入来源，这种收入结构的农业村在我国中西部地区较具代表性。同时，由于 Z 村距离县城 20 公里，距离镇政府所在地 6 公里，因此，Z 村与外界联系并不方便。Z 村党组织在推进党组织服务功能建设的创新实践过程中，主要存在两个方面的个案背景，即国家农村政策要求的政策背景以及"不便、不畅和不优"的村情民意的现实背景。

（一）农村社区化建设和公共服务下沉的政策要求

Z 村党组织将工作的重点放在增强党组织的服务功能上，有其深刻的政策背景，这种政策背景集中体现为农村社区化建设和公共服务下沉。一方面，中共十六届六中全会第一次提出了"基本公共服务均等化"的执政新理念，要求"逐步形成惠及全民的基本公共服务体系"，同时提出了"农村社区建设"的任务。农村建设的社区化要求农村管理必须构建新型的社区管理和服务体制。从政策的纵向执行看，"农村社区建设"的目的之一是实现公共服务下沉，消除农村公共服务的真空、滞后状态。因此，农村社区化建设要求农村管理者必须实现功能转型，即从以往的"管治"功能走向"服务"功能，从"资源吸纳"走向"资源创造"，为公共服务下沉搭建平台。另一方面，农村基层党组织是党的全部基层党组织的重要组成部分，是党在农村全部工作和战斗力的基础，在职能上实际承担了农村社会管理的任务。进而，公共服务下沉的政策要求和农村党组织在农村治理中的核心位置决定了在农村社区化建设和公共服务下沉过程中，农村党组织必须进行自我功能调整，增强农村党组织自身的服务功能。

（二）"不便、不畅和不优"的村情民意

"不便、不畅和不优"是 Z 村党组织推进服务功能建设的现实背景。其中，"不便"主要指公共服务不够便捷；"不畅"主要指信息渠道不够畅通；"不优"主要指服务质量不够优良。"不便、不畅和不优"反映了 Z 村公共服务的现状，从某种意义上也折射出目前欠发达农村公共服务普遍存

在的问题。

1. 公共服务不够便捷

目前大量的公共服务机构网络主要存在于乡镇一级，村级公共服务机构几乎为零。公共服务机构设置的这种格局对距离乡镇政府所在地较近的行政村影响不大，但对距离乡镇政府所在地较远的行政村（如Z村）来说，对村民的负面影响则较为明显，主要体现为三个方面。

首先，村民享受政务服务难。从公共服务机构的纵向设置看，目前在县级政府所在地基本上都设置了"行政审批大厅"，在乡镇政府所在地设置了"便民服务中心"，到村一级没有对应的公共服务机构。换言之，涉及村民生产、生活的公共服务机构仅悬浮在县、乡层面，服务进村、进户并没有得到解决。村民办理证照必须到乡镇加盖公章、出具证明后，县级机构才予以办理。同时，目前一些职能部门出于规范"条块"管理的考虑，把审批办理权限上调到县级，村民办理相关证件必须到县级机构办理，这变相增加了村民享受公共服务的成本负担。这种成本负担对距离县城和乡镇中心较远的农村村民来说更为明显。

其次，村民享受金融服务难。近年来，金融机构为了降低经营成本，减少金融风险，大量撤并金融机构服务网点，以往农村信用联社在村级设置的信贷员被取消，村民存取现金、办理信贷业务必须到县城和乡镇，村民从事金融活动的程序较为烦琐。同时，目前在乡镇一级服务农民的金融机构主要为农村信用合作社，但其为农民提供的金融服务普遍存在手续烦琐、期限短暂和金额较小等问题，难以适应经济较为落后地区行政村的发展需要。

最后，村民享受法律服务难。对Z村村民的调查表明，村民对法律服务存在需求，但对目前农村地区提供的法律服务满意度较低。农村法律服务的问题主要表现为，村民能够得到的法律知识宣传较少，县级机关组织的普法宣传活动——法律宣传车仅仅在"开车"、在"广播"，宣传人员发一些宣传单，但专门针对村民开展的法律培训仍属空白。

2. 信息渠道不够畅通

在欠发达农村，村民获得外界信息的渠道主要有广播和电视，报纸、杂志和网络均属于信息奢侈品。就Z村而言，Z村过去并没有有线电视，村民只能通过天线接收到两三个频道，国内和县内的主要频道和科技农业频道均无法接收。村里很少有人听广播，网络等先进的信息传播媒介至今没有在村内普及。

3. 服务质量不够优良

由于社会服务机构设置在村级属于空白，村级公共服务缺乏完整体系，职能机构和乡村两级面向群众的服务呈现主观性强、随意性大的特征。县、乡机构提供的服务从根本上说并没有准确把握村民的需求，从而导致服务的形式、方法和内容针对性差，服务质量不高。以现有的农村培训为例，目前除了在县、乡层面组织农村干部进行培训外，针对村民举办的培训时间普遍较短，且培训的内容多以种植粮食作物为主，村民需要的实用技术培训并没有得到有效配置。

二 Z村党组织服务功能建设的创新实践

"不便、不畅和不优"是Z村公共服务存在的突出问题，同时是Z村党组织推进服务功能建设的突破口。按照农村社区化建设和公共服务下沉的政策要求，Z村党组织将工作重点放在增强党组织的服务功能上，在服务机制上根据村情民意进行创新和实践，实现了社会服务机构从悬浮于县、乡到县、乡、村三级互动的转变，同时通过"金喇叭"和"金钥匙"工程较好地解决了信息闭塞、金融和法律服务滞后问题，形成了较具代表性的个案经验。

（一）立足方便村民，建立"民事村办"服务体制

针对社会服务机构悬浮于县、乡的问题，Z村党组织本着"方便村民、简化程序、减少环节"的原则，建立了"民事村办"服务体制，在村级层面搭建了"民事村办"服务站，将悬浮于县、乡的涉及村民生产生活的教育卫生、民政优抚等服务职能纳入"民事村办"服务站的职能范围内，从而实现县、乡、村三级社会服务功能对接，实现在村级为村民提供生产指导、文化娱乐、卫生医疗、法律援助和政务代办等服务功能。

Z村"民事村办"服务站工作人员主要由村"三委"人员和村先进无

职党员轮流值班担任，保证每天有两名工作人员在"民事村办"服务站为村民提供各类咨询解答和服务，同时要求所提供的服务做到"村级权限范围内的立即办，涉及上级部门的帮助办，村民有难的上门办，村民无暇的代替办和跟踪服务的主动办"。服务站为村民提供的服务内容较为广泛，主要涉及五个方面：一是证照代办服务，包括生育审批，身份证、暂住证办理，户口迁移审批；二是咨询指南服务，主要提供法律、政策、农技知识、市场信息和劳动力需求信息等咨询服务；三是公共事业服务，主要包括村庄绿化、村容村貌整治，殡葬联系，村民电话、有线电视线路维修，村民大病、财产保险以及老年人等弱势群体生活、健康和低保款代领服务；四是致富发展服务，主要提供种养结构调整、优良品种引进、技术指导等服务；五是特色文化服务，主要是村党组织牵头举办群众性文化活动和科普活动等。服务功能平台在村级的建立一方面为Z村村民提供了多样化的服务内容，村民享受公共服务的成本大大降低；另一方面，Z村党组织基于功能转型建立服务平台也很好地将村中的无职先进党员团结起来，发挥其积极作用。

（二）立足信息畅通，实施"金喇叭"工程

山区行政村的劣势之一是信息不畅，这种不畅主要表现为接收信息的渠道不畅。针对信息闭塞的现状，Z村党组织在全村实施了"金喇叭"工程，从广播、电视和网络三个媒介出发，力图畅通渠道，实现信息进户。在广播收听方面，Z村党组织在行政村和自然村安置了大功率音响，将"民事村办"服务站收集到的时事新闻、农业快讯、种养殖技术、农业灾害天气和农资信息等在早、中、晚固定时间向全村村民进行播报。在电视收看方面，Z村党组织积极动员党员，向村民宣传有线电视，按照村民和村1:1的原则筹措资金，在全村实现了有线电视的全覆盖，村民可以通过有线电视及时收看各类电视节目。在网络使用方面，由于网络使用费用较高，在全村推广网络不具备条件。Z村党组织的做法是在"民事村办"服务站开辟一个场所，配置了10台电脑，Z村村民凭借办理的上网卡可在"民事村办"服务站享受上网服务。从效果看，有线电视的开通对Z村村民及时了解信息的作用最大，同时很多村民在"民事村办"服务站接受电脑使用培训，也提高了村民的技能。

（三）立足为民解难，实施"金钥匙"工程

Z村党组织实施的"金钥匙"工程主要是为了解决农村金融服务和法律服务滞后的问题。虽然金融服务和法律服务作为一般性的服务在大部分农村有所开展，但基本上流于形式，服务的质量亟待提高。Z村在金融和法律方面进行的创新主要在于提高金融服务和法律服务的质量。在金融服务方面，Z村党组织主要是通过完善农村金融服务体系来解决金融服务滞后的问题。一方面，村民对于金融服务的需求越来越大，除了扩大生产经营的基本需求外，投资性需求和消费性需求也呈现不断增长态势；另一方面，农村金融体系严重萎缩，供需形成了鲜明的对比。Z村党组织通过与农村信用合作社联系，同时积极参与村镇银行的建设，使金融机构的服务终端进驻Z村，从而实现了对"三农"的金融支持，村民可以享受到便利、快捷和有效的金融服务。

在法律服务方面，Z村党组织组织党员就"148"法律热线在各自然村和居民组之间进行了较为全面的宣传，目的是让村民了解并使用"148"法律热线。针对以往的法律宣传仅仅是"发传单""放喇叭"的情况，Z村党组织多次邀请县、乡司法部门到Z村通过现场解答和上课形式开展法律宣传，帮助村民解决遇到的法律问题。将宣传与村民的切身利益相联系的法律宣传方法，使村民更容易接受，也更容易理解。

三　Z村党组织服务功能创新实践的个案经验

Z村党组织在推动自身功能转型的过程中，将功能转型、村情民意和村党组织较好地统筹起来，在工作中以服务为导向，以党员为主体，以村民为动力，较好地解决了公共服务"不便、不畅和不优"的问题。笔者认为，Z村党组织进行自身功能转型的个案经验主要是在农村社区化建设与公共服务下沉的政策背景和村情民意的现实背景下将转型方向、党组织和村民有效地结合起来，从而实现了工作方向、工作主体和工作动力"三位一体"的互动。图1为Z村服务功能建设创新实践个案经验形成的路径。

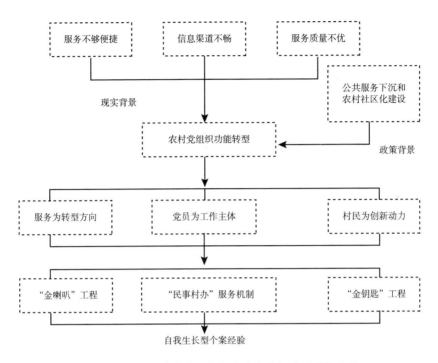

图 1 Z 村服务功能建设创新实践个案经验形成的路径

（一）以服务为转型导向，运用机制创新推动党组织功能转型

从经济环境和地理环境看，Z 村的自身条件和外部条件并不优越，但 Z 村党组织并没有受困于经济和地理环境，而是准确把握发展方向，积极进行自身功能转型，在一个经济较为落后的行政村大胆进行了创新和实践，形成了独具特色的个案经验。同时，与以往农村党组织零散的服务活动相比，这种基于机制建设的公共服务更具有系统性、广泛性和持续性。Z 村党组织把公共服务下沉作为自身功能调整的标准，将服务作为党组织转型的导向，在工作中重点进行服务机制创新建设，改变以往党组织零散的服务活动，创建"民事村办"服务机制，从而为党组织功能转型提供了制度平台。Z 村党组织借助"民事村办"服务机制，通过实施"金喇叭"和"金钥匙"工程，使党组织承担了以往所没有的公共服务。"民事村办"服务机制的创立，一方面为 Z 村党组织提供服务、实现功能转型开启了一个窗口；另一方面为村民分享公共服务构建了一个成本低、效果好的渠道。

（二）以党员为工作主体，提升党员群体的服务意识和有效性

农村党组织成员可分为有职党员和无职党员，农村党组织推动功能转型必须处理好有职党员、无职党员和党组织的关系。Z村党组织在进行功能转型过程中，将有职党员和无职党员均纳入公共服务的工作主体范围内，对无职党员进行设岗定责和针对性培训，组织无职党员和有职党员共同参与组织功能转型工作，同时充分发挥无职先进党员的带动性和能动性，提升整个党员群体的服务意识和服务有效性。Z村党组织将无职党员纳入党员服务队伍中，发挥无职先进党员的带动力，一方面加强了对无职党员的管理，增强了党组织内部的凝聚力；另一方面提升了党组织整体的服务意识和能力，增强了党组织的战斗力。

（三）以村民为创新动力，倾听村民在生产生活中的声音

农村党组织的工作对象和动力来源于村民，党组织只有经常倾听村民在生产生活中的声音，才能对自身工作进行合乎村情民意的调整，才能构建健康的党组织－村民关系。Z村党组织在进行服务功能建设中，始终将村情民意作为工作的出发点和创新的依据，通过建立民主恳谈室和走访，Z村党组织经常与村民进行较为深入的交流，挖掘村民的"好点子"、好意见，对这些"好点子"、好意见进行归纳，然后直接反映在机制的创新过程中。这样，不仅党群关系能够保持健康发展，而且村民在农村建设中的主体地位和创新功能也得到了发挥。

从整体来看，农村党组织功能转型的经验可分为政府主导和自我生长两种类型。政府主导型的经验由政府在较广地域推行，具有很强的一般适用性，但很难满足特殊性的需求，其发展路径是经验的自上而下输送。自我生长型的经验属于草根经验，是农村党组织在农村工作实践中根据村庄情况，自我生长出的一些做法和路径，这种经验更贴近经验来源村庄的情况，但这并不表示自我生长型的经验不具有一般性，因此它一般遵循自下而上的发展路径。Z村的个案经验属于自我生长型，是Z村党组织在服务功能建设探索中形成的具有较完整体系的做法和路径，这种经验来源于农村和农民，也更适合农村和农民。笔者认为，在农村社区化建设和公共服

务下沉的浪潮中，Z 村的这种草根经验在实践中更具有生命力和适用性，无论是构建和谐的基层党群关系，还是推动基层党组织的功能转型、促进农村公共服务均等化都具有借鉴意义。但 Z 村的个案经验并不是完美无瑕的，Z 村党组织的经济发展能力并没有较好地凸显出来，这也是 Z 村党组织必须着力解决的问题。

经济欠发达地区公共文化服务建设经验研究[*]

刘　辉[**]

公共文化服务与经济发展之间是不是直接关联的？穷地方能不能搞（好）公共文化服务？一时间众说纷纭。本文是在对"国家级公共文化服务体系示范项目"周口市"周末一元剧场"（以下简称"一元剧场"）进行实地调查的基础上写成的，试图借此摆脱纯粹的"话语"争论，以实证的个案说明"在什么样的条件下"穷地方也可以搞好公共文化服务。

周口市地处黄淮之间的平原地带，是河南省的人口大市，现有常住人口 1091 万人，下辖 8 县、1 市、1 区。虽然人口众多，经济却相当落后，2009 年该市人均 GDP 为 1.06 万元，在河南省地级市中排名靠后，是一个较为典型的经济欠发达地区。然而，就是在这样一个经济落后的人口大市，地方文化部门却运作了一个让公众只花 1 元钱，就能在周末欣赏到高质量、高品位文艺晚会的公共文化服务项目——"一元剧场"。该公共文化服务项目自 2008 年 4 月推出以来，已持续演出 160 余场，下农村、进社区、到企业等基层演出 60 多场，参演人员超过 6000 人次，受惠群众超过 50 万人次，辐射黄淮 10 具（市、区），深受群众喜爱。目前，周口市的"一元剧场"已经升格为首批"国家级公共文化服务体系示范项目"，受到

---

* 本文系国家社会科学基金 2010 年重大招标项目"加快公共文化服务体系建设研究"（10ZD
　&018）初期成果，也是国家社会科学基金 2008 年重点项目"社会主义新农村建设中的文
　化建设研究"（项目批准号：08ASH010）、国家自然科学基金 2011 年项目"促进区域经济
　协调发展的公共支出宏观效应及其影响机制研究"（项目批准号：41101124）的一项成果。
** 刘辉，河南大学地方政府与社会治理研究所讲师，华中师范大学中国农村研究院博士研究生。

各方的关注。那么，在黄淮这样一个中部经济欠发达城市，如此的公共文化服务项目何以可能并能长期坚持下来？黄淮的经验能为我国（中西部）经济欠发达地区公共文化服务体系建设提供哪些有益启示？为回答上述问题，笔者分别于2011年6月28日至7月2日、7月12日至16日在周口市进行实地调研，主要采取问卷调查、座谈会、访谈等方式收集第一手资料。在调研过程中，在周口市宣传部、文化局、文联、市图书馆、群艺馆、博物馆、新华书店、老干部活动中心、人民会堂、五一广场、滨河公园、汽车站、火车站及社区先后采访部门领导干部、"一元剧场"项目团队成员、民间团体成员、"一元剧场"观众及各界群众近200人，其中17人参与了深度访谈。同时，笔者在调研过程中获得了关于周口市"公共文化服务体系建设"及"一元剧场"项目相关的各种文件、总结、报告、会议记录、统计报表等材料。

一 政府力量：公共文化服务建设的基点

"政府主导""市场运作""社会参与"三者结合的运作模式被认为是推动公共文化服务体系建设的"理想模式"，但是这一模式的起始条件关键在于政府，这既包括地方政府要发挥"想象力"以因地制宜的文化项目将政府的文化责任和群众的文化需求连接起来，也包括营造有利于公共文化服务建设的政策环境，还包括构建有利于公共文化服务建设的领导推动机制。

（一）文化项目

适应群众需求的、因地制宜的公共文化服务项目在欠发达地区公共文化服务建设过程中有着独特的作用。而欲使项目的"概念"变为一种"设想"，或者使"设想"成为"现实"运转起来，地方政府及其干部的"想象力"（而不是单纯的复制能力；在这一意义上，笔者认为"一元剧场"本身虽然具有示范性，但并不具有普遍推广性）和"行动力"有着无可替代的作用，欠发达地区尤其如此。"一元剧场"的"设想"来自周口市文化局领导干部"下访"时与群众的互动及其发现。①周口市地处经济欠发达地区，在文艺文化活动日益市场化的背景下，有品位的商业演出并不多。②该地区群众收入普遍较低，在即便有商业演出的情形下，一般群众也无力支付较高的票价，文艺文化活动与群众对接较差。③周口市有较多的文艺院团及文化文艺人士，有较为丰富的文化资源，但是由于缺少"舞台"，文艺院团及文化文艺人士无法"展示自己"，文化资源无法转换为文化资本。为了扭转这种局面，以周口市文化局局长王守正为代表的一些地方干部提出以"公益性质、综艺形式、社会化投入、签约制演出、品牌化发展"打造"公益舞台"，既能满足当地群众文化的需求，也能促进当地文化的发展。而"一元剧场"这一文化项目日后的运行表明，是文化项目而非其他（如单纯的设施建设思路等）将地方政府的文化自觉与当地群众的文化需求有机地联系在了一起，发挥着独特的"接点"作用。

（二）中央政策

营造有利于公共文化服务建设的政策环境，是经济欠发达地区做好公共文化服务的思想基础。"一元剧场"的设想由周口市文化局在 2007 年 9 月提出之后，既有人表示惊奇，也有人表示质疑，还有人直接表示反对。表示惊奇的人认为"这是一个很好的想法，但是干起来很难"；表示质疑的人认为"文化局是一个没人、没钱的单位，这件事情干不成"；而反对的人则认为"在没有钱的情况下，这样干不但不能赚钱，还要想办法往里边贴钱，这样的事情不能干"。中国共产党第十七次全国代表大会召开后，党的十七大报告中出现的"文化权益""公共文化""文化生产力""文化创造活力""公共文化服务体系"等名词不仅进一步坚定了项目决策者的信念，而且给项目"相关者"以极大促动。其中，所指出的"人民精神文化需求日趋旺盛，人们思想活动的独立性、选择性、多变性、差异性明显增强，对发展社会主义先进文化提出了更高要求"的现实，所提出的"要坚持社会主义先进文化前进方向，兴起社会主义文化建设新高潮，激发全民族文化创造活力，提高国家文化软实力，使人民基本文化权益得到更好保障，使社会文化生活更加丰富多彩，使人民精神风貌更加昂扬向上"的文化建设发展方向，所指明的"坚持把发展公益性文化事业作为保障人民基本文化权益的主要途径，加大投入力度，加强社区和乡村文化设施建设"的公共文化服务建设道路——"这些看似简单的文字，在做文化的人看来，简直是前进的号角"，周口市文化局的工作人员如是评价。以此言之，政策因素特别是中央政策因素，在公共文化服务建设中扮演着重要的角色，对于形成共识有着导向作用。

（三）领导机制

相较于一个组织所拥有的（物质）资源禀赋而言，组织的领导机制及其领导者对于组织事业的发展更为重要。"领导"不仅是一个个体的概念，而且是一个群体的概念；领导之所以对于一个组织、一项事业的发展有着重要作用，不是因为它居于某个组织的"特殊位置"，而是因为它起到一种独特的引导性、支持性作用。在"一元剧场"的初始阶段，领导的力量发挥了作用，这不仅包括领导的想象力和决心，而且包括领导传递给组织中工作人员的信心。这些共同构成了一个组织、一项事业在起始阶段的生长动力。在周口市文化局副局长（"一元剧场"项目第一任负责人）徐翔看来，"一元剧场"之所以得以创办并坚持下来，动力之一就是领导的带动与支持。他特别强调：一项事业、一个单位、一个群体，关键在于"火车头"，也就是老百姓常说的"火车快不快，全靠车头带"；关键在于"领头羊"，也就是一个单位一把手的素质决定了这个单位的工作成效。"要是没有王局长这种敢说、敢为、敢当的态度，要是没有他的那种毅力，这个事根本干不成"，回顾这一历程徐翔说道，"我也咨询了很多领导、专家，可以说在调查（到）的这些同志中一半以上都持反对意见，认为'不管干'。'1块钱门票，门票全卖完也就1000多块钱，演员的化妆费够不够？印制门票的成本够不够？演员的演出费用够不够？'这些专家、老师、领导是持怀疑态度的，最后还是王局长的态度、敬业精神打动了我们。"而在王守正局长看来，"没有得到市里领导的认可，这个事也很困难……在'一元剧场'推出第一场演出时，市里的主要领导都来了"。事实上，在筹备伊始，周口市市委宣传部就曾多次牵头组织专题研讨会，"为项目发展提供智力支持"。而在"一元剧场"项目团队成员看来，"假如领导不闻不问，面临那么多的困难，是很少有人能有那么大的决心坚持下来的"——上级主管部门和领导的不断"关注"，则是他们在即便面临各种困难时也不曾放弃的重要原因之一。

二 社会资源：公共文化服务建设的力量源泉

没有钱，没有演员，没有场地，没有固定的节目来源——人、财、物的匮乏是周口市开展"一元剧场"项目面临的现实问题。通过对企业力量、社会力量和政府自身资源的整合，"一元剧场"的人、财、物问题得到了相当程度的解决。

（一）企业

缺钱是"一元剧场"从想象变为现实的主要困难之一。财政上资金有限，加之项目团队一开始即决心"不向财政要钱"，因此，获得社会的资金支持，特别是企业的资金支持，成为"一元剧场"项目突破资金瓶颈的重要选择。然而，周口市是一个穷地方，"富有"的企业不多，因此获得企业的赞助与其他地方相比更难一些。项目团队在选择可能的赞助单位时，并不是盲目地出击，而是有一个事先筹划的过程。企业的经济实力、企业在宣传广告方面的投入水平、企业的公益精神、既有的社会网络等因素成为项目团队选择资金赞助者的考量因素。但是，谈判过程并非一帆风顺，参与赞助谈判的汤诚说："后来就赞助的问题进行谈判，说实话这个赞助不好谈。"困难在于两个方面：一是企业的现实利益回报考量；二是企业对项目的实现可能性及公益性持怀疑态度。随后，通过与地税部门联合出台《关于鼓励社会力量支持文化事业发展有关事宜的通知》及筹备"一元剧场"的"大走访"和座谈会等活动，企业和政府之间建立了良性互动，获得了"市场"的资金支持。

（二）演员

解决资金问题，需要关注两个方面：一是资金的入口；二是资金的出口。在难以获得较为充足资金支持的情况下，把好资金的出口关就成为一个重要的问题。对于"一元剧场"项目而言，由于演员演出费用在一般商业演出中可能占到整个演出的60%～90%，因此，从演员费用着手是一个重要选择。

弘扬项目的公益性，引导文化艺术团体积极投入公益性文化事业，依靠文艺工作者的奉献精神，是"一元剧场"项目团队降低演员费用的基本行动指针。在项目的筹备走访阶段，项目创意理念得到了一些艺术家和艺术团体的认同，甚至有艺术家主动表示愿意义务演出。随后周口市发出"招募文化志愿者"的倡议，即得到周口市文化演艺界团体和个人的热烈响应。为保证项目的持续运行及凝聚社会志愿力量，2008 年 4 月，周口市推出《支持"周末一元剧场"活动约定书》，通过签约的形式将与演员和文艺团体的"志愿约定"固定下来。而随着"一元剧场"的持续，"公益传说"变为"公益现实"，更多的艺术界人士加入志愿者的队伍中。

（三）节目源

黄淮是一个文化资源大市，是戏剧之乡、杂技之乡、民间艺术之乡。一些周口市民说："以前（现场）演出很多，但现在条件好了，这些演出却看不到了。"文化局干部则认为，"守着富矿过'穷日子'"和文化（演出）近乎"完全的"商业化是症结所在。通过对河南省越调剧院、黄淮师范学院音乐系、周口市豫剧团、周口市杂技团、太平县道情剧团等单位以及周口市演艺界人士的走访和交流，"一元剧场"的演出剧目得到了基本确定。参加当时走访沟通工作的汤诚说："针对各界的艺术家、各演艺团体、各院校的艺术工作者，我们都调研了，摸了一下底，谁管上、谁不管上，（因为做了这么多年了）我们心里都有底，从节目上来讲持续一两年问题不大。"同时，项目团队完成了全市范围内的文化演出资源普查——"对全市各级、各类表演团体、节目形式、演艺人员、编创人员状况等进行全面调查，登记造册，建立文化活动节目库、群众文艺表演人才库、编创人员库，输入计算机，进行系统管理。只要打开电脑，艺术团体的特点、活动规律、节目特色、演艺人才优势等文化'家底'便一目了然，为活动安排和人员调用打下了坚实的基础。"①

（四）剧场

周口市人民会堂是"一元剧场"演出的首选之地。选择人民会堂，不仅因为人民会堂有近 1400 个座位，是周口市最好的剧场，而且因为黄淮人对人民会堂有着特殊的感情，这里是周口市"最高文化殿堂"。然而，人民会堂作为周口市文化局的下属单位，却是一个"自负盈亏"的"企业单位"，职工基本靠剧场的场租吃饭。在"一元剧场"项目组成员看来，"剧场这几年也很不容易"，"依靠下命令的方式（把会堂拿过来用）很不好"，

---

① 张锐、谷建令主编《河南文化发展报告（2011）》，社会科学文献出版社，2011。

因此他们选择了谈判的方式来争取解决场地问题。由于项目的公益性质，加之项目组成员"至真至情"的说服，谈判的结果是，"别人在他们那里演出的场地费是每场 10000 元左右，我们则以每场 2000 元的费用租了下来"。此后，人民会堂多了一项长期的公益性文化活动，成为"一元剧场"项目活动的主阵地。

三　群众需求：公共文化服务建设的行动指针

一个项目、一个组织的成功，不仅在于他们能获得一个或几个好的"创意"，还在于这个（些）"创意"在较大程度上能回应并适应人民群众对精神文化生活的新期待。"一元剧场"以综合性演出满足大众化需求、以专场演出满足"小众化"需求、以动态监控把握群众需求动态，把握住群众的需求方向并获得活力是"一元剧场"不断成长的又一重要原因。

（一）以综合性演出满足大众化需求

人的需求是有差别的，对于文化艺术的需求也是如此。要想满足人们这些有差别的需求，就要找到能够承载这些需求的汇合点及实现平台。"一元剧场"项目团队成员在策划初期对"寻找群众需求的汇合点及其实现平台"的方案进行了充分考量，他们认为"群众对文化的需求，表现为一些基本的形式，如综合艺术、春节晚会等，大多数人都喜欢。为啥大多数人都喜欢？像戏曲晚会这种形式就只是一部分人喜欢，是因为它不像综合艺术那样适用面广。老年人喜欢戏曲，年轻人喜欢歌舞，中年人喜欢相声；不同知识结构的人，其需求也是不一样的，采取综艺形式主要是想针对大多数人的不同需求"。主要以综艺晚会的形式，而不是戏曲晚会或者歌舞晚会的形式满足大多数群众的共同需求，成为"一元剧场"组织及演出的主要形式。

（二）以专场演出满足"小众化"需求

在以综艺晚会的形式筹备和推进"一元剧场"发展的过程中，项目团队发现一些"特殊观众"并不买账：一些有一定水准的、酷爱戏曲的观众认为"在曲艺演出中间有其他歌舞类节目，看着不过瘾"；一些有亲戚或者朋友在台上表演的人认为"业余选手上台的机会本来就少，专业演出电视上也能看到，应该适当压缩，要多给业余选手表演锻炼的机会"；而一些专业演员对和一般市民在同一场晚会上演出不能接受。为此，项目团队在充分与演员和观众沟通的基础上，对"一元剧场"的表演形式适时进行调整——以专场演出满足小众群体的需求，"尽可能地使他们过足瘾"。调查发现，综艺晚会的形式满足了大多数观众的需求，但也使一些较为特殊的观众的需求变得更高，因此，综艺形式也并不一定是绝对的。"一元剧场"根据观众需求设置"戏剧大赛""少儿艺术节""交响音乐会"等专场精品节目，以此满足不同群体的特殊需求。

（三）以动态监控把握群众需求动态

"运作一场公益演出没有多大问题，但是三年、百余场一直运作下来，则几近一项'难以实现'的任务。""一元剧场"项目组在项目运作之初即认识到项目持续运作的困难，在他们看来，相较于"资金上的困难"，持续运作面临的更大问题是对群众口味的把握。"这就像厨师做饭一样，做的饭再好吃，长期让人吃也有吃厌的一天。"为此，项目组一直比较注重对项目运作的动态监控，特别是对群众需求的动态把握。这主要表现在三个方面：一是在节目的统筹（供给）方面，定期对节目进行更新，尽可能做到"不重样"；二是在节目的表演方面，通过问卷、场下调查的方式定期地了解群众对节目乃至整场演出的评价，做到"心中有数"；三是在节目和演出之外，通过热心观众、文化热心人等志愿者了解市民的文化需求及项目运作存在的问题和改进方向，做到"耳聪目明"。在能够动态把握群众需求的基础上，虽然"群众的口味越来越高"，但"一元剧场"项目团队满足群众需求的能力亦得以提高。

黄淮"一元剧场"的产生既有其偶然性，也有其必然性。偶然性在于它的直接来源与地方文化部门领导干部的"想象力"有关；必然性则在于它所提供的"服务"与中央推动公共文化服务建设的决策直接呼应，既有地方领导层的重视与支持，也有周口市广泛的文化资源和群众需求作为基础。而"一元剧场"之所以能够坚持并持续发展，则是多种因素综合作用的结果——既有内向因素，也有外向因素。内向因素在于周口市文化部门领导干部"心系群众"（关注群众需求）、"穷则思变"过程中面向社会资源时的工作创新；外向因素则在于地方政府公共文化服务建设工作方法不断"创新"时的"能量释放"。内外因素的相互推动共同构成了周口市公共文化服务建设的成长动力。

总的看来，"国家级公共文化服务体系示范项目"——"一元剧场"在周口市的产生与发展表明：经济发展对搞好公共文化服务具有制约作用，但是公共文化服务并非一定受制于经济发展，"穷地方也可以搞好公共文化服务"。进而言之，正确把握群众需求的大众化与小众性、动态性走向，发挥以群众需求为基础的公共文化服务活动（项目）的连接作用，实现中央政策的引导、地方领导的"文化自觉"和"行动自觉"、公共文化服务工作者的团结创新，以及社会力量的广泛参与等因素的有机汇聚，是欠发达地区做好公共文化服务的基本条件。

现代农业与粮食安全篇

当前发展现代农业的理论思考[*]

许昌学院中原农村发展研究中心课题组

"农业兴而农村安，农村安而国家稳。"我国是一个农业文明古国，农业问题始终是关系到整个国家稳定和发展的大事。农业是支撑国民经济发展的基础产业，农业的建设和发展不仅关系到社会主义新农村建设，而且关系到整个国家的稳定有序。2007 年中央一号文件《关于积极发展现代农业、扎实推进社会主义新农村建设的若干意见》提出：积极发展现代农业、扎实推进社会主义新农村建设，是全面落实科学发展观、构建社会主义和谐社会的必然要求，是加快社会主义现代化建设的重大任务。

一　当前农村发展呼唤现代农业

中国当前仍然处于社会转型期，这种转型在很大程度上是一种现代化的转型。鉴于农业在国民经济中的重要地位，农业现代化是其中很重要的内容。而现代农业则是农业现代化要实现的目标之一。农业现代化追求的是一个由传统农业向现代农业转变的过程，追求提高土地利用效率，提高农业产量，解放社会生产力。要推动农村的发展，就需要改革传统农业生产方式，逐渐实现农业现代化，走现代农业发展道路。

（一）多层次理解现代农业

对于"现代农业"（Modern Agriculture）的理解，可以有不同的层次

---

[*] 本文在许昌学院中原农村发展研究中心课题组一系列调研报告的基础上提炼总结所成。

与角度。从性质上说，现代农业是农业现代化过程中要实现的目标之一，它是一种静态的结果。但是，从现代农业自身来讲，人们对它的概念和内涵的认识却是一个动态、变化的过程。对于"现代农业"，我们可以从三个层次来理解。

第一个层次是现代工业支撑的科技农业。现代农业首先需要物质条件和技术的现代化，就是将现代农业理解为传统农业与现代科技、先进生产要素的结合，采用大规模机械作业、化学药品施用等，实现农业机械化、电气化、化学化。其目的是实现农业生产的科学化、集约化，解放社会生产力，推动社会进步。

第二个层次是农业生产的社会化。在农业生产过程中，不仅要注重以现代科技武装生产过程，而且要推动以现代管理思维和方法武装农民，实现农业组织管理的现代化，使农民成为现代的农业工人，使农业生产成为社会大生产的有机组成部分。一方面，包括横向上的农民自组织和农民合作，以及其他社会组织参与农业生产和农民培训，实现农民组织化；另一方面，包括纵向上延伸农业生产的产业链条，从生产、加工、销售的不同阶段安排农业生产，构建有序的社会分工，以期通过整合农业生产资源，最终构造农业生产的现代化，锻造新型农民。其目的不仅要实现生产力的解放，而且要实现人自身的解放。

第三个层次是农业生产与生态环境、社会发展的和谐。农业生产中增加了可持续发展的概念，着眼于农业生产过程要注重生态平衡、环境保护和持续利用，发展生态农业、绿色农业等，超越农业生产作为单一的物质生产的范畴，着眼于农业生产所蕴含的意识、精神和文化内涵，发挥农业以及土地所能起到的文化传承、艺术表达、精神培育等方面的作用。从土地功能性的角度出发，开发一系列特色农业项目，如旅游农业、休闲农业、创意农业等。

（二）发展现代农业的"四种制约"

农业现代化是一项动态的系统工程，农业现代化不仅需要技术的进步，而且需要体制保障和政策支持，必须有效调动农业生产领域各方的积极性，增强他们的现代意识，才能真正将"现代农业"变成现实。在农业现代化过程中，由于它的涉及面比较广，因此也会有多种不利因素存在，使发展现代农业受到制约。

1. 体制与政策的制约

发展现代农业是一项系统工程，不仅需要农业生产领域的现代化改造，而且需要对农村社区进行改造、对农民生活进行保障，这涉及一系列的技术支持、资金投入、人员参与。发展现代农业，从政府体制、农业经济体制的建设到农业发展政策的制定和执行上都要有所创新。

在政府体制上，当前政府涉农部门有农业、林业、渔业、畜牧业、水利、民政、财政等多个部门，涉农政策"政出多门"，在进行农业现代化改造、农村社会管理时无法形成合力。这也是导致许多地区农业发展政策落不到实处、农业基础设施管理不到位的重要原因。在城乡体制上，发展现代农业必定会带来农业生产力的解放，因此会产生许多农业剩余劳动力，这些劳动力主要以农民工形式存在。但是，当前的城乡二元结构导致这些劳动力无法真正融入城市社会，一旦经济增长速度开始放缓，农村就要面对城市农民工大规模回流的风险，这对社会稳定造成了潜在威胁。在农业经济体制上，改革开放以来，我国实行了家庭联产承包责任制，调动了农民的生产积极性，解放了农业生产力，推动了农村经济的飞速发展。但是，随着社会的发展，这种经营制度越来越成为实现农业现代化、更大程度地解放农业生产力的障碍。在农业发展政策上，当前在农村缺乏行之有效的农业保险政策和农业补贴发放方式，随着土地的流转，会表现出更多的不合理之处。

2. 组织农民的制约

在对现代农业的第二个层次的理解中，农业生产社会化的一个重要标志是农民的组织化。当前在发展现代农业的实践过程中，能够实现组织农民目标的主体主要有两种：农业合作社和农业企业。

农业合作社在组织农民参与，弥补单个农户进行农业生产的分散化、盲目性、低效率缺陷方面发挥了很大的作用，但是当前它的发展仍面临几个问题。例如，农业合作社普遍是由乡村精英联络村民自发组织的，政府主要发挥了鼓励、支持和引导的作用，很多具有偶发性、随意性的特色，可借鉴性和推广性较差。许多合作社的组织者拥有经济业务，他们组织合作社的原始动力在很大程度上出于自身经济利益的考虑，这样就容易偏离合作社组织农民、服务农民的宗旨，使合作社过分偏重自己的经济收益。

当前农业合作社发展较为缓慢，多数组织化程度很低，仍停留在最初级的服务型组织阶段。而且自身组织结构建设也不完善，很多都缺乏自身"造血"能力，在组织规模和服务规模扩大时依赖政府的资金支持。

农业企业是另一种实现农民参与的组织形式。现代农业企业在实现土地规模化、集约化，促使农业生产高效率、标准化的同时，也能逐渐使农民转变成农业工人，培养农民的纪律性、规范性和合作意识。但是，当前在农业企业发挥作用的过程中，农民对外来企业普遍抱有抵触情绪和不信任感，外来企业与当地村民沟通比较困难，难以达成一致。所以，企业更倾向于和村委会组织进行协商，这样往往会造成与村民更严重的对立。而村民自发组织的企业组织，相对于外来企业更容易获得村民的信任，但是存在经济实力不强、运作管理不规范和不科学的问题，更依赖地方政府的经济支持。

3. 农民意识的制约

当前农民对现代农业的认识程度比较低，更多地停留在第一个层次上，相对于土地流转、发展企业和农民合作组织而言，农民更关注农业机械化以及技术、植保服务的提供。农民普遍对土地规模化和土地流转持怀疑态度。尽管一些乡村精英已经涉及土地流转的领域，甚至有些形成了较大规模，但是由于小农思维的狭隘、短视和逐利性，以及农民风险承担意识、契约意识差，土地承包出去的农民经常动摇和反悔，这些土地承包大户普遍产生抱怨。乡村精英的前瞻性眼光和多数农民的小农思维发生了冲突。而且农民对外来资本主导的大规模流转更是不信任，许多农民宁愿在自己的小块土地上耕作，也不愿意参与农业企业的社会化大生产来获取更高收益。这样，现代思维和农民的传统思维发生了冲突，科学化、产业化的农业生产就无法在农村扎根，这些意识使现代农业发展总是在低层次徘徊。

4. 区域差异的制约

中国幅员辽阔，气候、生态、地貌、植被等自然差异明显，而且东、中、西部地区经济发展水平差异较大，发展很不均衡。这种区域的差异就造成一个地区形成的比较好的现代农业发展经验在另外的地区可能又要重新面对许多困境。当前全国各地在发展现代农业时，更多地立足当地特色，勇于创新，形成一种特色模式，而不是立足区域之间的共通性来发展现代农业。各地所形成的发展模式和经验，更多地可以作为示范模式被其相似地区用于学习借鉴，而无法上升到国家层次。所以，面对多样化的现代农业发展模式，很难真正获得中国发展现代农业的普适性模板。

二 发展现代农业亟须思路创新

面对当前发展现代农业面临的制约因素，我们需要从各地区的现代农业发展模式中梳理出具有普适性和可借鉴性的经验，并认真分析各地区的特色方法以及发展所遇到的困境，从而明确现代农业的发展方向和基本原则，并在实践方式上探索一些新的思路与方法。

（一） 发展现代农业的"四项原则"

当前发展现代农业，无论是在现有土地上加大技术、资金投入进行精耕细作，还是进行土地流转扩大经营规模，实现农业生产的规范化，包括发展农业合作组织服务农户，目的都是实现传统农业生产向现代农业生产的转变。为了实现这种转变，就要坚持以下几个基本原则。

1. 发展性原则

发展现代农业，其根本目的是实现农业、农村的发展，提高农民的收入水平。为了实现这种发展，就要以解放农业生产力为核心，推动农业生产的集约化和产业化。集约化是指在同一面积投入较多的生产资料和劳动进行精耕细作，通过生产要素质量的提高、要素含量的增加、要素投入的集中以及要素组合方式的调整来增进效益。农业生产的集约化是实现农业产业化的重要环节，在集约化生产的基础上构建农户与农产品加工、销售企业之间的联系，使农业生产满足加工、销售的需要，实现农产品的商品化、标准化生产，形成现代产业体系。

2. 包容性原则

发展现代农业，不可避免地需要进行技术革新和农业经济体制改革。在这种改革过程中，面临对原有农业生产参与主体利益的触动，无论是农户、村集体、农民合作组织还是农业企业，都需要在这些改革中寻找自己的位置。无论是土地流转还是农民合作，都存在利益协调和利益补偿，这就需要各方都能坚持包容、互利的原则。在涉及对农民利益损失进行补偿时，不搞强制化、"一刀切"，要包容农民的认识差异和不同利益诉求，努力寻求双方利益需求的平衡点，在不触动双方核心利益的情况下实现合作。

3. 稳定性原则

稳定是社会发展的基础，没有国家的稳定就不会有经济的发展，没有农村的稳定就没有农业的发展。发展现代农业，是为了解放农业生产力，实现农民增收。无论采用何种发展模式，进行何种改革探索，都不能破坏社会稳定的大局。从国家层面来讲，发展现代农业，要为保障国家粮食安全做出贡献，从而保证国家安定、有序的发展局面。从农村层面来讲，发展现代农业，要减少农产品价格的波动，并不断提高农民的收入水平，不仅稳定农业生产秩序，而且保证农民的生活质量，从而实现农村社会的稳定。

4. 协调性原则

发展现代农业，要坚持和实现三种协调。第一，要保持粮食作物和经济作物种植的协调。因地制宜，合理安排、分配各地区种植粮食作物和经济作物的面积与种类。对经济效益相对较低的粮食作物加大补贴力度，并且引导进行大规模集中种植，提高单位产出率，提高农民实际收益，为保障国家粮食安全做出贡献。第二，要实现土地流转双方的收益协调。当前存在许多形式的土地流转，必须保证在流转过程中双方的收益协调，这不仅包括要拥有合理有效的流转费用给付方式，而且包括政府在农业补贴发放上灵活进行改革，使农业补贴到位、合理，能真正落到务农者手中。第三，要保证粮食价格和农资价格的协调。为实现农业经济发展，真正提高农民收入，就要在粮食价格适度提高的基础上维持农资价格的相对稳定。这样控制农业生产的成本投入，使农民收益获得实质性的增长。

（二）发展现代农业的"五种创新"

在坚持基本原则的基础上，需要探索一些具体的措施作为农业现代化转型的实际实现方式。这些具体措施既包括对国家农业发展政策的执行，也包括政策、体制、管理等方面的一系列创新。现代农业的发展是一个动态的过程，需要政府、企业以及农民个人积极参与其中，推动政府体制改革、政策变化，寻求合作方式，共同探索一些新的方法和途径，以期全面推进传统农业生产方式的变革，实现农业生产的现代化转型。

1. 政府体制与政策创新

改变政府涉农政策的制定和执行"政出多门"的现状，对农口实行"大部制"改革探索。对涉农部门进行有机整合，解决机构繁多、职能交叉的问题，降低各部门协调的次数和难度，使政府更明确自身作为市场监管者和服务者的定位，并且在资金帮扶、农业保险、农业补贴、农村金融等方面探索政策创新。现代农业的发展要求实现农业生产的产业化，这就需要在政府部门管理上，拥有一个能对农业产前、产中、产后各个环节进行统筹和监管的部门。这就要求对政府涉农部门进行有效整合，不仅能够降低行政成本，提高行政效率，而且能够促使政府部门转变自身定位，这样更容易实现政府对市场进行宏观管理和服务的定位。

当前国家政策方面需要进行适当的改革探索。第一，调整资金帮扶政策。适当加大对农民合作组织的支持力度，包括对农民合作组织进行资金支持、提高农民合作组织购买大型农机的补贴额度。第二，建立更加完善的农业保险政策。完善农业保险保费补贴政策，扩大农业保险覆盖范围，建立市场风险保障体系。第三，改革农业补贴尤其是粮食补贴政策。探索更加合理的发放形式，并加强对流转后土地的种植情况进行监管，促使在土地流转的同时，承包者在种植粮食作物的同时也能获得相应的粮食补贴。第四，建设完备的农村金融体系。包括加快农村金融制度创新、产品创新和服务创新，进一步健全引导信贷资金和社会资金投向农业农村的激励机制。

在国家政策制定和执行上，地方政府要发挥自身接触农民、了解农民意愿的优势，在国家政策的实施中创造一些更符合农民意愿和当地实际的操作方法，通过实践的检验，将其内在的精髓提升为可借鉴的经验，向更广大的范围推广，并为国家进行政策制定和改革提供有益的参考。

2. 农业经济体制创新

改革家庭联产承包责任制，推动土地流转和集中规模经营，并借鉴"主体功能扩展"的原则，依据功能划分多种产业功能区，包括粮食高产示范区、绿色农业示范区、旅游农业示范区、创意农业示范区等，多样划分、互相支撑，共同打造科技化、标准化、规模化的现代农业产业园区。改革开放以来实行的家庭联产承包责任制越来越成为解放农业生产力、提高农业生产效率的障碍，发展现代农业，就必须改变单个农户自主经营导致的分散化、低效率，灵活采用多种经营方式。在当前的实践中，多采用土地流转的形式进行土地集中规模经营，并以土地租金的形式给予农民补贴。这种形式有利于提高土地的利用率，提高农业生产的集约化水平，土地流转是发展现代农业的重要途径。

这种以土地为核心的单一要素流转，并给付固定报酬的形式也存在许多弊端。例如，随着经济的发展，农民对土地收入的期望值不断增大，会面临农民反悔的问题。应该提倡实现一种"资本农业"形式，把所有的生产要素都作为资本，包括土地、劳动力，通过资本经营的方式来组织农业。这样，整个农业体系是开放的，不断有大量的现代生产要素进入农业体系。

3. 农业产业体系创新

为了推动农业生产的产业化，必须在延伸产业链条上下功夫。实现农业生产的产前、产中、产后一体化管理，探索"公司＋合作社＋农户"的实现形式，建设成熟完善、适应性强的现代农业产业体系。当前情况下，延伸产业链条的方法，一种是采用企业流转土地的形式，进行产业化生产；另一种是采用"公司＋农户"的形式，把农民有效地组织起来进行产业化运作。当前主要的农业公司，一般有两种来源：一种是农民自组织的企业；另一种是外来企业。农民普遍对外来企业抱有不信任的态度，怀疑它们的可靠性和持久性，所以外来企业在组织农户的过程中面临许多障碍。而且企业作为经济组织，具有经济组织的逐利性，在公司化运作中，可能会为获取更多利润而剥夺农民利益。这就需要农民组织发挥应有的作用，应鼓励发展农民合作组织，并引导农民合作组织主动与企业组织合作。在农民合作组织发挥自己服务农业生产作用的同时，还可以作为企业与农民沟通的桥梁，并在一定程度上成为维护农民利益的组织后盾。企业可以发挥自己在资金、技术和设备上的优势，在与农民合作组织的联系中帮助其实现发展。

实现企业与合作组织间的合作，并鼓励合作组织之间自由搭配、点面结合、各尽所能，最终实现"企业＋合作社＋农户"的良好配合，不仅能不断延伸产业链条，而且能使其不断优化。通过多样的组织形式将农民组织起来，不仅能对他们进行现代技术和产业合作的培训，将他们改造成为高素质的产业工人，而且能通过组织化方式提高农民的权利意识，有助于农民维护权益。在农民组织化的基础上，通过农业技术改革，改变农户单独经营造成的效率低下的现状，实现多种生产要素有效组合，提高要素的利用效率，最终实现解放农业生产力的目标。

4. 农业服务供给创新

在农业服务供给体制上，要依据"主体多元、功能扩展"的原则，探索政府之外的多样供给主体，包括农民合作组织、企业组织等，共同合作，相互配合，建设覆盖全程、综合配套、便捷高效的现代农业公共服务体系。当前以政府为主要的供给主体，但是在多部门管理的前提之下，许多地方没有形成合理的投入和管理机制。在农业公共服务的提供，尤其是农业基础设施的建设上，容易出现"运动式"投入，前期集中投入资金和技术进行建设，但是后期缺乏维护和管理。经过一段时间，当设备老化和损坏情况严重时，可能会有另一批的集中投入，这样循环往复，不仅不利于农业生产的有序进行，而且浪费了公共资源。

在这种情况下，就需要探索更多形式的服务供给主体，有效弥补政府作用的不足。当前应鼓励企业和合作组织参与公共服务的提供，适当参与基础设施建设，并在农田植保、农田机械、销售信息等方面为农民提供方便。政府要不断完善投入机制，加强各相关部门的合作，将资源更合理地投入公共服务中，在加强基础设施建设的前提下，保证持续有效的后期管理。政府要改变传统的管理职能，实现权力和资源的下放，实现由管理向服务的转变。

5. 农民组织体制创新

通过多样的形式将农民组织起来，发挥农民自治组织的潜力，增强农民的参与能力和合作能力，并采用更灵活的管理方式，对组织化的农民实行柔性管理。在组织农民的过程中，要因地制宜地发挥各地区的特色。无论是企业组织的农业工人，还是合作组织的会员，都要依据所掌握的资源来安排他们的位置。企业和合作社可以让农民以劳动力、土地、机械、资金等多种要素入股，有效吸收因土地变动而产生的剩余劳动力。这样不仅能发挥多种要素的优势作用，而且能保证农村的稳定，保证国家的稳定。

相对于土地、机械和资金而言，劳动力是一种社会化的要素，具有更强的不稳定性。所以，以劳动力入股，就要在人员的管理上采取更加灵活的措施，可采用柔性管理的方式，增强劳动力资源的流动性，使劳动力资源得到更好的配置。

三　现代农业的未来是和谐发展

发展现代农业，虽然在具体的操作形式上可能有多种选择，但是在未来发展上有着明确的目的和方向。发展现代农业，第一个层次的目标是实现农业生产力的提高，实现农业增产。农业生产力的提高是农业生产取得持续进步的保证，是实现更高层次目标的基础。但是，提高农业生产力也不是发展现代农业的唯一目标，还需要对现代农业的发展目标有更高层次的理解。发展现代农业第二个层次的目标是实现各种参与主体，包括政府、企业、村集体、农民个人等的利益协调，兼顾各方的需要，实现在和谐、包容基础上均衡发展。这种发展不是一蹴而就的，需要在发展过程中解决不断出现的问题，寻求一种渐进性、动态性、联系性的发展。

现代农业是与工业化、城镇化紧密相连的长期建设过程，不能孤立地看待现代农业发展问题。工业化和城镇化的发展不仅可以为现代农业提供强大的技术、设备、资金支持，而且可以吸纳大批农村劳动力，在现代农业发展过程中产生重要的推动作用。要随时根据工业化和城镇化的发展状况调整现代农业发展的政策和具体方式，以工业化和城镇化推动农业现代化，以农业现代化巩固工业化和城镇化的成果，最终实现"三化"协调，建成完备、高效、创新、先进的现代农业生产体系。同时，这种均衡发展不仅要求实现社会各参与主体的和谐，而且需要在发展现代农业的同时注重生态维护和环境保护，实现人与自然的和谐相处。只有这样，才能实现真正意义上的"现代农业"，全面、完整地实现农业现代化。

农业发展离不开土地，农业生产形式的改革离不开土地关系的调整，现代农业发展所需要的一系列改革和创新离不开对土地关系的改革和调整。现代农业与传统农业的一个重要区别就是较高的土地利用率，实现集约化和规模化。在这一点上，发展现代农业，促进农村发展和农民收入提高，国家和个人的认识是一致的。但是，在现代农业发展过程中，土地功能的多样性，对国家、企业、农民个人而言是具有不同功能的。对国家而言，土地代表的是一种政治需要和安全需要。国家需要依赖掌握土地保证政权的稳定，需要稳定粮食产量以实现国家粮食安全。对企业而言，投资于农业生产主要是实现一种土地增值的目标，无论是土地的投资性增值还是农产品的生产性增值，都是基于资本扩张、增值的天性，是为了实现利润最大化。对农民个人而言，土地有生存、保障以及发展的多种作用。土地不仅是农村获取生存资料、发展资料的基础，而且一直承担着保障广大农民未来生活的责任。长期以来，农村社会保障体系不完善，土地在产出生存资料上具有长期性、稳定性的优势，农民长期视之为维持生存最后的屏障。由于土地对各参与者所发挥的作用不同，在对土地的拥有和使用方面进行改革时，各主体之间的需求差异和利益分歧比较大。这就造成了发展现代农业过程中，在各参与主体之间的关系上，必须围绕土地来调整和协调各方的利益诉求。只有在土地关系方面实现了和谐，现代农业才能真正走上稳步发展的道路。

发展现代农业：农民的"盼与忧"

许昌学院中原农村发展研究中心课题组

农业是安天下、稳民心的战略产业，没有农业的现代化就没有国家的现代化。新型农业现代化以粮食优质高产为前提，以绿色生态安全、集约化、标准化、组织化、产业化程度高为主要标志，以基础设施、机械装备、服务体系、科学技术和农民素质为重要支撑。推进农业现代化建设，顺应我国经济发展的客观趋势，符合当今世界农业发展的一般规律，是促进农民增收、提高农业综合生产能力的基本途径。

发展现代农业，农民是主体，了解农民在推进现代农业过程中的意愿是实现农业现代化的基础。X市作为现代农业的先行区，对河南乃至全国现代农业的发展具有重要示范作用。2011年10月初，许昌学院中原农村发展研究中心课题组深入河南省X市18个村，围绕农业科技、土地流转、农业公共服务和农业专业合作组织等方面的问题，对312个农户就农民对现代农业的认知状况进行了调查研究。调研发现：农民对发展现代农业盼忧参半，即"盼科技化发展农业，忧知识储备少；盼多元化农业服务，忧质量无保证；盼规模化经营土地，忧生活无保障；盼专业化合作组织，忧运行不透明"。

一 农民对发展现代农业的认知差异

（一）不同年龄层的认知差异

对312份有效样本数据进行年龄分层①（见表1），并对年龄层与不同

---

① 本次调研年龄最小的28岁，最大的85岁，其中36~55岁的居多，占比为61.5%。

认知项目做交叉分析。从相对比重来比较，农民对农业科技的期盼在年龄段上存在显著性差异，25~35岁、36~45岁、46~55岁和56岁及以上的农民占比依次为19.0%、14.9%、10.2%和9.7%。由此可见，随着年龄的增长，农民对农业科技的期盼逐渐降低，青年农民对农业科技的期盼高于老年农民，这是因为相比较而言，青年农民学习和掌握农业科技的能力更强。

表1　不同年龄层的认知差异

单位：个，%

项　　目	25~35岁		36~45岁		46~55岁		56岁及以上	
	样本数	占比	样本数	占比	样本数	占比	样本数	占比
农业科技	11	19.0	14	14.9	10	10.2	6	9.7
土地规模化流转	18	31.0	25	26.6	20	20.4	9	14.5
农业公共服务	16	27.6	24	25.5	22	22.4	10	16.1
农业专业合作组织	13	22.4	31	33.0	46	46.9	37	59.7
合　　计	58	100	94	100	98	100	62	100

在土地规模化流转方面，各年龄段占比依次为31.0%、26.6%、20.4%和14.5%。由此可见，随着年龄的增长，农民进行土地规模化流转的意愿越来越低，年龄与对土地的依赖成正比关系。年龄越小，对土地的依赖越弱；年龄越大，对土地的依赖越强。

随着年龄的增长，农民对农业公共服务的期盼逐渐降低，各年龄段占比分别为27.6%、25.5%、22.4%和16.1%。由此可知，青年农民更愿意接受现代化的农业公共服务模式。

在农业专业合作组织方面，各年龄段占比分别为22.4%、33.0%、46.9%和59.7%。由此可见，随着年龄的增长，农民对农业专业合作组织的期盼逐渐升高，这是因为老年农民更多实质性地参与农业生产，在生产实践中能尝到农业专业合作组织带来的甜头，更愿意加入农业专业合作组织。

（二）不同学历层的认知差异

对312份有效样本数据进行学历分层[①]（见表2），对学历与不同认知

---

① 本次调研的农民初中学历和小学学历居多，分别占41.7%和31.7%；高中学历占25.0%；大学及以上学历的仅占1.6%。

项目的交叉分析表明，农民对现代农业的认知在学历层上存在显著性差异。在农业科技的认知上，小学学历、初中学历、高中学历和大学及以上学历占比分别为31.0%、32.3%、35.9%和40.0%，这说明随着学历的提升，农民对农业科技的期盼逐渐升高。这是因为学历越高，农民认识和掌握农业科技的能力越强。在土地规模化流转方面，各学历层占比分别为16.0%、19.2%、21.8%和60.0%，这说明随着农民受教育年限的增加和学历的提升，农民转出土地的意愿越来越强烈。这是因为受教育程度越高，其外出打工就业的概率就越高，有较为稳定的非农收入，土地已不再是生活的主要保障，他们更愿意将土地流转出去而获取一定的补偿。在农业公共服务方面，各学历层占比分别为19.0%、23.1%、25.6%和0。由此可见，学历与农民对农业公共服务的期待成正比，学历越高，农民对农业公共服务的期盼越强烈。调研表明，关于农民对农业专业合作组织的期盼，各学历层的占比分别为34.0%、25.4%、16.7%和0，这说明随着学历的提升，农民对农业专业合作组织的期盼越来越低。这是因为学历越高，其参与农业生产的机会就越少，因而参加农业专业合作组织的概率就越小。

表 2　不同学历层的认知差异

单位：个，%

项　　目	小学		初中		高中		大学及以上	
	样本数	占比	样本数	占比	样本数	占比	样本数	占比
农业科技	31	31.0	42	32.3	28	35.9	2	40.0
土地规模化流转	16	16.0	25	19.2	17	21.8	3	60.0
农业公共服务	19	19.0	30	23.1	20	25.6	0	0
农业专业合作组织	34	34.0	33	25.4	13	16.7	0	0
合　　计	100	100	130	100	78	100	5	100

（三）不同收入层的认知差异

对312份有效样本数据进行收入分层[①]（见表3），农民对现代农业的

[①] 低收入层、中等收入层和高收入层根据其家庭富裕程度而定。贫困为低收入层，中等为中等收入层，富裕为高收入层。本次调研中等收入层居多，占59.9%；低收入层和高收入层分别占20.8%和19.2%。

认知因收入不同而存在差异。在农业科技方面，低收入层、中等收入层和高收入层占比分别为 23.5%、26.2% 和 26.7%。由此可见，随着收入的提高，农民对农业科技的期盼逐渐升高。在土地规模化流转方面，各收入层占比分别为 27.9%、29.4% 和 31.7%，这说明收入越高，其规模化经营和流转土地的期盼越高。在农业公共服务方面，各收入层占比分别为 26.5%、27.8% 和 30.0%，这说明收入越高，其对农业公共服务的期盼越高。在农业专业合作组织方面，各收入层占比分别为 22.1%、16.6% 和 11.7%。由此可知，低收入者对农业专业合作组织的期盼远远高于中等收入者和高收入者，这是因为低收入者更多地参与农业生产实践，希望通过农业专业合作组织增加收入。

表 3　不同收入层的认知差异

单位：个，%

项　　目	低收入层		中等收入层		高收入层	
	样本数	占比	样本数	占比	样本数	占比
农业科技	16	23.5	49	26.2	16	26.7
土地规模化流转	19	27.9	55	29.4	19	31.7
农业公共服务	18	26.5	52	27.8	18	30.0
农业专业合作组织	15	22.1	31	16.6	7	11.7
合　　计	68	100	187	100	60	100

（四）不同职业层的认知差异

对 312 份有效样本数据进行职业分层（见表 4），数据显示，务工者、务农者和其他职业者对农业科技的期盼占比依次为 12.1%、38.4% 和 16.0%。显然，务农者对农业科技的期盼最高，务工者对农业科技的期盼最低。在土地规模化流转方面，三者占比依次为 55.2%、13.4% 和 40.0%，务工者期盼最高，务农者期盼最低，这说明务农者对土地依赖程度高，不愿意转出土地。在农业公共服务方面，三者占比分别为 25.3%、29.5% 和 36.0%，其他职业者期盼最高，务工者期盼最低。在农业专业合作组织方面，三者占比分别为 7.5%、18.8% 和 8.0%，务农者期盼最高，务工者期盼最低。

表4 不同职业者的认知差异

单位：个，%

项 目	务工		务农		其他职业	
	样本数	占比	样本数	占比	样本数	占比
农业科技	21	12.1	43	38.4	4	16.0
土地规模化流转	96	55.2	15	13.4	10	40.0
农业公共服务	44	25.3	33	29.5	9	36.0
农业专业合作组织	13	7.5	21	18.8	2	8.0
合 计	174	100	112	100	25	100

二 农民对发展现代农业的"盼与忧"

（一）盼科技化发展农业，忧知识储备少

科技是发展现代农业的重要支撑。调研发现，农民对农业科学技术十分期盼。广大农民不仅能认识到科技在农业生产经营中的重要性，而且对能促进农业增产、农民增收的科学技术十分渴求，但由于自身文化程度较低，知识储备不足，学习能力差，农民对学习现代农业科学技术显得可望而不可即。调研中，X市某镇一位村民说："俺们不懂精播种和测土配方施肥等技术，种地全靠经验，这家说二胺种地好，大家就全买二胺；那家说复合肥种地好，大家又全用复合肥。钱确实没少花，但产量还是低，俺家的小麦地亩产只有700来斤。"另一位村民说："俺们都想科学种田，但没文化，不懂技术啊。"该镇分管农业的副镇长王某说："我们镇有个村去年种植的玉米出现大面积倒伏，只有少数村民的没有倒，大家都以为是种子的问题，今年大家就都换那几家的玉米种子，结果今年玉米又倒伏了，后来经过检测是化肥的问题。"数据显示，农民最期盼科学配方施肥和农药喷洒技术，占比为58.6%；其次是节水灌溉、机械操作和其他方面的农业技术，分别占22.7%、15.5%和3.2%。广大农民希望通过学习和培训来提高自己的能力，强化增收的本领。调查表明，38.5%的农民希望参加农业技术培训班，24.8%的农民希望参加农村劳动力转移培训，18.6%的农民想参加农业经营管理培训，18.1%的农民想参加文化娱乐培训。

（二）盼多元化农业服务，忧质量无保证

建设覆盖全程、综合配套、便捷高效的社会化服务体系，是发展现代农业的必然要求。调研表明，65.6%的农民盼望由专门的组织来提供农业管理服务，农民对农业服务的需求呈多元化趋势，在产前、产中、产后各个环节，农民需要的服务各不相同。产前，农民最期盼的服务是良种供应，占比为56.7%，其次是化肥、农药、农膜、柴油等农业生产资料的供应，占比为29.0%，生产贷款供给占14.3%。产中，农民期盼的服务由高到低依次为：机耕服务，占18.4%；植保，占15.8%；机收，占15.4%；灌溉，占14.5%；除草，占11.7%；代种，占10.9%；喷药，占6.8%；施肥，占6.5%。这说明农民在产中对机械操作类的服务需求较多，对除草等自身可以完成的农业服务的需求较少。产后，农民最需要的是市场信息服务，占比为52.3%；其次是组织产品销售，占比为47.7%，这表明产后农民更多关注的是农产品市场行情。

数据显示，34.4%的农民表示不希望由专门的组织来提供农业服务，其列举的原因中质量担忧占58.0%。调研中，一位农民这样说："让企业来替俺种地，他们为了降低成本，只会偷工减料，本来俺家1亩地能收1000斤麦子，让企业来种估计只能收800斤了，还是自己种心里踏实。"另外，价格也是农民考虑是否接受企业服务的重要因素。当询问"如果市场收割价为50元/亩，企业以30元/亩提供收割服务，您愿意购买吗？"时，92.0%的农民选择了愿意。调研中，有位农民提到这样的担忧："俺们这个地方还没有这样的公司，本来犁地40元/亩，设立这样的公司，它们垄断了市场，收60元/亩咋办？"这说明质量和价格直接决定农民对农业服务企业的态度。

（三）盼规模化经营土地，忧生活无保障

实现土地的规模化经营和集约化管理是发展现代农业的必然趋势。调研中，71.4%的农民表示在价格合理的情况下愿意将土地承包出去（见图1），74.0%的农民表示愿意与大型企业合作进行规模化种植与管理，80.0%的农民表示愿意参加农业经营管理体制创新试验点，91.0%的农民认为传统的粮食种植方式不能致富。关于土地的管理状况，仅有35.6%的

农民表示对土地"长期精心管理"，48.4%的农民表示"依据作物的长势进行阶段性管理"，14.7%的农民表示"在外务工，偶尔管理一下"，1.3%的农民表示"种上粮食以后基本没有管理"，这说明土地已经不是农民主要的工作对象。关于家庭收入的主要来源，56.0%的农民选择了"外出务工"，36.0%的农民选择了"种地"，8.0%的农民选择了经商、餐饮等其他行业，这说明种地收入在农民的收入中只占三成多。调研发现，在影响农民土地经营收入的因素中，"投入成本过大"占45.3%，"土地较为分散"占40.7%，"劳动力不足"占8.1%，其他的诸如病虫害、缺项目、管理不到位占5.9%，这说明除了农资投入，土地分散已经成为影响农民务农收入的重要因素。

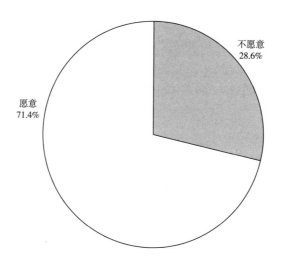

不愿意
28.6%

愿意
71.4%

**图1 农民对政府或者企业以高于土地收入的
价格承包其土地的意愿情况**

调研表明，农民不愿意参与土地流转的原因主要是生活无保障。在我国农村社会保障制度还不完善的情况下，土地对农民来说具有社保的作用。在回答中，"生活无保障"占48.2%，"价格太低"占25.8%，"无人要，租不出去"占18.8%，"自己种收入更高"占4.2%，"其他"如政策不允许占3.0%。对"您怎样看待农地的作用"的回答，"土地是农民的命根子"占52.8%，"只能满足生活需要"占32.6%，"能够增加收入"占8.2%，"没多大价值"等其他方面占6.4%。调研中，X市某镇村民谷某拉着笔者的手这样说："小伙子，我女儿也在上研究生，也经常下乡调研，我跟你说实话，将土地承包出去，80.0%的年轻人都愿意，他们都想出去打工，老年人在地里辛辛苦苦干了一辈子，现在也干不动了，只要价格高一点，生活有保障，也都愿意。"这说明要调动农民参与土地流转的积极性，最主要的是要解决农民的生活保障问题。

（四）盼专业化合作组织，忧运行不透明

农业专业合作组织是市场经济条件下推动传统农业向现代农业转变的有效形式。调研发现，79.8%的农民对农业专业合作社的组织形式表示满意，69.6%的农民表示愿意加入农业专业合作社。据统计，截至2011年3月底，X市在工商管理部门登记注册的农民专业合作社数量为640个（其中省级示范社18个），成员出资总额为6.32亿元，入社成员达18517人，带动农户34.97万户。农民专业合作社已成为X市发展现代农业、转变农业发展方式的"助推器"。笔者对X市S村绿之洲果蔬专业合作社进行了专题调研。这个合作社成立于2008年，目前已吸纳社员65人。据了解，S村之前比较贫困，村主任薛某当选之后，为摆脱这种局面，带领村干部到山东考察，学习了蔬菜种植和合作社建设经验，联合七八户农民建立起合作社。建社之初，当地政府也给予了政策支持。目前合作社主要提供的是引导种植、管理技术、销售渠道等方面的服务。合作社与社员签署协议，初期采用每人以500元入股的形式参与，后期新入社的成员必须依靠老社员介绍，并且缴纳股金1000元。合作社日常运作，社员不需要再缴纳管理费。在技术上，绿之洲果蔬专业合作社统一技术培训、统一购料、统一选用优良品种、统一规范化无公害种植管理、统一品牌化销售；在销售过程中与客户搞好关系，严把质量关，不合格的产品不采用，不以次充好，统一规格。2010年，该合作社的西瓜统一张贴"绿之洲"商标，每个社员的产品都有自己特殊的数字编号，对自己的产品负责到底，禁止出售不达标的产品，一经发现立即进行处罚。如违反合作社章程和纪律，以个人利益损坏合作社形象的，经合作社理事会讨论，坚决予以劝退。目前，S村绿之洲西瓜在许昌、南阳、平顶山、驻马店等地已成为紧俏产品，在河南独树一帜，成为备受客户和消费者青睐的品牌产品，并已打入胖东来、九头崖、一峰量贩等超市，合作社的良性运行得到了瓜农的认可和赞

同，社员收入明显增加，对全村周边西瓜大棚面积的迅速扩大和产品质量的提升发挥了极好的辐射带动作用。

　　调研表明，20.2%的农民对农业专业合作社的组织形式"不认可"，30.9%的农民明确表示"不愿意"加入农业专业合作社，其原因主要集中在运行不透明、入社费用高、服务不满意、不知道有合作社等其他方面。其中，"运行不透明"占45.2%，"入社费用高"占35.3%，"服务不满意"占12.3%，"不知道有合作社"等其他方面占7.2%。调研中，某合作社的一位社员这样说："成立合作社是好事，农民加入后收入确实提高了，但富了少数人，俺们交的钱，与企业合作的提成都装进了他们的兜里。"据调查，有75%的农民认为"很需要"成立专门的组织对农业专业合作社进行监督（见图2）。因此，提高农民参与农业合作组织的积极性，关键是加强对合作社的监管，确保合作社在阳光下运行。

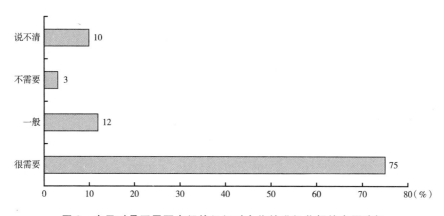

图2　农民对是否需要专门的组织对合作社进行监督的意愿选择

三　四大联动机制"解忧给盼"

（一）创新现代农业科技化服务机制

　　一是优化知识传授构架。首先，建立科技实践知识网络平台。以村委会为单位，以大学生村官为主管人，以高校农业科技研究单位为主要传授者，以农业推广技术站为牵头单位，搭建科技实践知识网络平台。对于农户在实际中碰到的难题、解决问题的好经验等均进行网络化管理。相关科研单位要将农民反馈的问题作为自己科技研究的重点内容，避免"给"科技的形式化和僵硬化。其次，建立信息评价机制。搭建科技知识平台反馈板块，包括问题处理的时间、效果、农户的评价等内容。对大学生村官进行每月排名，年终时进行综合评比。对于口碑好、实力强的科技知识传授单位，政府要加大资金投入，进行奖励扶持。对三年内排名始终靠后的科技培训单位予以劝退，保证科技知识真正是农民需要的知识。

二是建立科技能人示范机制。首先，培养新型农民。以培养"农村科技带头人"为目标，重点对农村精英层进行农业技能培训，如对村干部、农村科技人员，以及农村各种专业户、示范户和生产技术能手进行科学知识教育培训。其次，建立帮扶机制。对于科技能人实行分类管理，如划分蔬菜类、粮食类等技术精英，分别设置不同的权重考核标准。凡是帮扶村民超过同类1/3的，给予适当物质奖励；超过1/2的，给予物质奖励和精神奖励，如记入村史（归档于村委记录材料）或者录入功德碑等。对于有特大农业科技知识普及贡献的农民，可以对其入党或者子女考学等酌情给予优先考虑。通过对这部分技术能人进行科普教育、培训，带动新技术、新成果在农村的推广和扩散，帮助农民运用新技术发展生产，提高农民的科技文化素质。

三是加强农业科研队伍建设。农业科技人员是提高农民科技素质的骨干力量。首先，优化科研投入机制。根据财政实力，合理确定市、县财政投入比例。同时，通过财政金融政策，引导农业银行、招商银行等金融机构对科研单位在贷款方面给予贴息优惠政策；通过给予精神奖励，如颁发贡献奖，鼓励本地经济能人或有名望的人对本村科技培训提供财力、物力方面的支持。创建多元投入机制，确保科研经费的可持续性。其次，制定对县、乡两级农技推广人员的绩效考核制度。对县、乡两级现有推广人员应定期进行职业技能考核和培训，根据工作绩效进行定期综合评比，将评比结果与其工资挂钩，奖优罚劣。最后，通过合同关系，从社会上招收专业人才加盟县、乡农技推广部门，广泛吸纳农民专业技术能手，壮大农技推广人员队伍。

（二）完善农业企业与农户的利益联结机制

一是建立农民意愿反馈机制。当前 X 市土地流转主要是农民与大型农业企业之间的流转，要建立信息反馈机制，切实保护农民在土地流转中的合法权益。首先，构建信息收集平台。由村委牵头，村里有名望的老党员或者老干部为农户土地流转信息反馈机制监督人，将农民是否同意土地流转、同意土地流转的条件、不同意土地流转的原因等方面的信息归类存放。其次，建立在线咨询互动网络。由村民推选代表，将这些信息和意愿与企业的负责人员进行互动交流、在线解答、咨询。最后，建立矛盾纠纷处理机制。以村里有名望的老党员或者老干部为主，建立民间矛盾仲裁机构，化解民企矛盾，对于难以自主解决的矛盾，可以申请相关地方法院给予仲裁，确保矛盾及时解决。

二是规范土地流转制度。首先，制定和完善农村土地流转监督管理制度。要以法律的形式对土地流转主体、转让条件、转让程序、转让价格、违约责任、利益调节等重要问题进行规范，切实维护农民的合法权益。明晰土地权利，赋予农民更充分且有保障的土地承包经营权。要明确土地所有权和经营承包权之间的界限，强化土地承包经营权的独立性，防止乡镇政府和村干部随意发包耕地，避免真正的市场交易主体——农民的利益受到侵害。要保证土地自由流转，使农民能从土地流转中受益。其次，要建立灵活有效的流转机制，如出租、转包、拍卖等方式，使之充分地体现土地价值。要打破政府垄断土地一级市场的格局，让土地转让进入市场，由市场统一定价，使之真实地反映农地价值。

三是加强对农业服务企业的监督和扶持。首先，加强对农业企业服务行为的监督，保证服务质量。农业部门要加强技术指导，确保技术科学合理；工商、商务和质监部门要加强对种子、化肥、农药等农资产品的安全检查，防止坑农害农的现象出现；物价部门要加强对农资、机耕、机种等服务价格的调控和监管，防止哄抬服务价格行为的发生；司法部门要加强对农民法律知识的培训和援助，防止企业利用霸王条款损害农民利益。其次，加大对农业服务企业的扶持。如改革"企业在种地，农民拿补贴"的现象，明确农业补贴"补种地者而非补地和粮食"的原则，为现代农业的发展提供有利条件；在涉农项目、信贷服务、建设用地、税务征收等方面加强对农业服务企业的支持，增强企业发展的动力，切实减少生产成本，降低服务价格，提高农民参与现代农业的积极性。

（三）健全农村就业及社会保障机制

一是推动产业结构优化升级。现代农业要求实现土地的规模化经营和集约化管理，这将极大地解放农村劳动力，广大农民能从效益和利润空间相对较窄的农业中转移出来，从事务工、经商等其他非农工作。政府要以此为契机，大力推动产业结构优化升级，加大对第二、第三产业的扶持力度，增强第二、第三产业吸纳农村劳动力的能力，为现代农业的发展创造有利条件。例如，一些地方按照"龙头企业＋基地＋农户"的发展模式，通过土地流转扩大农业的产业化经营，推动集体经济的发展；另外一些地方则将产业的链条延伸至第二、第三产业，使农民"足不出农村"便能重新找到自己的职业定位，解除了农民离地的后顾之忧。

二是实行推拉结合的就业政策。首先是"推"。要从提高农民素质和技能方面入手，加强失地农民的劳动技能培训，使他们更好地适应就业市场的需求。政府需要安排专项经费，为失地农民的职业培训提供资金保障；完善失地农民教育培训机制，组织、利用现有资源，建立失地农民职业培训网络；要根据劳动力市场的需求和失地农民的年龄、文化基础、现有技术水平和兴趣爱好等条件，给予他们必要的分类指导，让他们分别进入不同层次、不同类型的培训机构，接受与其意愿和能力相匹配的培训。其次是"拉"。一方面，政府要利用引导性政策，鼓励农民就业。建议政府在鼓励征地单位或有关企业吸纳失地农民就业的同时，出台适量奖励农民就业的政策，鼓励自主创业，并为其提供条件和优惠政策。另一方面，努力拓宽农民的就业渠道。县、乡职业介绍机构可以通过举办失地农民专场招聘会，进行相应的空岗信息采集工作，打造失地农民就业的"绿色通道"。另外，还要积极关注农业产业化在吸纳劳动力就业方面的重要作用。伴随经济的发展与社会的进步，农业产业化是大势所趋，失地农民具有农业管理经验，也熟悉环境，可由此入手，争取早日实现再就业。

三是完善农村社会保障政策。要完善农村社会保障体系，促进土地保障向社会保障过渡。首先，要加快建立并实施农村养老保障制度。按照"个人缴费、集体补助、政府补贴"的原则，广泛筹集各方资金，建立并推行一套分年龄、多层次、全覆盖的农村基本养老保障制度，减少农民对土地的依赖。其次，要建立针对失地农民的最低生活保障制度，保证失地农民的基本生活，可参考城市标准进行，资金一部分来源于土地流转的补偿安置，另一部分则由地方财政直接补贴。最后，建议实行多样化的土地补偿安置办法，货币补偿与实物补偿并举，使土地收益的分配与使用更契合农民的长远利益。除一次性的货币安置外，土地流转还可采用留地安置、逐年支付租金、土地补偿费入股等多种方式，确保土地收益保值增值，从而为农民提供长期的生活保障。

（四）建立农业合作组织监督管理机制

一是政府引导。各管理机关、业务指导（管理）部门和乡镇人民政府要加强对农民专业合作组织的业务指导，搞好技术、信息服务，加强内部管理工作，促进规范化运行。要加强对农民专业合作组织管理人员、技术人员和广大社员（会员）的政策理论、法律法规、道德诚信、技术知识、管理知识等的培训，不断提高农民专业合作组织的人员素质，提高经营管理水平。要依法加强对农民专业合作组织的日常监督管理，规范其日常运行行为，维护社员（会员）的合法权益，确保农民专业合作组织健康发展。

二是完善制度。要按照《农民专业合作社法》的要求，建立并完善农民专业合作社民主管理制度，建立章程，健全民主管理、财务、物资营销等各项制度，并根据章程设立和健全理（董）事会、监事会等组织管理机构。建立严格的内部监督机制，以约束内部成员。建立第三方维权机构，有效解决双方的纠纷。健全财务公开制度，定期向成员公开收支情况，接受监督，确保合作社在公开、透明条件下运行，提高农民对合作社的认可度，增强广大农民参与合作社的意愿。

三是群众参与。要鼓励、支持群众及社员参与合作社的监督与管理。建立理事长定期报告制度，促使理事长定期向社员或者社员代表汇报合作社各项工作的运行状况。建立民主评议制度，社员定期给理事长的工作打分，做出评价。建立绩效考核制度，以运营绩效和群众的评价为依据决定相关负责人的进退流转，确保合作社规范运行，杜绝寻租行为的发生。

"排难促转"：推动农业现代化

许昌学院中原农村发展研究中心课题组

作为我国现代农业科技示范区和河南省粮食主产区，X市现代农业的发展一直走在河南省的前列。温家宝、回良玉等中央领导同志先后多次到X市现代农业示范区考察工作，对X市现代农业发展取得的成绩给予了充分肯定。《国务院关于支持河南省加快建设中原经济区的指导意见》明确指出，河南省的发展必须坚持"稳粮强农"的原则。土地流转作为X市发展现代农业中实现土地集约化、规模化管理的必然要求，起到了提高土地使用效率、保障粮食安全的作用。随着土地流转规模的逐渐扩大，如何顺利推进土地流转？农民对土地流转有什么期望和评价？如何保证粮食增产、农民增收？带着这些问题，笔者深入X市2个县18个村，对275个农户就土地流转进行了专题调研。结果表明，X市土地流转仍然存在一些亟待解决的问题，主要是租金涨幅与物价上涨速度不适应、租金形式与农民意愿不一致、规模经营与土地精细管理不同步、公司收益与农民经济收入不对等、集约管理与农户分散经营不协调、社会保障与农民利益诉求不匹配。

一 当前X市土地流转的现状分析

（一）流转方式向出租和转包集中

土地流转的方式主要有出租、转包、转让、入股等多种形式。调研表明，A县土地出租面积为95817亩，占流转面积的40.4%；转包面积为96899

亩，占流转面积的 40.8%；入股面积为 2661 亩，占流转面积的 1.1%；转让面积为 12405 亩，占流转面积的 5.2%；其他形式的流转面积为 29479 亩，占流转面积的 12.4%（见表 1）。B 县土地出租面积为 55000 亩，占流转面积的 22.4%；转包面积为 145000 亩，占流转面积的 59.2%；转让面积为 25000 亩，占流转面积的 10.2%；其他形式的流转面积为 20000 亩，占流转面积的 8.2%。

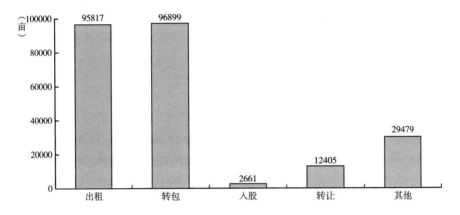

图 1　A 县土地流转方式及面积的数据统计

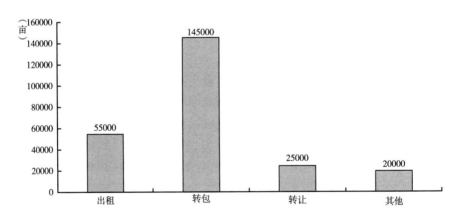

图 2　B 县土地流转方式及面积的数据统计

综合两县情况，土地出租面积共占土地流转面积的 31.3%；转包面积共占土地流转面积的 50.2%；转让面积共占土地流转面积的 7.8%；其他形式的流转面积共占土地流转面积的 10.3%。因此，在流转方式上，土地流转有向出租与转包两种形式集中的趋势，两种流转形式的面积占土地流转面积的比例超过 80%。在不同的农业功能区，流转形式呈现不同的侧重点：A 县 10 万亩小麦示范区以农民自发流转为主，多数为转包；A 县天和蔬菜公司和 B 县神农疏菜公司所在的经济作物区以合同出租为主，多数为出租。由于转包形式不改变承包关系，流转成本低、程序简单，基本上是以农民自发流转的形式进行的，因此，转包在 A 县和 B 县土地流转过程中被广泛使用。

（二）流转对象以农户与农户为主

土地流转的对象主要有农户、企业和合作组织。调研表明，X 市土地流转主要在农户与农户、农户与公司之间进行，并且以农户与农户之间的转包为主。在 A 县和 B 县，土地流转对象为农户的比例分别占 72.2% 和 48.1%（见表 1）。

表 1　A 县与 B 县流转对象土地面积基本情况

单位：亩，%

项　　　目	农户	企业	合作组织	其他	合计
A 县土地面积	183000	46214	12878	11377	253469
占流转面积的比例	72.2	18.2	5.1	4.5	100
B 县土地面积	125000	35000	55000	45000	260000
占流转面积的比例	48.1	13.5	21.2	17.3	100

（三）流转期限以短期为主

根据土地流转期限划分，A 县土地流转期限在 10 年以下的土地面积为 17.3 万亩，占流转面积的 68.3%；流转期限在 10 年以上至承包期结束的为 8.1 万亩，占流转面积的 32.0%。B 县土地流转期限在 10 年以下的土地面积为 22.5 万亩，占流转面积的 86.5%；流转期限在 10 年以上至承包期结束的为 3.5 万亩，占流转面积的 13.5%。调研发现，X 市 10 年以下期限的土地流转多是农户自发的，主要在亲戚朋友及邻村之间进行，不签订流转合同，采取口头协议的形式，租赁价格和流转期限由双方协商决定，承包期一般为 1~3 年；集体统一进行的规模化流转，主要流向从事"三高"（高产、高质、高效）生产的农业企业和种植大户。

在集体统一流转中，受让人一般都要求与集体或农户签订流转合同，时间也相对较长，一般为 5～10 年。

（四）流转用途因地而异

调研表明，A 县流转后的土地用于种植粮食作物、经济作物和其他。其中，种植粮食作物的面积为 15.6 万亩，占流转面积的 66%；种植经济作物的面积为 6 万亩，占流转面积的 25%。B 县种植粮食作物的面积为 8.5 万亩，占流转面积的 32.7%；种植经济作物的面积为 17.5 万亩，占流转面积的 67.3%。A 县耕地总面积为 85 万余亩，土地流转面积为 23.7261 万亩，占承包地总面积的 28%，土地流转涉及农户 40611 户、167372 人。B 县耕地总面积为 82.5 万亩，土地流转面积为 24.5 万亩，占承包地总面积的 30%。依照各县农业发展实际及功能定位，A 县作为粮食主产区，流转后的土地种植粮食作物的占六成；B 县作为经济作物产区，有近七成的流转土地用于经济作物种植。这充分显示了在发展现代农业中，X 市结合各县实际情况，因地制宜发展农业的指导思想。

二　当前 X 市土地流转存在的问题与原因

（一）租金涨幅与物价上涨速度不适应

在与 X 市将官池镇谷徐王村的村民访谈中，笔者了解到签订土地流转合同中关于租金递增方式的有关条款，村民对每 5 年租金上调 10% 的上涨方式颇有微词。其中一户村民谈到，以当年国家的小麦收购指导价计算，每亩地平均产量为 1000 斤，每斤小麦收购价格为 1 元，那么每亩地的收入就是 1000 元。而当年是合同签订的第三年，还没有到租金上涨的年份，即使到了租金上涨的年份，每亩地的收入也刚好和租金相等。想起三年前自家签订流转合同时小麦收购价为 0.6 元/斤，土地租金为 900 元/亩，现在小麦价格上涨到 1 元/斤而土地租金仍是 900 元/亩，农民觉得租金收益不是上涨了而是下降了。"出租土地不划算了！"这是农民面对粮价与物价上涨后对土地流转产生的新想法。

（二）租金形式与农民意愿不一致

调研发现，X市土地流转租金的支付形式有两种：货币形式和实物形式。货币形式的支付主要为公司与农户之间的大规模流转；实物形式的支付主要存在于小规模的土地流转当中，多为农户与农户之间的土地流转，通常以当地小麦平均亩产为标准。与小规模土地流转所采取的灵活多变的实物支付形式相比，规模化土地流转合同中确定的一成不变的货币支付形式在X市多年的土地流转实践中已经与农民的租金期望产生了偏差，无法满足农民意愿。

对275个有效样本数据进行的分析表明，支持以货币形式支付租金的农民占11%，支持以实物形式支付租金的农民占89%（见图3）。由此可知，农民对实物租金形式更加认可。农民之所以愿意接受实物租金形式，一方面是因为"手里有粮，心里不慌"，处在现代农业发展过程中的农民依然觉得粮食是自己的生存之本，即年轻人种地是为了糊口，老年人种地是为了养老；另一方面是因为农民认为货币租金在通货膨胀的影响下，购买力下降，造成日常生活成本增加、收益风险变大，但是，实物租金能够随物价的上涨而上涨，不仅能够满足自家生活需要，而且具有增值保值的作用。

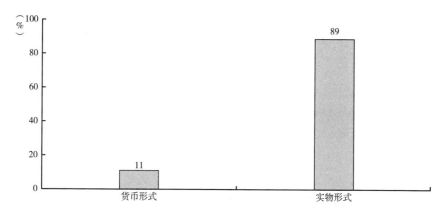

图3　农民期望租金的支付形式

（三）规模经营与土地精细管理不同步

农业生产有其自身的特点和规律，适度的规模经营能够产生规模效益，但并非所有的农业生产都适合大规模的经营模式。对于粮食等适用于大型机械操作的大宗作物的生产来讲，规模经营不仅可以发挥其集约化、机械化、低成本、高收益的优势，而且可以以此为契机延伸农业产业链，提高农业生产的经济效益和社会效益。但对于需要精耕细作的农业作物来说，规模过大不仅不能发挥规模经营产生的规模效益，而且会因此带来生产成本增加、生产效率低下、生产管理混乱等弊端。相反，那些需要投入较多人力进行田间作业和后期作业管理的农产品生产，如果规模适度，对土地进行精细化管理，精耕细作，就能最大限度地提高单位产值，更容易产生高效益。从对 A 县和 B 县调研的情况来看，以蔬菜生产为例，A 县天和蔬菜公司和 B 县神农蔬菜公司都存在经营规模过大与土地精细化管理跟不上的状况。无论是天河蔬菜公司的万亩蔬菜园还是神农蔬菜公司的 4000 亩蔬菜基地，都存在大片已经流转到手的土地因资金不足不能及时进行精细耕作而部分荒废的现象。

（四）公司收益与农民经济收入不对等

国家和政府大力支持农业的规模化生产经营活动，激发了一些涉农龙头企业不断扩大自己公司的土地规模，以实现更为可观的收益。从对 A 县的天和蔬菜公司和 B 县的神农蔬菜公司的调研中，我们可以看到，涉农公司的收入来源主要是通过进行农业生产及其深加工而获得的利润。此外，公司能够从国家和政府那里获得进行农业生产的各种形式的补贴与各种优惠政策，从而进一步增加其收益。例如，上述两个蔬菜产业大户从国家和政府各级涉农部门那里得到了很多扶持：田间道路由相关涉农部门帮其建设，灌溉用的机井由涉农部门牵头开凿，大型灌溉设施是由涉农管部门出钱以项目带动的方式添置的，冷藏蔬菜的冷库是政府出钱购买的。这些公司生产的蔬菜销往香港，公司生产环节使用的劳动力是从四川、贵州等地直接雇用的，所以公司的收益情况与当地农民毫无关系。从表 2 和图 4 可以看出，自家土地流转后生活没有变化的农户占比接近有效样本的五成，达到 49%，土地流转后的农民只能每年从公司领到几百元土地租金，其他与自己毫无瓜葛。因此，公司的发展并没有发挥其辐射带动作用，公司收益与农民经济收入不对等。

表2　土地流转后农民经济收入情况

单位：个，%

农民经济收入情况	样本数	占　比
变化很大	49	18
一　般	77	28
没变化	135	49
说不清	14	5
合　计	275	100

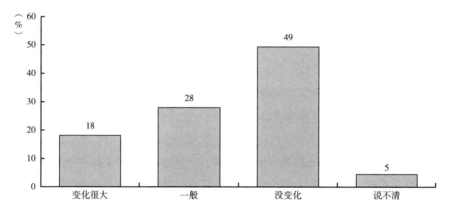

图4　土地流转后农民收入情况

（五）集约管理与农户分散经营不协调

现代农业的重要标志是规模化经营和集约化管理，走高产、优质、高效、生态、安全的农业发展之路。在现行农业发展体制和农业政策条件下，以家庭联产承包责任制为主体的制度构建的农业生产经营模式的最大特点是粗放的、全民参与的、分散型的，这不利于提高农业的生产效率。随着城镇化进程的不断推进，农村大量青壮年劳动力进城务工，老人、妇女和儿童成为农业生产的主力军，造成农业生产后劲不足，缺乏动力，严重制约了农业生产的进一步发展，因此，农业生产规模化、集约化成为必然趋势。同时，一家一户的生产模式也严重束缚了农村劳动力的进一步解放。调研中我们发现，谈到对土地的认识，年轻人大都认为在家种地没有出路，不能改变家庭的经济状况和生活条件，而出去打工又不忍心让自己的土地荒芜，只好农忙时节回家种田、农闲时节出去打零工，种地对于他们来说，也是"食之无味、弃之可惜"。最后的结果只能是土地没有得到充分利用，既不能保障国家粮食安全，也不能使农民从土地中增收致富。

（六）农村社会保障与农民利益诉求不匹配

调查显示，农民对土地流转后的生活持满意态度的仅占 19.7%，有 47.5% 的农民对现在的生活状态不满意（其中，"不太满意"占 31.1%，"很不满意"占 16.4%，见图 5）。给农民提供相对完善的社会保障，是进行土地流转的前提条件。对于已经进行了土地流转的农民，如何保障他们的权益是重中之重。调研中，我们了解到 X 市没有采取相应的社会保障措施来保障失地农民的利益，这也是全国土地流转中存在的共性问题。例如，农村社保制度不健全，保障水平低、覆盖面窄、参保门槛高，农村低保制度受条件限制，并未真正全面实现"应保尽保"。农民对具有生存保障功能的耕地有很强的依赖性，加上非农就业的不稳定性，种地成为农民首选的谋生手段，从而影响了土地流转。现代社会保障制度包括失业保险、养老保险、医疗保险、最低生活保障等，而在农村社会保障不尽完善

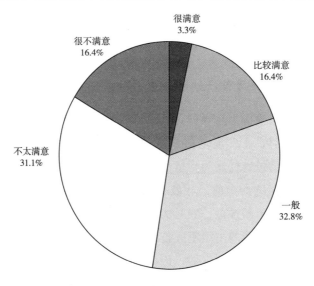

图 5　土地流转后农民的态度

的情况下，土地充当社会保障的角色，发挥着社会保障的作用。当农民单一从事农业生产时，土地满足了农民的基本生活需求，保障了农民的基本生活；当农民从事非农生产时，尽管失去非农就业机会，但农民仍可返乡从事农业生产以获得农业收入，这时，农村的土地就是他们最后的也是最基本的保障。土地流转并没有解决农民的保障问题，农民的现时之虑和后顾之忧都是影响土地流转的重要因素。

三 解决 X 市土地流转问题的对策与建议

（一）加强政府引导，打消农民顾虑

有效解决失地农民"种田无地、上班无岗、低保无份"的问题，破解"有路可走、无地生存"的困境，政府要进一步健全农村社会保障机制，确保失地农民老有所依、病有所治、残有所助。一是要为失地农民设立社会保障基金。这有助于降低失地农民面临的风险，促进社会稳定。把失地农民纳入整个社会保障体系，使其享受比较完善的社会基本养老保险、医疗保险和失业保险，社保费用应由国家、集体、个人共同承担。保障金要建立专门账户，"统筹安排、专款专用"。二是要帮助失地农民实现就业、创业，把失地农民就业纳入下岗职工再就业工程范畴。优先照顾失地农民，调动企业主招收失地农民的积极性。出台优惠政策鼓励失地农民自主创业、自谋职业。在扶持政策上可以享受下岗职工再就业的同等待遇，同时要进一步完善就业援助服务的组织保障体系，也可以根据征地用途的不同、经济发展水平的不同，因地制宜地采取多种保障形式进行妥善安置，保证失地农民能够实现可持续发展。三是村"两委"要坚持"村民选官为村民"的原则，在本村低保农户名单确立过程中体现民主与公开，杜绝"人情保"，真正使低保金落实到最需要的困难农民家里。

政府应当完善法律法规，明确参与土地流转主体的权利和义务。参与流转的农民、企业、政府，都要明晰自己享有哪些权利、需要履行哪些义务，以及如何在法律框架允许的范围内最大限度地推动农业现代化。在这个基本法律基础中，既要约束农民，也要约束企业甚至政府的越权行为，确保土地流转能够顺利实施。

（二）鼓励多方参与，确保农民满意

土地流转中一定要坚持农民"自愿"的原则，所有的基础条件都是为了使农民从土地中获得安全感，为了让农民"自愿"参与，这也是土地流转能够顺利并持续进行的基本条件，这个问题解决了，才能解决好土地流转的动力和恒力问题，否则土地流转的顺利和高效进行只是一句空话。在流转农民的土地时，事前要进行充分动员，在村庄内广泛发布流转公告，告知流转范围、面积、租金形式、租金标准、保障措施以及用途等。要充分征询村民意见，征收土地数量及流转标准必须经过村民大会或村民代表会议讨论通过，根据村民的意见对征地方案进行修改完善。要保证农民在土地流转过程中的参与权，让他们在流转范围、租金标准和租金款发放管理等方面都有表达意见的机会。同时，设置科学合理的救济措施，保证存在争议时，进行协商解决。通过多种救济途径，有效维护失地农民的合法利益。X 市农村土地流转的发展，不仅得益于经济发展的客观要求和有力促进，而且得益于各级政府的积极引导与及时监督。X 市转包和租赁流转形式比例较高的地方，大多是政府引导监督工作做得好、作用明显的地方。公司在与农户合作时，不能只看到眼前利益，唯利是图，应该在政府的引导下与农民签订既符合公司长远发展又考虑农民切身利益的合同。"不与农民争利"应是每个农业公司和组织秉承的宗旨，只有让利于农民，才能在今后的合作中同农民建立良好的合作机制。

（三）推动公司运作，提高农地效益

现代农业企业组织，适应了农业生产力水平向现代化水平发展的需要，具有市场化、专业化和社会化的特征。在农业生产力发展中，农业企业组织要具备适应现代化农业需要的结构；在市场经济制度中，农业企业组织也是合格的市场主体。与单个分散的农户相比，农业企业在资金、技术、管理、市场以及抵御风险能力方面具有明显的优势。通过土地流转将农户手里分散的土地集中起来，实现农田规模化、管理集约化、技术专业化的目标。企业发挥在资金、技术等方面的优势对原有的生产要素进行改善，不仅可以提高产量、节约成本，而且通过有机无公害种植，可以增加农产品的附加值，最终充分发挥土地效益。

（四）创新股份合作，维护农民利益

股份合作式的土地流转模式是双层经营体制中统分的最佳结合点。以家庭承包经营为基础、统分结合的双层经营体制是我国农村的基本经营制度，是党的农村政策的基石，必须毫不动摇地坚持。股份合作模式加强了"统分结合"中"统"的层面，村里把农民的土地通过企业组织这种形式组织起来统一经营，打破了土地的区域界限，把生产要素集中起来，实现了跨区域流转和规模化经营，有效地解决了"小生产"与"大市场"之间的矛盾，增加了农民收入，提高了农业生产效率，同时合作社还有积累，实现了"统"与"分"的最佳结合。农村土地股份合作制龙头企业，是通过农民土地经营权折资入股的方式，以股权为利益纽带，与农民相互拥有、共兴共荣、携手发展的新型农业产业化龙头企业，这是新形势下加快推动土地合理流转、实现农业产业化经营、促进现代农业发展方式转变的重要探索。保护农民的土地权利，是对农民权益最直接、最具体、最实在的保护。股份合作模式很好地把握了法律和政策的界限，严格地遵循了十七届三中全会"三个不得"的要求，坚持了"依法流转、自愿流转、有偿流转"的原则，同时把农民从土地上解放出来去外地打工，使其获得了更多的工资性收入，促进了企业与农户之间的包容性发展。

X市的实践证明，农地流转不仅推动了农村土地适度规模经营和农业产业化经营的形成和发展，而且在一定程度上推动了统一城乡土地市场的发展进程。同时，X市土地流转尚存在诸多问题。因此，X市的农村土地流转应在总结经验与不足的基础上，继续进行理论与实践的创新，对现行的土地流转制度和政策加以完善和改进，建立符合X市实际、具有X市特色的土地流转体系，令其更好地发挥对土地的优化整合作用，推动中原经济区"三化"协调和包容性发展。

降"本"增"利"：合作组织解民忧

许昌学院中原农村发展研究中心课题组

"农业丰则基础强，农民富则国家盛，农村稳则社会安。"在当前农村劳动力大量外出务工、农业基础设施有待加强、农业发展资源分配不均衡的大背景下，怎样才能深度挖掘我国农业发展的潜力以实现农业丰收、农民富裕、农村稳定是摆在各级政府面前的一大课题。X市作为河南省的农业强市，一直努力通过多种途径推动本市现代农业的发展。在推进农业现代化的过程中，现代农业合作组织逐渐成为X市农业发展的新亮点。为此，2013年11月，许昌学院中原农村发展研究中心课题组以X市C县首峰植保专业合作社为案例，详细解读其运转机制和实施成效，希望为X市农业合作社的发展提供可资借鉴的经验。

一 首峰植保专业合作社的运转机制

C县首峰植保专业合作社，前身为山头店乡农机站。2008年6月17日，由原农机站技术员范勖旺牵头成立植保专业合作社，于7月17日在C县工商局注册，注册资金为15万元。合作社现有大小机具95台，农机手60多人。服务区域覆盖山头店、茨沟、湛北、丁营4个乡镇23个村。在发展过程中，合作社以健全的机构为支点，以完善的制度为杠杆，以广泛的群众参与为动力，整个合作系统运转良好。

（一）以健全的机构为运转支点

1. 健全机构设置

"麻雀虽小，五脏俱全"，首峰植保专业合作社有比较完善的机构设置。其内部机构主要是成员大会，包括理事会、监事会、财务系统，这几个机构相互监督、相互辅助，成为一个完整的运作系统（见图1）。

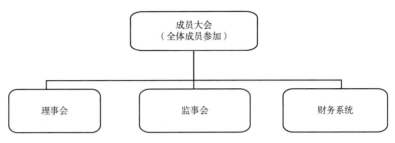

图1　首峰植保专业合作社机构设置

2. 明确机构分工

合作社成员大会由全体社员组成，其主要工作是民主决策合作社内的大事，全面监督理事会、监事会的工作，审查工作计划等。理事会的主要工作是组织召开社员大会、制订工作计划、处理合作社日常事务等。监事会则分管合作社的监督工作，既要监督理事会的工作，又要对合作社的对外服务进行监督（见表1）。

表1　首峰植保专业合作社机构分工

合作社机构设置	合作社功能分类
合作社成员大会	1. 选举、监督理事会、监事会的工作 2. 审议年度规划、决算方案、业务报告 3. 决议成员出资标准，处置集体财产，决定管理人员的人数、资格、任期 4. 处理其他有关重要事务
理事会	1. 召集成员大会，执行大会决议 2. 制定发展规划、经营计划、规章制度 3. 组织培训，制定预算、决算 4. 接受监事会监督，接受相关质询和建议 5. 履行成员大会赋予的其他职责
监事会	1. 监督决议执行情况 2. 监督合作社经营情况 3. 监督理事和经营管理负责人的履职情况 4. 向成员大会做出年度检查报告 5. 履行成员大会赋予的其他权利和职责
财务系统	1. 记账结账、账目管理 2. 通过财务预算管理，有效控制各项财务支出 3. 对社员入股、股权转让、退资等进行管理

（二）以完善的制度为运转杠杆

1. 衔接到位的工作制度

首峰植保专业合作社建立了专门针对合作社领导层的理事会、监事会工作制度和理事长、监事长岗位责任制，明确了相应的权利和义务，防止领导者独断专行，擅权渎职。同时，合作社还制定了普通社员工作制度。按照制度规定，广大社员组成工作组，工作组对自己服务范围内的工作负全责，工作出现偏差要追究小组成员责任，确保责任到人。完善的工作制度推动了社员各司其职，提高了合作社管理的科学化、精细化程度，彻底改变了过去那种"开会一锅粥，有事顺墙溜"的局面。

2. 阳光规范的财务制度

合作社建立了比较正规的财会制度，以规范财务工作。首先，合作社的财会制度明确规定了会计任职的条件、准则，在根源上杜绝财务问题的出现。其次，合作社还实行每月30日财务定期公开制度，强调合作社财务运转的阳光透明，使广大社员对合作社的财务运转做到"心中有数"。最后，合作社鼓励全体社员参与财务监督工作，定期对财务工作提出自己的意见和建议。

3. 协调共生的基金制度

合作社每年从当年的经营盈余中提取10%的公益金作为成长基金，用于成员的技术培训、合作知识教育以及文化、福利事业和生活上的互助互济。其中，用于成员的技术培训与合作知识教育的比例不少于5%。合作社还根据成员大会的决议，每年从经营盈余中提取15%的风险金，用于弥补成员生产经营中遭遇自然风险和市场风险时的损失，提高合作社的抗风险能力，保障合作社成员的利益，促进合作社的长远发展。

（三）以群众参与为运转动力

群众参与是合作社机制能够顺利运转的重要推力。首峰植保专业合作社主要在服务、监督、决策三个方面吸纳群众积极参与，并取得了良好效果。

1. 参与服务

为了应对农业植保工作多样化、季节化、地区化的问题，合作社在服务区内建立了"村庄联络人"制度。联络人由社员选举产生，鼓励广大入社农户积极收集本地区农田的土情、墒情、病情、虫情，及时将各自的需求或解决问题的办法传递给合作社，以便合作社能及时调整服务内容，满足社员多样化的需求。

2. 参与监督

首峰植保专业合作社引入了群众监督机制，重点放在田间作业的质量上。合作社引导农户对各个农机手的田间灭虫、除草、施肥等工作展开评议监督。从农户的角度监督服务质量，以农户的标准评判服务效果，监督农户认为作业效果不理想的农机手重新作业，并将农户的评价作为农机手参与收益绩效分配的指标之一。这一方面提高了农户在合作社工作中的"话语权"；另一方面可以促使农机手不断提高自身服务水平。

3. 参与决策

合作社扎根群众，由农民组织同时服务于广大农民，合作社的发展也需要从群众中汲取养分。自成立以来，首峰植保专业合作社一直坚持定期召开热心农户会议，广泛听取群众意见，鼓励群众对合作社的发展建言献策，合作社的年度工作规划、服务程序的制定也都要充分吸收群众的积极建议。

二　首峰植保专业合作社发展的成效

（一）经济效益：保增产，促丰收

1. 防治病虫保增产

C县是一个传统农业大县，年平均粮食播种面积超过120万亩，但田间蚜虫、红蜘蛛、白粉病、纹枯病、锈病的反复暴发一直是影响本地区粮食稳产、高产的难题。以田间蚜虫为例，蚜虫具有飞徙性和传染性，小块田地进行杀虫后又会被邻近地块的蚜虫重新感染，这就造成农户单一杀虫作业效果不明显。首峰植保专业合作社在实践中不断摸索田间病虫害的发生规律，逐渐总结出了一套适合本地农业植保现实的防治方法。2008～2011年，首峰植保专业合作社服务面积分别为4200亩、9800亩、28000亩和160000亩。综合统计亩均增产15%，2011年累计增产超过10万公斤，基本实现了粮食的稳产、高产，保障了粮食安全。

2. 降低成本促增收

合作社在提供质保服务的同时，利用植保网络销售肥料、种子、农膜等农用物资。合作社向农户承诺，在合作社购买的农资，价格比市场价低，并且质量可靠，不向农户销售假冒伪劣产品，像肥料这样的物资还送货上门。农户在放心购买低价农资的同时，节省了往返车费、运输费。这样，合作社实现了农资厂家直接供货、合作社集约管理、机械化作业等，使得亩均植保成本降低了25%，每年为农民节约资金数十万元。

（二）社会效益：保稳定，促和谐

1. 经济发展保稳定

"农民心稳，农村安稳"，"基础不牢，地动山摇"。农村社会的稳定直接关系到中国社会的稳定，农村经济稳定则是农村稳定的关键。首峰植保专业合作社的成立和发展大大改变了周边地区农业植保工作"分布散""效果差""成本高"的局面，基本上实现了植保服务的"服务区域连成片""服务效果看得见""服务成本有红线"，有力地推动了粮食稳产、高产，保证了农民增收。农业增产、增收既给在家务农的农民吃了"定心丸"，又为那些外出务工困难的农民提供了隐性的生存保障，最终为农村稳定打下了坚实的基础。

2. 关系贴近促和谐

原先千家万户的农业生产格局，使得政府对农民的帮扶有些力不从心，政府帮扶成效不显著，不能满足农民的多样化要求，群众与政府矛盾丛生、关系疏离。但是，专业合作社运行后，政府在资助、培训、政策等方面的投入和倾斜，不仅给农户带来了实实在在的、看得见摸得着的利益，而且释放了农村的剩余劳动力，扩大了农民家庭收入的增收空间。这不仅使参社农民增强了对政府的信任，而且促使参社农民主动与政府沟通，进而拉近了二者的距离，促进了二者关系的和谐。

三 首峰植保专业合作社发展的借鉴意义

（一）在发展理念上，以"农"为本，政府扶持

合作组织的生长离不开政府的支持与帮助，政府强化自身重农意识对

于地区农业发展具有重要意义。在合作组织的生长过程中，政府要认真践行重农理念，切实做好以下两个方面的工作。

第一是服务支持。组织当地政府的农业、工商、税务等机构对合作组织的成立和发展进行协同管理。农业部门负责指导合作组织的成立和发展。工商部门负责对合作组织的成立进行快速审批，节省合作组织的建立成本。税务部门要根据国家有关规定减免涉农组织的税金，减轻涉农组织的负担。

第二是资金帮扶。政府要设立专项帮扶金，对于发展迅速、示范效果显著的组织进行重点帮助。同时，政府要灵活运用农机补贴，保障合作组织进行大规模农机购置能够享受优惠。政府还要通过制定优惠政策，鼓励金融机构、涉农企业等社会资本进入农业合作组织发展领域，探索社企共建、联建新模式。

（二）在发展主体上，以"民"为主，重点培育

第一，以"民"为主，激发参与活力。合作组织在发展过程中要重视鼓励群众参与，激发群众参与活力。合作组织激发群众活力的方法要多元化，争取既有物质刺激，又有精神鼓励，双管齐下激发群众的参与热情。在日常工作中，合作组织要奖勤罚懒，使个人参与和经济利益挂钩，还要定期评选进步个人，对那些积极参与组织管理的成员进行重点鼓励，树立为学习典型。对于那些在民主参与过程中表现出较强参与能力和参与动力的社员，合作组织要持续关注，重点培养，以保障这部分精干人员在合作社内部有上升空间，使他们能在组织内部发挥更大的作用。

第二，以"民"为主，培养参与能力。通过农民培训工程，采取群众喜闻乐见、通俗易懂的方式，普及相关法律知识、业务知识，切实增强社员的合作意识，提高其参与合作社管理的能力。邀请涉农专家学者开展教育培训，引导合作社拓展服务平台，改进服务方式，明确合作组织提高成员能力的职责。继续加强对农民专业合作社经营管理人员、财务会计人员和专业技术人员的培训，在提高群众参与能力的基础上造就一支善经营、会管理、懂技术、有奉献精神的农民专业合作社经营管理人才队伍。

（三）在发展机制上，以"新"导航，联动推进

第一，引入新理念。合作社发展要努力摆脱过去"一大二公"的旧观念，引入企业化管理的新思路。企业管理最重要的特征是权责明确，各个部分运转协调。因此，在合作组织成立初期就要结合本地区实际情况加强组织建设，完善成员大会、理事会、监事会的设置，明确各个机构的产生程序和规则，明确决策系统、执行系统、监督系统之间的责任分工，努力做到"分工精确，责任到人"。

第二，探索新制度。合作社的发展离不开制度建设。合作组织在发展过程中要大力吸收岗位责任制、会计任职制、内部监督制等好的制度经验，并使各种群众呼声较高的"合作组织－农户"座谈会和交流会常态化、制度化。良好的制度建设既是方便群众参与合作组织发展的前提，也是保障群众在合作组织中发言权的关键。

"主体多元、功能扩展"：
现代农业公共服务

许昌学院中原农村发展研究中心课题组

农业公共服务是推动现代农业发展的重要途径，建设覆盖全程、综合配套、便捷高效的现代农业公共服务体系，是发展现代农业的必然要求。一方面，服务社会化是农业现代化的重要标志，构建新型农业社会化服务体系本身就是现代农业建设的应有之义；另一方面，农业社会化服务体系也是实现农业现代化的重要支撑。通过提供社会化公共服务，各种现代生产要素可以被有效地注入家庭经营之中，不断提高农业的物质技术装备水平；可以在家庭经营的基础上发展规模经营、集约经营，不断推进农业生产专业化、商品化和社会化，为促进农业又好又快发展奠定基础。

当前，河南省 X 市的农业公共服务以政府提供大型基础设施建设为支撑，以农资公司在经营性服务方面提供农资服务为导向，专业合作组织得到发展。同时，村民参与也成为农业公共服务的有效补充。但受困于资金和制度，目前，农业公共服务存在"主体单一、功能弱化"的问题。为此，发展农业公共服务，应当发挥政府在基础设施建设方面的引导作用，从政策、资金上提供帮扶，推动经营性服务的市场化，促进农业专业合作组织的发展，鼓励并引导农民自我服务。发展现代农业公共服务，政府是引导，公司化是方向，农业合作组织是载体，农民参与是关键。以"主体多元、功能扩展"发展 X 市的现代农业公共服务，形成以公共服务机构为依托、合作组织为基础、龙头企业为骨干、其他社会力量为补充、公益性服务和经营性服务相结合、专项服务和综合服务相协调的现代农业公共服务社会化体系。

一　X市现代农业公共服务的现状分析

（一）政府成为公益性服务供给主体

在基础设施建设方面，政府是公益性服务的主要提供者。首先，政府投入大量财政资金兴建水利设施，修建机井，铺设电线，实现"井在地、电到地、水灌地"，有效地增强了农作物的抗旱能力，解决了农民灌溉难的问题，提高了粮食的产量。其次，加大科技投入，设立气象服务站，实行技术专家包片及技术人员包村、包地块工作制，明确分工，落实责任，利用各种途径，把技术送到农民手中。同时，动员基层农技人员深入生产一线，蹲点包片，搞好科技指导服务，提高技术入户率和到位率。最后，加强国家粮食高产示范区的建设，投入大量资金，保障国家粮食安全，政府为示范区统一提供高产化肥、农药，以提高农民的种地积极性。

（二）农民参与成为公益性服务的补充

种植大户成为农业集约化发展的经营主体，为了自身的发展也参与小水利等基础设施建设。在史庄村，该村村主任承包了村民400余亩土地种植烟叶。他认为，种植烟叶的经济效益较高，烟叶由河南中烟公司统一收购，种子也由公司统一发放。为了获得更多的利润，他自己在地里修建管道，方便浇灌烟叶的根部；同时，平整道路，方便烟叶的运出。在山头店乡，该村土地实行集中托管，村委会通过"一事一议"的方式集资修建基础设施，保证粮食生产。在土地面积较为集中的村庄，土地相邻的农户共同平整土地，方便机器进入地头，为更好地实现农业机械化提供了便利。

（三）农业公司是经营性服务的供给主体

目前X市大型农业公司如天和农业发展公司和神农农业发展公司等，在带动当地农村经济发展和促进农民增收方面发挥了重要作用。另外，这些企业为了自身的发展，在完善公司基地基础设施的同时也积极投入当地基础设施建设，成为基础设施建设的重要补充。在肥料、种子等经营性业务方面，农资公司填补了政府不能提供的服务空白。在国家粮食示范区内，由公司提供良种，并且和农户签订收购合同，公司以高出市场 15% 的价格统一收购粮食，解决了农民粮食的销售问题。

（四）合作组织成为经营性服务的补充

近年来，X 市农业专业合作社有了较快发展。例如，豪丰农机合作社和 X 市铁根植保专业合作社等，增加了提供农业公共服务的主体。豪丰农机合作社目前的服务区域覆盖 10 余万亩土地，有效地提高了农业的机械化水平。铁根植保专业合作社提供农药植保服务，服务范围除了陈曹万亩高产小麦示范区外，还包括邻近的几个村庄。

二　X 市现代农业公共服务存在的问题与原因

（一）政府供给相对滞后，重建轻管

在大型基础设施或公益性设施建设上，政府投入大量资金，保证农业水利设施满足农业灌溉的需求，但对基础设施的维护和管理投入较少。调查得知，有些村庄的水利设施无人管理，部分水利设施出现无水灌溉的现象。政府投入大量的资金用于水利设施的修建，对于后期的维护和管理却没有加强。究其原因，依然是财政有限，导致后期投入困难，管理跟不上。当前市内农业公共设施建设资金，95% 来自政府的财政支出，这给政府财政带来极大的压力，导致政府在水利设施维护和管理上资金匮乏，难以再投入。

（二）公司运作发展缓慢，制度束缚

发展现代农业，公司是重要的主体，它们拥有资金、技术和管理经验，能够进行土地规模化、集约化经营。然而，公司运作需要将土地集中统一经营，在现有家庭联产承包责任制下，土地由家庭承包经营，农民成为独立的经营主体，这在一定程度上束缚了土地集约经营，难以产

生规模效益。另外，农民生活无安全保障，农民不愿意进行土地流转，在访谈中70%的农民因为担忧自己将来生活困难而不愿意流转土地，愿意将土地流转的是那些常年在外务工的人以及年轻人，还有就是不从事农业生产的人。

调研得知，对土地政策法规不了解也成为影响土地规模经营的因素。对于"您了解政府关于土地流转方面的政策法规吗?"这一问题，72.1%的农民选择"基本不了解"，24.6%的农民选择"很少了解"，3.3%的农民选择"比较了解"（见图1）。调查显示，农民对土地流转的政策法规基本上不了解，从而影响农户将土地流转给公司。

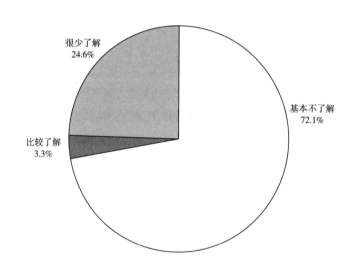

图1　农民对土地流转政策法规的知晓度

现有土地流转中出现的问题，也成为影响农民土地流转意愿的因素。在回答"您对现有土地流转的满意度"这一问题时，16.4%的农民选择"很不满意"，31.1%的农民选择"不太满意"，32.8%的农民选择"一般"，16.4%的农民选择"比较满意"，只有3.3%的农民选择"很满意"（见图2）。农民对当前土地流转不满意的原因主要是租金较低，赶不上物价的变化。农民对生活的担忧，特别是中年人对工作的忧虑、老年人和贫困家庭对生活保障的忧虑，在一定程度上成为土地经营公司化的主要障碍。

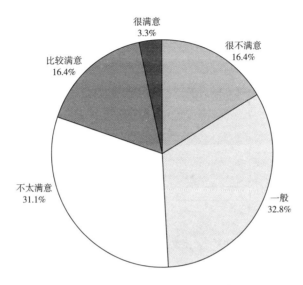

图 2　农民对当前土地流转的满意度

（三）合作组织功能简单，缺少资金

不论是豪丰农机合作社还是铁根植保专业合作社，都只是提供单一服务，难以实现农业公共服务的全覆盖。豪丰农机合作社专门提供农机服务，包括犁地、播种和收割；铁根植保专业合作社只是提供喷洒农药服务，诸如田间管理、化肥销售、水利兴建等并没有涉及。在访谈中，合作社的成员反映："现在国家对农机的补贴较少，不能满足合作社发展的需要，同时国家的补贴面太窄，应该扩大对农药、种子的补贴。"

在被访农民回答"您家的土地管理状况如何"这一问题时，选择"长期精心管理"的农民占48.4%，选择"按农作物长势进行阶段性管理"的农民占35.7%，选择"在外务工，偶尔管理"的农民占14.7%，选择"基本不管理"的农民占1.2%（见图3）。在调查中，农民普遍感觉到务农不能致富，传统的种植方法更不能发财致富。如果有公司或合作社提供管理服务，他们都愿意购买这样的服务，因为那样就可以外出务工或从事其他行业，他们关心的是土地承包权，只要不变更土地承包权，他们愿意土地集中规模经营。

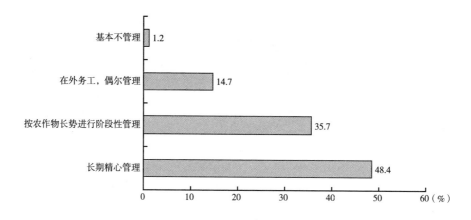

图 3　农民家庭的土地管理状况

（四）农民参与规模较小，缺乏引导

农民之间的土地都是邻近的，土地中间没有特别明显的地界标志，那样才不影响耕种。为了浇地方便，农民共同购买抽水泵，统一浇灌农作物。有些农民也共同购买农用机具，在忙完自己家里的农活后，还向邻近村庄提供服务赚钱。但是，这类代耕服务只是在很小范围内存在，服务面也比较窄。农民认为，现在购买机器比较困难，个人购买农用机器，国家补贴15%左右，而合作社购买，国家财政补贴达到30%左右，导致农户之间形成的互助合作难以扩大。同时，村委会对农民这种个人行为也缺乏指导。在谈到农业生产时，农民普遍反映生产成本太高，国家若不加大补贴力度，种地就是一种亏本的行为。在回答"影响家庭土地经营收入的因素"这一问题时，55%的农民认为"投入成本过大"是最主要的因素，10%的农民选择"技术缺乏"，9%的农民选择"水利设施差"。农民普遍认为这三个因素是影响家庭土地经营收入最主要的因素。"土地分散"和"病虫灾害严重"也是不可忽视的因素，占比分别为8%和6%。同时，有6%的农民选择了"缺少项目"，3%的农民选择了"管理不到位"，2%的农民选择了"其他"，只有1%的农民选择了"劳动力不足"（见图4）。

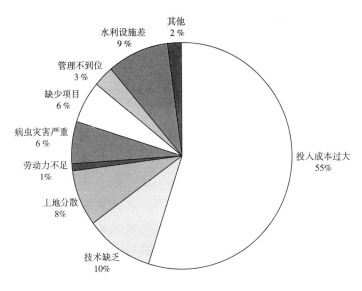

图4 影响农民土地经营收入的因素

三 发展 X 市现代农业公共服务的对策与建议

（一）加强政府引导，实行多样化分类供给

政府应加大公益性基础设施建设，鼓励引导社会资本参与。首先，对于大型农业基础设施，仍然由国家出资建设；农田小水利建设则引入市场机制，鼓励社会资本进入，并对参与农业基础设施建设的企业给予税收和政策方面的优惠，调动它们参与基础设施建设的积极性。其次，对于经营性农业公共服务，政府退出直接供应，引入市场主体，让市场发挥作用。最后，对农业基础设施的维护和管理引入市场机制，坚持"谁管理，谁受益"的原则，鼓励社会力量参与，减轻政府的财政压力。

（二）探索制度创新，建立公司化运行体制

农业公共服务是实现农业现代化的助推器，是现代农业公共服务发展的方向。家庭联产承包责任制下的散户经营，日益成为农业现代化的主要障碍，制约了现代农业公共服务的发展。鉴于此，首先，在稳定家

庭联产承包责任制的前提下，鼓励农业公司利用资源优势，建立生产基地，采取"公司＋基地＋农户"的模式，带动农民增收致富。其次，在依法、自愿、有偿的原则下，鼓励农民土地流转，进行土地规模经营。与此同时，完善农村养老保险制度和农村劳动力转移安置制度，解决农民的后顾之忧。再次，对于农业公司自己建立的农业基础设施，国家给予财政补贴，鼓励农业公司参与农业基础设施建设；鼓励发展农业服务公司，对那些常年在外务工而又不愿意失去土地的农民，集中他们的土地进行统一供种、统一技术、统一病虫害防治、统一机械化耕种、统一田间管理，粮食归农民所有，农民向农业服务公司支付报酬，国家提供财政补贴，土地的经营权和收益权相分离。这样既能保证国家粮食安全，也能增加农民收入。最后，鼓励公司参与农业科学技术的开发，利用资金优势与技术优势，培育优良品种，开发农业种植和灌溉新技术；鼓励农业公司参与化肥和农药的研制、生产及销售，推动公司服务内容的多元化，国家为公司参与新技术研发和推广提供相应的资金补贴。

（三）推进服务多元，实现合作组织功能扩展

积极推动合作社功能多样化、服务内容多元化。首先，按照服务农民、进退自由、权利平等、管理民主的要求，扶持农民专业合作社加快发展，使之成为引领农民参与国内外市场竞争的现代农业经营组织。其次，在提高合作社服务质量的前提下，鼓励合作社拓展服务内容和服务区域，积极参与经营性农业服务。再次，鼓励合作组织参与农田小型水利等基础设施建设，同时参与所在区域的水利维护和管理。最后，国家要加大对合作社的财政补贴，调动合作社参与农业公共服务的积极性。

（四）鼓励群众参与，提高农民自我服务能力

农民是农业公共服务的直接受益者，农民参与是现代农业公共服务的关键。目前，许多农业公共服务都离不开农民的参与。发挥农民的主动性，鼓励他们参与农业基础设施建设与营利性公共服务，是推动现代农业公共服务发展的重要保证。首先，发挥村委会的领导作用，完善"一事一

议"制度，鼓励农民开展农田小型水利建设，积极参与水利设施在本村范围内的维护和管理。其次，加大对农村的支持力度，引导惠农政策的专项资金向农业基础设施建设转移，实行"专款专用"。最后，鼓励种植大户在经营区域内根据发展需求修建农业基础设施，积极参与当地农业基础设施建设，政府给予一定的项目支持。

河南：谁在种粮，种得如何？

——基于河南省 19 个村 285 个农户连续四年的调查研究

许昌学院中原农村发展研究中心课题组

    "民以食为天"，农业是国民经济发展的基础，粮食是基础的基础。河南是全国的农业大省，也是第一粮食生产大省，河南省粮食生产在国家的粮食安全中占有重要地位，其粮食生产状况是一个值得深入研究的问题。为此，华中师范大学中国农村研究院"百村观察"项目组就"粮食种植状况"对河南省 19 个村 285 个农户进行了连续四年的跟踪调查。通过调查和研究，得出以下基本结论：农民种粮投入和产出存在明显差距，农民种粮的积极性普遍较低，存在土地利用效率不高、抵抗风险能力不强、可持续发展能力低等隐患。为此，我们建议鼓励规模经营，促进种粮人员的专业化；健全补贴机制，激发农民的种粮热情；完善保障机制，增强农民的种粮信心；提高组织化程度，提高粮食生产的效率。

一 河南省粮食生产与销售情况

（一）粮食生产情况

1. 水稻小规模种植比重高，大规模种植比重下降

    通过对 2008～2011 年连续四年水稻种植情况的调查分析，2008～2011 年，水稻种植面积为 0～2 亩的比重分别为 43.24%、54.55%、46.15%、53.57%；种植面积为 2～4 亩的比重分别为 32.43%、31.82%、38.46%、

25.00%；种植面积为 4～6 亩的比重分别为 13.51%、9.09%、11.54%、
21.43%；种植面积为 6～8 亩的比重分别为 5.41%、4.55%、3.85%、0。
2008 年种植面积在 8 亩以上的比重为 5.41%，2009～2011 年种植面积在 8 亩
以上的比重均为 0（见表 1）。由上述数据可知，水稻种植面积在 0～2 亩的比
重最大，其次为 2～4 亩，种植面积在 6 亩以上的比重很小。这也说明了河南省
的水稻种植多为小规模，且大规模种植比重有下降趋势。

表 1 2008～2011 年水稻种植面积

单位：个，%

亩数	2008 年		2009 年		2010 年		2011 年	
	样本数	占比	样本数	占比	样本数	占比	样本数	占比
0～2 亩	16	43.24	12	54.55	12	46.15	15	53.57
2～4 亩	12	32.43	7	31.82	10	38.46	7	25.00
4～6 亩	5	13.51	2	9.09	3	11.54	6	21.43
6～8 亩	2	5.41	1	4.55	1	3.85	0	0
8 亩以上	2	5.41	0	0	0	0	0	0
合　计	37	100	22	100	26	100	28	100

2. 玉米以小规模种植为主，中大规模种植比重上升

对玉米种植情况进行考察，不同年份数据显示，2008～2011 年，玉米种
植面积为 0～2 亩的比重分别为 39.90%、29.17%、32.90%、37.62%；种植
面积为 2～4 亩的比重分别为 30.81%、29.17%、25.97%、21.43%；种植面
积 4～6 亩的比重分别为 17.17%、25.00%、21.21%、22.86%；种植面积
为 6～8 亩的比重分别为 8.59%、11.11%、11.69%、10.00%；种植面积在 8
亩以上的比重分别为 3.54%、5.56%、8.23%、8.10%（见表 2）。从总体上
看，玉米的种植以 4 亩以下的小规模种植为主，4～6 亩、6～8 亩的中等规模
种植比重有上升趋势，8 亩以上大规模种植比重也有上升趋势。

3. 小麦种植以中小规模为主，大规模种植比重上升明显

通过对小麦种植情况的考察，调查数据分析显示，2008～2011 年，小
麦种植面积为 0～2 亩的比重分别为 25.91%、17.62%、21.92%、
19.00%；种植面积为 2～4 亩的比重分别为 22.28%、27.75%、24.20%、
20.50%；种植面积为 4～6 亩的比重分别为 26.94%、29.07%、25.11%、
28.00%；种植面积为 6～8 亩的比重分别为 13.47%、14.54%、15.98%、

表 2　2008～2011 年玉米种植面积

单位：个，%

亩数	2008 年		2009 年		2010 年		2011 年	
	样本数	占比	样本数	占比	样本数	占比	样本数	占比
0～2 亩	79	39.90	63	29.17	76	32.90	79	37.62
2～4 亩	61	30.81	63	29.17	60	25.97	45	21.43
4～6 亩	34	17.17	54	25.00	49	21.21	48	22.86
6～8 亩	17	8.59	24	11.11	27	11.69	21	10.00
8 亩以上	7	3.54	12	5.56	19	8.23	17	8.10
合　计	198	100	216	100	231	100	210	100

16.00%；种植面积在 8 亩以上的比重分别为 11.40%、11.01%、12.79%、16.50%（见表 3）。可见，种植面积为 0～2 亩、2～4 亩的比重逐渐下降，种植面积为 4～8 亩的比重有上升趋势，种植面积在 8 亩以上的大规模种植逐年增加，特别是2010～2011 年增幅明显，这说明小麦的种植有大规模发展趋势。

表 3　2008～2011 年小麦种植面积

单位：个，%

亩数	2008 年		2009 年		2010 年		2011 年	
	样本数	占比	样本数	占比	样本数	占比	样本数	占比
0～2 亩	50	25.91	40	17.62	48	21.92	38	19.00
2～4 亩	43	22.28	63	27.75	53	24.20	41	20.50
4～6 亩	52	26.94	66	29.07	55	25.11	56	28.00
6～8 亩	26	13.47	33	14.54	35	15.98	32	16.00
8 亩以上	22	11.40	25	11.01	28	12.79	33	16.50
合　计	193	100	227	100	219	100	200	100

4. 水稻的种植比重下降，小麦和玉米的种植比重相对上升

就河南省粮食种植总面积而言，调查数据表明，2008～2011 年，水稻种植总面积呈现整体下降趋势，2011 年降至 68.40 亩；小麦和玉米的种植总面积整体上升，2011 年分别增至 1101.67 亩和 847.40 亩。就粮食种植的户均面积和人均面积而言，2011 年水稻种植面积分别降至 2.44 亩、0.83 亩；小麦种植面积分别降至 3.68 亩、1.71 亩；玉米的户均种植面积增至 4.04 亩，人均种植面积降至 1.26 亩（见表 4）。由此可见，水稻、小麦的户均种植面积整体下降，玉米的户均种植面积整体上升；水稻、小麦的人均种植面积均处于下降趋势。

表 4　2008～2011 年粮食种植规模情况

单位：亩，%

年份	水稻			小麦			玉米		
	户均面积	人均面积	总面积	户均面积	人均面积	总面积	户均面积	人均面积	总面积
2008	3.28	—	118.00	4.88	—	937.00	3.63	—	708.00
2009	2.29	0.95	50.30	5.43	2.10	1232.83	4.12	1.59	888.90
2010	2.42	0.85	65.30	5.12	1.83	1122.25	4.24	1.51	978.54
2011	2.44	0.83	68.40	3.68	1.71	1101.67	4.04	1.26	847.40

5. 专业种植大户数量增多，种植规模仍比较小

考察专业种植大户的种植情况，调查数据表明，2008～2011 年，专业种植大户的数量分别为 23 户、52 户、33 户、141 户，总体趋于增长，且 2011 年种植大户数量较 2008 年增长了 5 倍多。具体而言，最大种植面积达到 30 亩以上的户数逐年增加，2011 年达到峰值 8 户；最大种植面积达到 50 亩以上的户数也是逐年增加，2011 年达到最高值 7 户；最大种植面积 100 亩以上户数，2008 年和 2009 年同为 1 户，2010 年最多 3 户，2011 年减少了 1 户，变化较小。此外，2010 年专业种植大户的种植面积在 30 亩以上、50 亩以上、100 亩以上的占比均最高，分别为 18.18%、15.15%、9.09%（见表 5）。综上所述，2008～2011 年专业种植大户数量总体处于增长趋势，30 亩以下的专业种植大户占绝大部分，占比为 80% 以上，100 亩以上规模的种植大户数量相对较少。

表 5　专业种植大户的数量变化

单位：户，%

种植大户数量	2008 年		2009 年		2010 年		2011 年	
	样本数	占比	样本数	占比	样本数	占比	样本数	占比
专业种植大户数量	23	—	52	—	33	—	141	—
最大种植面积在 30 亩以上户数	3	13.04	4	7.69	6	18.18	8	5.67

种植大户数量	2008 年		2009 年		2010 年		2011 年	
	样本数	占比	样本数	占比	样本数	占比	样本数	占比
最大种植面积在 50 亩以上户数	2	8.70	4	7.69	5	15.15	7	4.96
最大种植面积在 100 亩以上户数	1	4.35	1	1.92	3	9.09	2	1.42

注：有效样本为 2008 年 18 个村，2009～2011 年各 19 个村。

（二）粮食销售情况

1. 约七成农户销售粮食

考察农民售粮情况可知，2008～2011 年，在 243 个、259 个、269 个、245 个种粮农户样本中，售粮农户的数量分别为 185 个、190 个、171 个、184 个。据此计算，售粮农户所占比例分别为 76.13%、73.36%、63.57%、75.10%（见表 6）。可见，大概有七成种粮农户销售粮食。这说明河南省作为我国的粮食生产大省，粮食商品化程度较高。但值得注意的是，河南省种粮农户中销售粮食的农户比重处于先降后升的变化状况。

表 6　农民售粮状况

单位：个，%

指　　标	2008 年	2009 年	2010 年	2011 年
售粮户数	185	190	171	184
种粮户数	243	259	269	245
售粮农户比例	76.13	73.36	63.57	75.10

2. 农民售粮数量呈上升趋势

据调查数据可知，2008～2011 年，在 243 个、259 个、269 个、245 个有效的种粮农户样本中，农民售粮总数量分别为 856829 斤、991367 斤、1141507 斤、1174750 斤。据此计算，在这四年间，户均售粮数量分别为 3526.05 斤、3827.67 斤、4243.52 斤、4794.90 斤（见表 7）。很显然，2008～2011 年农民总体的售粮数量和户均售粮数量均呈上升趋势。

表7　农民售粮状况

单位：个，斤

指　标	2008 年	2009 年	2010 年	2011 年
售粮总数量	856829	991367	1141507	1174750
种粮农户样本	243	259	269	245
户均售粮数量	3526.05	3827.67	4243.52	4794.90

3. 粮食收购价格上涨较快

通过调查，我们获得了 2008～2011 年的四年间河南省粮食交易情况的信息，分别有 185 个、190 个、171 个、184 个农户提供了这四年的粮食交易价格信息。水稻、玉米和小麦的交易价格加权总和分别为 229.57 元、276.95 元、271.29 元、299.12 元。据此计算，2008～2011 年，粮食交易均价分别为 0.77 元/斤、0.85 元/斤、0.94 元/斤、1.00 元/斤。可以看出，近年来粮食收购价格逐渐上升。相比 2008 年，2009～2011 年的粮食收购价格增幅分别为 10.39%、22.08%、29.87%（见表8）。这表明，近年来粮食收购价格涨幅较快。

表8　农民售粮价格状况

指　　标	2008 年	2009 年	2010 年	2011 年
提供交易信息的农户数量(个)	185	190	171	184
粮食交易价格总和(元)	229.57	276.95	271.29	299.12
粮食交易均价(元/斤)	0.77	0.85	0.94	1.00
粮食收购价格增长幅度(%)	—	10.39	10.59	6.38
粮食收购价格较 2008 年增幅(%)	—	10.39	22.08	29.87

（三）种粮主体特征

1. 约七成农民种粮，种粮人数呈现倒 V 形变化

考察样本农户务农人数变化情况，由 2008～2011 年调查统计的数据分析可知，2008～2011 年，务农的样本数分别为 179 个、197 个、217 个、175 个，占全部样本数的比重分别为 67.29%、71.12%、74.06%、

68.09%（见表9）。可以看出，河南省以务农为主的人数的比重呈现先增后降的倒 V 形变化趋势，且有七成左右农民种粮。

表9　2008～2011 年务农人数的变化情况

单位：个，%

年份	务农样本数	全部样本	占比
2008	179	266	67.29
2009	197	277	71.12
2010	217	293	74.06
2011	175	257	68.09

2. 中老年人是种粮的主力，青年农民种粮比重小

从种粮者的年龄来看，数据分析表明，2008～2011 年，种粮者年龄为 40～49 岁的中年农民比重分别为 42.11%、41.79%、36.82%、36.02%；年龄在 50～59 岁、60 岁及以上的农户务农比重呈总体上升趋势，分别为 27.82%、26.07%、30.41%、31.42% 和 18.42%、21.43%、22.97%、22.60%，二者的合计占比分别为 46.24%、47.50%、53.38%、53.02%；年龄在 30 岁以下的年轻人比重最小，分别为 0.75%、0.36%、0.68%、1.53%；年龄在 30～39 岁的青年人种粮比重呈下降趋势，分别为 10.90%、10.36%、9.12%、8.43%（见表10）。由此可见，50 岁及以上的中老年人成为种粮的主力军，40～49 岁参与种粮的比重不断下降，青年农民种粮者比重很小。

表10　种粮农户年龄状况分析

单位：个，%

年份	年龄分组				
	30 岁以下	30～39 岁	40～49 岁	50～59 岁	60 岁及以上
2008	0.75	10.90	42.11	27.82	18.42
2009	0.36	10.36	41.79	26.07	21.43
2010	0.68	9.12	36.82	30.41	22.97
2011	1.53	8.43	36.02	31.42	22.60

注：2008～2011 年有效样本数分别为 266 个、280 个、296 个、261 个。

3. 男性是种粮的主力，但女性比重有上升趋势

从性别角度来看，2008～2011年的数据分析可得，男性农户在种粮农户中的占比分别为93.98%、86.12%、83.11%、81.61%，女性农户的比重分别为6.02%、13.88%、16.89%、18.39%（见表11和图1）。可以看出，男性是种粮的主力，但随着外出务工农民的增加，男性种粮的比重逐年下降，而女性的比重逐年上升。

表11 务农农户性别状况分析

单位：个，%

年份	性别分组	
	男	女
2008	93.98	6.02
2009	86.12	13.88
2010	83.11	16.89
2011	81.61	18.39

注：2008～2011年有效样本数分别为266个、281个、269个、261个。

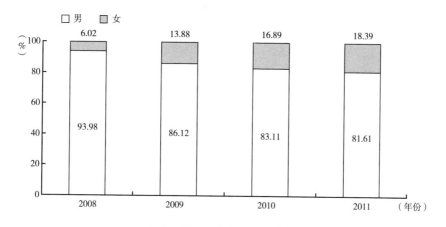

图1 务农农户性别状况分析

4. 种粮农民的受教育程度偏低，近八成农民学历为初中及以下水平

考察种粮农民的受教育程度，近四年的调查显示，2008～2011年学历为小学及以下的种粮者比重分别为34.48%、37.41%、38.23%、36.02%；学历为初中的比重分别为42.91%、41.73%、45.39%、41.38%；学历为高中

151

的比重较低，分别为 21.84%、19.06%、13.99%、19.92%；大专及以上学历最少，比重分别为 0.77%、1.80%、2.39%、2.68%（见表12）。由此可见，农民的受教育水平较低，有近八成务农者的学历为初中及以下水平。

表 12　务农农户对应的文化程度分析

单位：个，%

年份	文化程度分组			
	小学及以下	初中	高中	大专及以上
2008	34.48	42.91	21.84	0.77
2009	37.41	41.73	19.06	1.80
2010	38.23	45.39	13.99	2.39
2011	36.02	41.38	19.92	2.68

注：2008~2011年有效样本数分别为261个、278个、293个、261个。

二　河南省种粮投入与收益状况

（一）种粮投入情况

1. 种粮投入不断增高

就2008~2011年农民种粮生产资金投入情况来看，农民种粮的生产资金投入呈逐年上升趋势。2008~2011年，农民种粮的生产总投入分别为299.99元/亩、321.24元/亩、343.66元/亩、436.66元/亩，粮食生产的生产资料投入呈现逐年上升趋势，分别为190.91元/亩、203.96元/亩、210.58元/亩、263.51元/亩，机械投入依次为53.41元/亩、57.18元/亩、58.66元/亩、72.14元/亩，雇工投入分别为55.67元/亩、60.10元/亩、74.42元/亩、101.01元/亩（见表13）。据此可以算出，相比2008年，2011年生产资料投入上涨了38.03%，机械投入上涨了35.07%，雇工投入上涨了81.44%。由此可见，2008~2011年，粮食生产成本呈现逐年上升趋势，且2011年上升幅度最大。

表13　2008～2011年农民种粮生产资金投入状况

单位：元/亩

年份	生产资料投入[a]	机械投入[b]	雇工投入[c]	合计
2008	190.91	53.41	55.67	299.99
2009	203.96	57.18	60.10	321.24
2010	210.58	58.66	74.42	343.66
2011	263.51	72.14	101.01	436.66

注：a：有效样本、缺失值（2008～2011年）分别为：167、76；201、58；246、23；205、40。b：有效样本、缺失值（2008～2011年）分别为：145、98；189、70；187、82；213、32。c：有效样本、缺失值（2008～2011年）分别为：29、214；15、244；18、251；19、226。

2. 生产投入与家庭收入有一定相关性

就不同家庭收入的农民种粮生产资金投入状况来看，2008～2011年，低收入家庭生产资金的高投入占比2008年最高，为30.43%；2011年次之，为28.57%；2009年和2010年的高投入占比较低，分别为17.74%、16.88%。而高收入家庭生产资金的高投入占比2010年最高，为52.78%，2008年、2009年和2011年的高投入占比基本持平，分别为34.37%、37.04%、34.89%（见表14）。总体来说，低收入家庭的高投入占比与高收入家庭的高投入占比差距较大。高收入家庭的高投入占比一般在三成以上，最高超过五成，而低收入家庭的高投入占比则只有2008年略高于三成。由此可见，家庭收入越高，则生产资金的高投入占比越高；反之，则越低。

表14　不同收入的家庭生产资金投入状况

单位：%

年份	家庭收入	低投入	中等投入	高投入
2008	低收入	39.13	30.44	30.43
	中低收入	42.31	25.00	32.69
	中等收入	26.00	44.00	30.00
	中高收入	23.33	41.67	35.00
	高收入	40.63	25.00	34.37

续表

年份	家庭收入	低投入	中等投入	高投入
2009	低收入	46.77	35.48	17.74
	中低收入	26.09	32.61	41.30
	中等收入	33.33	33.33	33.33
	中高收入	25.00	32.81	42.19
	高收入	40.74	22.22	37.04
2010	低收入	37.66	45.45	16.88
	中低收入	43.55	33.87	22.58
	中等收入	30.43	28.26	41.30
	中高收入	10.00	28.00	62.00
	高收入	19.44	27.78	52.78
2011	低收入	44.90	26.53	28.57
	中低收入	28.30	32.08	39.62
	中等收入	39.62	32.08	28.30
	中高收入	27.12	38.98	33.90
	高收入	30.23	34.88	34.89

注：2008～2011 年有效样本数分别为 240 个、256 个、271 个、257 个。

3. 农户的文化程度影响其生产投入

就不同年份不同学历农民的生产资金投入情况来看，2008～2011 年，学历为文盲的家庭生产资金高投入占比不断降低，呈逐年下降趋势，由 2008 年的 31.25% 下降到 2011 年的 4.76%。学历为高中及以上的家庭生产资金高投入占比四年来呈先降后升的趋势，2008 年占比为 38.18%，2009～2010 年有下降的趋势，占比分别为 36.36% 和 33.63%，2011 年则又上升到 40.68%。其他学历农民 2008～2011 年的生产投入状况则呈不规则分布，无明显趋势（见表 15）。总的来说，学历较低家庭的生产资金高投入占比呈逐年下降趋势，学历较高家庭的生产资金高投入占比四年来则呈先降后升的趋势。

表 15　不同学历的家庭生产资金投入状况

单位：%

年份	学历	低投入	中等投入	高投入
2008	文盲	31.25	37.50	31.25
	小学	39.39	34.85	25.76
	初中	28.57	35.71	35.71
	高中及以上	34.55	27.27	38.18

年份	学历	低投入	中等投入	高投入
2009	文盲	45.00	35.00	20.00
	小学	40.54	37.84	21.62
	初中	25.89	31.25	42.86
	高中及以上	34.54	29.10	36.36
2010	文盲	47.37	36.84	15.79
	小学	26.53	38.78	34.69
	初中	29.25	34.91	35.85
	高中及以上	38.94	27.43	33.63
2011	文盲	42.86	52.38	4.76
	小学	41.67	36.11	22.22
	初中	27.78	30.56	41.67
	高中及以上	33.90	25.42	40.68

注：2008~2011年有效样本数分别为235个、261个、287个、260个。

4. 不同职业的农民家庭生产投入存在差异

就不同职业的农民家庭生产资金投入状况来看，2008年，家庭生产资金低投入的农民中，教师及其他职业农民比重最低，为0，而其在生产资金中等投入中的比重最高，为62.50%，高投入比重也较高，为37.50%。2009年，做生意农民低投入比重最高，为70.00%，中等投入和高投入的比重均最低，依次为10.00%和20.00%。2010年，做生意农民的低投入比重最高，高投入的比重最低，分别为50.00%和15.00%，中等投入则是务工农民比重最高，占比为41.46%。2011年，低投入农民中，教师及其他职业农民比重最高，做生意农民比重最低，分别为40.00%和21.43%，中等投入则是教师及其他职业农民比重最低，为22.86%（见表16）。总的来说，2008~2011年，务农农民生产资金投入状况变化较小，教师及其他职业农民生产资金的低投入占比逐年递增，呈上升趋势；反之，中等投入则逐年递减，呈下降趋势。

表 16　不同职业的家庭生产资金投入状况

单位：%

年份	职　业	低投入	中等投入	高投入
2008	务　农	30.67	37.33	32.00
	务　工	46.00	22.00	32.00
	做生意	34.48	27.59	37.93
	教师及其他	0	62.50	37.50
2009	务　农	30.30	39.39	30.30
	务　工	29.19	34.59	36.22
	做生意	70.00	10.00	20.00
	教师及其他	25.00	41.67	33.33
2010	务　农	34.12	31.28	34.60
	务　工	24.39	41.46	34.15
	做生意	50.00	35.00	15.00
	教师及其他	26.67	33.33	40.00
2011	务　农	33.71	33.14	33.14
	务　工	36.36	39.39	24.24
	做生意	21.43	35.71	42.86
	教师及其他	40.00	22.86	37.14

注：2008～2011 年有效样本数分别为 237 个、260 个、277 个、257 个。

5. 老年人生产投入偏低

考察不同年龄段农民的农业生产投入情况，2008～2011 年的调查数据表明，2008 年，60 岁及以上农民的农业生产低投入比重最大，为41.86%；30 岁以下的中等投入和高投入比重均最大，均为 50.00%。2009 年，年龄为 30～39 岁的农民低投入比重最大，为 40.74%；年龄为40～49 岁的农民中等投入比重最大，为 34.51%；年龄为 50～59 岁的农民高投入比重最大，为 35.82%。2010 年，30 岁以下的农民低投入和高投入比重均为 50.00%，中等投入最低，为 0；其他年龄段农民的生产投入情况则变化不大。2011 年，在低投入农民中，40～49 岁的农民比重最高，30 岁以下的农民比重最低，分别为 41.94%、25.00%；中等投入情况则相反，30 岁以下的农民比重最高，40～49 岁的农民比重最低，分别为 50.00% 和 23.66%。在高投入农民中，30～39 岁的农民比重最高，为40.91%（见表 17）。总的来说，中年农民家庭生产资金低投入占比是逐年上升的，老年农民则是逐年下降的，年轻农民家庭生产资金投入则不太稳定。

表 17　不同年龄的家庭生产资金投入状况

单位：%

年份	年龄	低投入	中等投入	高投入
2008	30 岁以下	0	50.00	50.00
	30～39 岁	20.69	37.93	41.38
	40～49 岁	30.69	41.58	27.72
	50～59 岁	38.46	21.54	40.00
	60 岁及以上	41.86	32.56	25.58
2009	30 岁以下	—	—	—
	30～39 岁	40.74	25.93	33.33
	40～49 岁	33.63	34.51	31.86
	50～59 岁	31.34	32.84	35.82
	60 岁及以上	36.36	29.09	34.55
2010	30 岁以下	50.00	0	50.00
	30～39 岁	37.04	37.04	25.93
	40～49 岁	33.64	33.64	32.71
	50～59 岁	33.33	29.89	36.78
	60 岁及以上	34.33	34.33	31.34
2011	30 岁以下	25.00	50.00	25.00
	30～39 岁	27.27	31.82	40.91
	40～49 岁	41.94	23.66	34.41
	50～59 岁	28.05	37.80	34.15
	60 岁及以上	33.90	38.98	27.12

注：2008～2011 年有效样本数分别为 240 个、262 个、290 个、260 个。

（二）粮食产出情况

1. 粮食产量总体上变化不大

就不同年份粮食产量变化情况来看，水稻 2008 年亩产最高，达到 967.46 斤，2011 年亩产最低，为 766.33 斤；小麦 2008 年和 2010 年亩产比较接近，分别为 753.34 斤和 754.83 斤，2009 年和 2011 年亩产也几近持平，分别为 786.98 斤和 788.70 斤；玉米 2008 年亩产最高，为 842.61 斤，2009 年次之，为 824.71 斤，2010 年和 2011 年分别为 787.30 斤和 775.34 斤，呈逐年下降的趋势（见表 18）。总的来说，2008 年粮食产量较高，2011 年粮食产量较低，2009 年和 2010 年的粮食产量总体上比较平稳。此外，水稻亩产大体上呈逐年下降的趋势。

表 18 2008~2011 年粮食产量变化情况

单位：斤/亩

年份	水稻	小麦	玉米
2008	967.46	753.34	842.61
2009	815.00	786.98	824.71
2010	883.21	754.83	787.30
2011	766.33	788.70	775.34

2. 粮食产量与种植规模成正比

把种地规模分为小规模、中等规模、大规三类，考察不同种地规模农户的户均粮食总产量的变化。从表 19 可知，2009 年不同种地规模粮食的增长率最高，分别为 29.65%、17.87%、10.83%，明显高于其他年份的增长情况。就具体增长数额来说，小规模种植的户均粮食产量逐年递增，由 2008 年的 1545.34 斤增长到 2011 年的 2332.55 斤，中等规模和大规模种植的户均粮食产量也呈上升趋势。此外，就不同种植规模的粮食产量来看，种植规模越大，粮食产量越高。总的来说，农地种植规模越大，粮食产量越高，且产量逐年递增，呈上升趋势。

表 19 不同种地规模农户的户均粮食总产量变化

种地规模	2008 年		2009 年			2010 年			2011 年		
	户均粮食产量（斤）	样本数（个）	户均粮食产量（斤）	增长率（%）	样本数（个）	户均粮食产量（斤）	增长率（%）	样本数（个）	户均粮食产量（斤）	增长率（%）	样本数（个）
小规模	1545.34	29	2003.57	29.65	42	2195.00	9.55	50	2332.55	6.27	47
中等规模	4449.45	71	5244.55	17.87	75	5815.08	10.88	61	5834.79	0.34	71
大规模	10590.58	84	11737.90	10.83	92	11908.41	1.45	90	12294.19	3.24	74

3. 粮食产量与农业补贴成正比

农民农业补贴享受程度不同，粮食总产量也是不同的。享受低额补贴的农户在 2008 ~ 2011 年的户均粮食产量分别为 3229.81 斤、3577.04 斤、4013.83 斤、3061.73 斤，均低于其他补贴农户的粮食产量；享受中等补贴的农户在 2008 ~ 2011 年的户均粮食产量则均高于低额补贴农户的户均粮食产量，但同时也低于享受高额补贴农户的户均粮食产量，且四年来呈上升趋势；享受高额补贴的农户在 2008 ~ 2011 年的户均粮食产量分别为 9149.65 斤、10838.18 斤、11478.67 斤、10901.76 斤，均高于其他补贴农户的户均粮食产量，其中 2009 年的户均粮食产量增长率最高，为 18.45%，2011 年的户均粮食产量较 2008 年增加了 1752.11 斤（见表 20）。由此可见，农户享受的农业补贴越高，户均粮食产量则越高，农业补贴与粮食产量成正比。

表 20　享受不同程度农业补贴农户的户均粮食产量变化

农业补贴	2008 年		2009 年			2010 年			2011 年		
	户均粮食产量（斤）	样本数（个）	户均粮食产量（斤）	增长率（%）	样本数（个）	户均粮食产量（斤）	增长率（%）	样本数（个）	户均粮食产量（斤）	增长率（%）	样本数（个）
低额补贴	3229.81	47	3577.04	10.75	54	4013.83	12.21	47	3061.73	-23.72	52
中等补贴	6612.26	62	6550.74	-0.93	69	6801.00	3.82	70	7702.88	13.26	66
高额补贴	9149.65	74	10838.18	18.45	73	11478.67	5.91	70	10901.76	-5.03	68

4. 专业化务农农民种粮产量高

就不同职业农民户均粮食总产量变化情况来看，务农农民在 2008 ~ 2011 年的户均粮食产量 2009 年最高、2008 年最低，分别为 7957.39 斤和 7112.22 斤，其中 2009 年的增长率最高，为 11.88%，其余两年为负增长；务工农民户均粮食产量在 2008 ~ 2010 年有所增加，呈上升趋势，2011 年则有所减少，其中 2010 年的增长率最高，为 10.81%；做生意农民 2008 年户均粮食产量最高，为 6747.62 斤，其他年份产量有所减少，但各年份产量变化不大；教师及其他职业农民户均粮食产量逐年递增，呈上升趋势，由 2008 年的 6412.86 斤上升到 2011 年的 9363.90 斤（见表 21）。总的来说，务农农民户均粮食产量 2009 年最高、2008 年最低，做生意农民 2008 年户均粮食产量最高。此外，务工农民户均粮食产量呈先升后降趋势，教师及其他职业农民户均粮食产量则逐年递增，呈上升趋势。

表 21　不同职业农户的户均粮食总产量变化

职业	2008 年		2009 年			2010 年			2011 年		
	户均粮食产量（斤）	样本数（个）	户均粮食产量（斤）	增长率（%）	样本数（个）	户均粮食产量（斤）	增长率（%）	样本数（个）	户均粮食产量（斤）	增长率（%）	样本数（个）
务农	7112.22	117	7957.39	11.88	150	7803.82	-1.93	151	7346.34	-5.86	127
务工	5889.59	37	6437.96	9.31	27	7134.00	10.81	25	6972.80	-2.26	25
做生意	6747.62	21	5349.74	-20.72	19	5323.08	-0.50	13	5554.55	4.35	11
教师及其他	6412.86	7	6926.40	8.01	10	8572.73	23.77	11	9363.90	9.23	25

5. 青年农民种粮产量最高

就不同年龄段农民户均粮食产量变化情况来看，30 岁以下农民 2008 年户均粮食产量为 3000.00 斤，2011 年增至 8500.00 斤，增长了 5500 斤，增幅较大，其中 2010 年增幅最大，为 178.75%。30～39 岁农民在 2008～2011 年的户均粮食产量分别为 7940.00 斤、7998.81 斤、10336.67 斤、8057.06 斤，其中 2010 年的增长率最高，为 29.23%。40～49 岁农民在 2011 年的户均粮食产量为 6520.70 斤，比 2008 年的 6827.10 斤降低了 306.4 斤。50～59 岁农民在 2011 年的户均粮食产量为 8379.51 斤，比 2008 年的 6995.38 斤增加了 1384.13 斤。60 岁及以上农民的户均粮食产量则先升后降（见表 22）。总的来看，30 岁以下农民的户均粮食产量逐年增长的幅度最大；30～39 岁和 60 岁及以上农民的户均粮食产量都是 2008～2010 年呈增长趋势，但 2011 有所下降；40～49 岁农民的户均粮食产量总体平稳略有下降趋势；50～59 岁农民的户均粮食产量在浮动中有所增长。

表22　不同年龄农户的户均粮食总产量变化

年龄	2008 年		2009 年			2010 年			2011 年		
	户均粮食产量（斤）	样本数（个）	户均粮食产量（斤）	增长率（%）	样本数（个）	户均粮食产量（斤）	增长率（%）	样本数（个）	户均粮食产量（斤）	增长率（%）	样本数（个）
30 岁以下	3000.00	1	7175.00	139.17	1	20000.00	178.75	1	8500.00	-57.50	1
30～39 岁	7940.00	21	7998.81	0.74	21	10336.67	29.23	15	8057.06	-22.05	17
40～49 岁	6827.10	83	7048.95	3.25	82	6945.00	-1.47	76	6520.70	-6.11	64
50～59 岁	6995.38	48	7576.59	8.31	58	7465.00	-1.47	60	8379.51	12.25	61
60 岁及以上	5747.35	31	7753.72	34.91	46	7866.47	1.45	49	7341.33	-6.68	49

6. 初中及以上学历的农户种粮产量偏高

就农民的学历来看，2008～2011 年，学历为文盲的农户户均粮食产量增加了 1952.91 斤，从具体增量来看，2011 年的增量最大，增长率高达43.16%，2011 年户均粮食产量达到 8362.00 斤。学历为小学的农户户均粮食产量在 2008～2011 年分别为 6480.64 斤、7044.59 斤、6580.49 斤、6367.62 斤，可见小学文化程度的农户户均粮食产量四年来呈现先增后减的趋势。学历为初中的农户户均粮食产量四年来呈现直线递增趋势。学历为高中及以上的农户四年来户均粮食产量分别为 6770.87 斤、8143.07 斤、7900.65 斤、6440.70 斤，2009 年的增长率最高，为 20.27%，而 2011 年户均粮食产量有所下降（见表23）。总的来看，初中、高中及以上农民的户均粮食产量基本上逐年递增，呈上升趋势。

表23　不同学历农户的户均粮食总产量变化

学历	2008 年		2009 年			2010 年			2011 年		
	户均粮食产量（斤）	样本数（个）	户均粮食产量（斤）	增长率（%）	样本数（个）	户均粮食产量（斤）	增长率（%）	样本数（个）	户均粮食产量（斤）	增长率（%）	样本数（个）
文盲	6409.09	11	6036.00	-5.82	15	5841.11	-3.23	9	8362.00	43.16	15
小学	6480.64	47	7044.59	8.70	58	6580.49	-6.59	41	6367.62	-3.23	42
初中	7180.32	77	7619.60	6.12	94	8227.88	7.98	72	8302.72	0.91	92
高中及以上	6770.87	46	8143.07	20.27	42	7900.65	-2.98	77	6440.70	-18.48	43

7. 生产投入增速高于粮食产出增速

就 2008 ~ 2011 年的生产投入与产出比较分析可知，2008 年亩均生产投入为 299.99 元，亩均粮食产值为四年最低，为 697.43 元；2009 年亩均生产投入较 2008 年高，为 321.24 元，但亩均粮食产值却未明显增加，为 700.33 元；2010 年亩均生产投入是 343.66 元，亩均粮食产值较前两年有所上升，为 809.79 元；2011 年的亩均生产投入有所增加，为 436.66 元，亩均粮食产值也相应地增加了，为四年来最高，达到 841.08 元（见表 24）。可见，亩均生产投入对粮食产值有一定的影响，但是粮食产值与投入并非保持同一比例同步增加。

表 24　2008 ~ 2011 年生产投入与产出比较分析

单位：元

年份	亩均生产投入	亩均粮食产值
2008	299.99	697.43
2009	321.24	700.33
2010	343.66	809.79
2011	436.66	841.08

注：亩均生产投入 = 亩均生产资料投入 + 亩均机械投入 + 亩均雇工投入。亩均粮食产值 = $A' \times A_p \times A_q + B' \times B_p \times B_q + C' \times C_p \times C_q$。其中，$A'$、$B'$、$C'$ 分别为水稻、小麦、玉米所占权重，p 为价格，q 为产量。

8. 农业投入越大粮食产量越高

通过考察生产投入不同的农户粮食产量状况可知，生产投入与粮食产量是紧密相关的。2008 ~ 2011 年，低投入农户的高产量占比呈上升趋势，依次为 0、2.00%、3.23%、30.16%，中等投入和高投入农户的高产量占比大体呈下降趋势；高投入农户的低产量占比除 2011 年外其余三年的变化不大，高投入农户的中等产量占比大体上呈上升趋势，依次为 26.09%、23.75%、28.41%、30.65%（见表 25）。由前文可知，四年的种粮产出 - 投入比分别为 2.32、2.18、2.36、1.93。可见，生产投入越少，低产量就越多，高产量就越少，即投入越少，产量越少。

表 25　生产投入不同的农户粮食产量状况

单位：%

年份	生产投入	低产量	中等产量	高产量
2008	低投入	75.00	25.00	0
	中等投入	26.15	47.69	26.15
	高投入	10.14	26.09	63.77
2009	低投入	76.00	22.00	2.00
	中等投入	31.51	50.68	17.81
	高投入	10.00	23.75	66.25
2010	低投入	77.42	19.35	3.23
	中等投入	44.44	41.98	13.58
	高投入	10.23	28.41	61.36
2011	低投入	34.92	34.92	30.16
	中等投入	33.33	33.33	33.33
	高投入	32.26	30.65	37.10

注：2008~2011年有效样本数分别为182个、203个、200个、191个。

9. 机械投入越大农业产出越高

就农户机械化程度与粮食产量的情况来看，2008~2011年，低机械化程度农户的低产量占比是逐年增长的，由50.00%上升到83.33%，中等机械化程度农户的低产量占比也基本呈逐渐上升趋势，但2011年有所下降，高机械化程度农户的低产量占比亦如此；就低机械化程度的中等产量占比来看，四年来是不断递减的，由2008年的46.67%下降到2011年的14.58%，中等机械化程度和高机械化程度的中等产量占比四年来则呈不规则变动；就不同机械化程度的高产量情况来看，低机械化程度和中等机械化程度四年来的高产量占比基本呈递减趋势，而高机械化程度则与之相反，大体呈递增趋势（见表26）。总的来说，机械化程度越高，粮食产量也越高。

表 26　机械化程度不同的农户粮食产量状况

单位：%

年份	机械化程度	低产量	中等产量	高产量
2008	低	50.00	46.67	3.33
	中等	7.32	34.15	58.54
	高	5.00	32.50	62.50

163

续表

年份	机械化程度	低产量	中等产量	高产量
2009	低	68.42	29.82	1.75
	中等	23.08	46.15	30.77
	高	10.45	25.37	64.18
2010	低	75.00	18.75	6.25
	中等	38.03	35.21	26.76
	高	14.46	33.73	51.81
2011	低	83.33	14.58	2.08
	中等	33.33	49.28	17.39
	高	2.67	29.33	68.00

注：2008~2011 年有效样本数分别为 111 个、189 个、186 个、192 个。

（三）种粮收益情况

1. 种粮收益低

调查分析农民不种粮的原因，在 90 个有效样本中，因"劳动力不足"而不种粮的占比最高，为 33.34%，其次是"收益低"和"其他"，占比均为 22.22%。"没地可种"和"地少不划算"的占比相同，均为 11.11%（见表 27）。由上述数据可以看出，认为"收益低"和"地少不划算"的合计占比为 33.33%。由此可见，接近四成的农户认为"收益低"或"地少不划算"而放弃种粮。相较于其他的赚钱方式，农民认为靠种粮挣不了钱，因此部分农户选择不种粮或少种粮。

表 27 农民不种粮的原因

单位：个，%

原因	有效样本数	占比
收益低	20	22.22
太辛苦	0	0
劳动力不足	30	33.33
地少不划算	10	11.11
没地可种	10	11.11
其他	20	22.22
合计	90	100

2. 农业补贴标准高于全国平均标准

考察河南省农业补贴情况，通过对 2008~2011 年农业补贴分析可知，

2008~2011 年亩均农业补贴金额分别为 86.09 元、82.47 元、80.38 元、95.36 元，2011 年亩均农业补贴较 2008 年增加了 9.27 元。2008~2011 年全国亩均农业补贴分别为 71.21 元、71.82 元、73.90 元、85.39 元（见表 28）。据此可知，2011 年河南省亩均农业补贴比全国亩均农业补贴高出 9.97 元。可见，作为农业种植大省的河南省，其农业补贴相对较高，增长幅度较大。

表 28　河南省农业补贴情况

单位：元，个

指　　　标	2008 年	2009 年	2010 年	2011 年
河南省亩均农业补贴	86.09	82.47	80.38	95.36
样本数	244	243	266	247
全国亩均农业补贴	71.21	71.82	73.90	85.39
样本数	2417	2816	4029	3076

3. 务工收入远高于务农收入

通过对务农和务工农户年收入比较分析，有 6.40% 的务农农户家庭年收入为 5000 元以下；在年收入为 5000~10000 元的农户中，务农农户占比比务工农户高出 9.76 个百分点；在年收入为 10000~15000 元的农户中，务工农户占比高出务农农户 1.41 个百分点；在年收入为 15000~20000 元的农户中，务农农户与务工农户比例约为 2∶1；在年收入为 20000 元以上的农户中，务工农户占比高出务农农户 20.9 个百分点（见表 29）。总之，家庭年收入在 10000 元以下的务农农户是务工农户的 6 倍多，在家庭收入为 20000 元以上的农户中，务工农户占比高于务农农户 20.9 个百分点。可以看出，务工家庭收入要高于务农家庭收入，这也反映了收入是影响农民种粮积极性的一个重要因素。

表 29　务农农户与务工农户的年收入比较分析

单位：%

职业	5000 元以下	5000~10000 元	10000~15000 元	15000~20000 元	20000 元以上
务农	6.40	12.79	4.65	12.21	63.95
务工	0	3.03	6.06	6.06	84.85

注：务农农户与务工农户的有效样本分别为 175 个、16 个。

4. 种植规模与补贴收入成正比，但中等规模和大规模粮食种植处于下降趋势

2008～2011 年，种植面积为 0～4 亩的农户享受低额补贴的比重分别为 64.23%、78.46%、71.97%、82.00%；种植面积为 4～8 亩的农户享受中等补贴的比重分别为 77.01%、72.82%、81.13%、79.38%；种植面积为 8 亩以上的农户享受高额补贴的比重分别为 90.00%、94.12%、86.49%、61.54%。从表 30 可以明显看出，种植规模越大，补贴收入越高。此外，种植面积为 8 亩以上的农户分别享受的中等补贴和高额补贴的比例整体呈下降趋势，种植面积为 0～4 亩的农户享受低额补贴的比例整体呈上升趋势。这说明中等规模和大规模的粮食种植在不断缩小，小规模的粮食种植呈现不断扩大趋势。

表 30　享受不同程度农业补贴的农户种植规模情况

单位：%，个

年份	农业补贴	0～4 亩	4～8 亩	8 亩以上	有效样本
2008	低额补贴	64.23	27.73	8.03	137
	中等补贴	3.45	77.01	19.54	87
	高额补贴	0	10.00	90.00	20
2009	低额补贴	78.46	20.00	1.54	130
	中等补贴	2.91	72.82	24.27	103
	高额补贴	0	5.88	94.12	17
2010	低额补贴	71.97	20.45	7.58	132
	中等补贴	2.83	81.13	16.04	106
	高额补贴	0	13.51	86.49	37
2011	低额补贴	82.00	14.00	4.00	100
	中等补贴	13.40	79.38	7.22	97
	高额补贴	1.92	36.54	61.54	52

三　河南省粮食生产中存在的问题

（一）土地利用效益不高

1. 抛荒现象日益严重

调查统计数据显示，2008～2011 年河南省农地抛荒总面积是逐年增加的，分别为5.0亩、8.4亩、13.7亩、96.3亩。可以明显看出，2011年抛荒总面积是2008年的近20倍。就人均抛荒情况而言，2008～2011年人均抛荒面积分别为1.67亩、1.40亩、2.74亩、6.02亩，2011年人均抛荒面积是2008年的3.6倍（见表31）。这表明，在粮食直补的刺激作用下，河南省农地抛荒现象并没有得到抑制，反而出现抛荒面积逐年增加的趋势。据调查，近年来土地半抛荒和变相抛荒现象也日益严重，农民反映，"种粮哪能发得了家呀，想发家就得出去打工，现在村里很多进城打工者要么不种地，要么只种小麦保证口粮"。作为我国粮食生产主产区的河南，土地抛荒和半抛荒现象无疑在一定程度了造成了农业用地的浪费，反映出了农业生产中土地利用效率不高的问题。

表31　农地抛荒情况

单位：亩

抛荒面积	2008 年	2009 年	2010 年	2011 年
总面积	5.0	8.4	13.7	96.3
人均抛荒面积	1.67	1.40	2.74	6.02

2. 土地流转率不高

考察农户之间的土地流转情况得知，2009～2011年，河南省农户没有进行土地租入的占比分别为89.39%、94.26%、91.95%，没有进行土地租出的比例分别为92.88%、96.28%、88.12%（见表32）。据此可以计算出参与过土地租入的农户比例分别为10.61%、5.74%、8.05%，参与过土地租出的农户比例分别为7.12%、3.72%和11.88%。可以看出，河南省约有一成农户参与过土地流转，这也说明了河南省土地流转率低。此外，在参与土地流转的农户中，2009年57.89%的农户土地租入面积为0～2亩，2010年分别有农户土地的租入、租出面积为2～4亩，2011年74.19%的农户土地租出面积为0～2亩（见表33）。可见，河南省土地的流转仅是分散的小规模出租，难以形成连片流转。此外，家庭联产承包责任制造成土地分散经营，这也为种粮大户统一耕作、规模经营带来了诸多不便，提高了生产成本，降低了土地的利用效率。

表32　2009～2011年土地流转情况（按有没有流转统计）

单位：%

土地流转	2009 年		2010 年		2011 年	
	租入	租出	租入	租出	租入	租出
没有	89.39	92.88	94.26	96.28	91.95	88.12
有	10.61	7.12	5.74	3.72	8.05	11.88

表33　2009～2011年土地流转情况（按流转面积统计）

单位：%

土地流转	2009 年		2010 年		2011 年	
	租入	租出	租入	租出	租入	租出
0～2 亩	57.89	30.00	29.41	36.36	38.10	74.19
2～4 亩	15.79	35.00	35.29	36.36	23.81	9.68
4～6 亩	10.53	25.00	5.88	9.09	28.57	12.90
6 亩以上	15.79	10.00	29.41	18.18	9.52	3.23

3. 家庭式分散种植为主

河南省粮食生产主要以家庭式的小规模分散生产为主。对农民种粮目的进行分析，在69个有效样本中，认为种粮是为了"增加家庭收入"和"拿粮食补贴"的比重均为20.29%，"满足自家需要"的比重为18.84%，"既为自给，也为增收"的比重为17.39%（见表34）。可以看出，约三成半农民种粮的目的是保证口粮。前文数据分析表明，2011年水稻、小麦和玉米的户均种植面积分别为2.44亩、3.68亩、4.04亩。可见，家庭式的粮食种植规模较小。保证口粮的种粮目的是影响家庭式粮食种植无法规模化、专业化的重要因素。从农民种粮的态度来看，在467个有效样本中，农民表示"很认真"种粮的占比为34.90%，表示"不认真"种粮的占比为65.10%（见表35）。可见，种粮"不认真"的农户比重是种粮"认真"的农户比重的近2倍。综上可知，农民对种粮的积极性不高，超过六成农户种粮"不认真"，农民对种粮的态度也从侧面反映了种粮已经成为农民的"副业"。

表 34   农民种粮的目的分析

单位：个，%

种粮目的	有效样本数	占比
满足自家需要	13	18.84
增加家庭收入	14	20.29
既为自给，也为增收	12	17.39
拿粮食补贴	14	20.29
自家劳动力工作	11	15.94
其他	5	7.25
合 计	69	100

表 35   农民种粮的态度分析

单位：个，%

种粮态度	样本数	占比
很认真	163	34.90
不认真	304	65.10
合 计	467	100

（二）可持续发展能力低

1. 农田基础设施薄弱

就河南省农田水利设施情况而言，2011 年调查数据表明，在 18 个有效样本中，没有电排的村庄有 10 个，占总样本的比重为 55.66%，没有水井堰塘的村庄有 1 个，占总样本的比重为 5.56%；没有水库的村庄有 13 个，占总样本的比重为 72.22%。同时，在拥有农田水利设施的村庄中，不能正常使用的水井堰塘有 77 口，占总数量的比例为 16.59%，年久失修水库有 3 个，占总数量的比例为 37.50%（见表 36 和表 37）。由此可见，一半以上的村庄没有电排，约一成半的水井堰塘无法正常使用，约四成的水库因年久失修而失去了使用价值。从以上数据可以看出，河南省作为农业大省，农田水利设施却陈旧落后，无法满足农业生产的需求，这也说明河南省的农田水利建设情况与其作为粮食主产区的地位不相符。调查中，很多村干部反映，在建设农田水利设施方面，由于没有政府财政补贴，村庄只能是心有余而力不足。由于投入不足，农业基础设施普遍落后、老

169

化，很难对农业生产提供持续的保障和起到促进作用，农业基础设施薄弱成为农业发展和农民增收的瓶颈。

表36　村庄农田水利设施情况

农田水利设施	指　标	是否有农田水利设施	
		有	没有
电　排	样本数（个）	8	10
	占　比（%）	44.44	55.66
水井堰塘	样本数（个）	17	1
	占　比（%）	94.44	5.56
水　库	样本数（个）	5	13
	占　比（%）	27.78	72.22

注：有效样本数为18个，缺失值为1。

表37　村庄不能正常使用的农田水利设施情况

不能使用的水利设施	样本数（个）	总数（口）	占比（%）
不能正常使用的水井堰塘	77	464	16.59
年久失修水库	3	8	37.50

注：有效样本数为18个，缺失值为1。

2. 农业技术支持能力不强

考察河南省农业科技的推广和运用情况，通过对256位种粮农户的种粮技能进行调查分析得知，75.39%的农户凭借经验进行田间管理，20.31%的农户通过与村民交流进行田间管理，通过看电视获得田间管理技能的比重为3.13%。而通过其他途径如网络、书报、专业技能培训获得田间管理技能的占比仅为1.17%（见表38）。这说明农户在种田过程中运用的科技水平非常低，这就在一定程度上影响了粮食种植效益的提高，制约了现代农业的发展。

进一步考察政府对农业科技的推广情况，在参与回答"政府是否组织过农业科技下乡活动"的251个种粮农户中，"不清楚"政府是否组织过种田信息服务活动的占比为69.72%，认为政府"从没有"组织过农业科技下乡活动的占比为19.92%，认为政府"经常有"这样的活动的占比仅为1.59%，认为政府"偶尔有"组织科技下乡活动的占比为8.76%（见

表39）。这说明目前河南省政府对农业科技下乡的宣传和推广力度还不够，加大农业科技的投入和运用是河南省打造现代农业、打造粮食核心产区、提高粮食产量和收益的关键，因此，政府要加大对农业科技宣传和推广的力度。

表38 农户获得田间管理技能的途径

单位：个，%

指 标	与村民交流	看电视	凭借经验	其他
样本数	52	8	193	3
占 比	20.31	3.13	75.39	1.17

注：其他包括上网、听广播、看书报、参加培训等。有效样本数为256个，缺失值为11。

表39 政府是否组织农业科技下乡活动

单位：个，%

指 标	不清楚	从没有	经常有	偶尔有
样本数	175	50	4	22
占 比	69.72	19.92	1.59	8.76

注：有效样本数为251个，缺失值为16。

（三）抵御风险能力不强

1. 抵御自然灾害能力差

由上文分析可知，作为粮食主产区的河南省农田水利设施薄弱，不仅设施老化陈旧甚至废弃，而且很多村庄没有灌溉沟渠，这些都给农业生产带来了极大隐患。作为粮食生产大省的河南省农田水利设施建设滞后，农业抗旱排涝能力差，在一定程度上仍是"靠天"吃饭，一旦遇到旱或涝便无力抵抗，制约了粮食产量的提高，也挫伤了农民的种粮积极性。

同时，进一步考察农业生产的制度保障情况，就农业保险的落实情况来看，农业保险"没有落实"的占比最高，为36.27%，"落实较少"的占比为32.35%，"不清楚"的占比为11.75%（见图2）。由此可见，农业保险在农村的落实情况不容乐观。农业保险完全落实的占比仅为1.97%。可见，政策性的农业保险落实情况会直接影响农民的种粮收益。2008～

171

2011 年，河南省农户参加农业保险的比例分别为 9.31%、15.66%、16.13%、14.63%（见表40）。可以看出，河南省农户参加农业保险的比例总体处于上升趋势。但是，值得注意的是，约八成半农户没有参加农业保险，这也说明农户种粮在遭遇自然灾害时没有完善的保障机制分担风险。

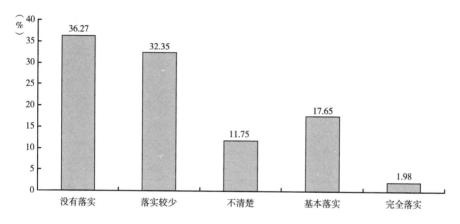

图 2　农业保险的落实情况

表 40　2008～2011 年农民参加农业保险情况的比较

单位：个，%

是否参加农业保险		2008 年	2009 年	2010 年	2011 年
参加了	样本数	23	44	45	36
	占　比	9.31	15.66	16.13	14.63
没有参加	样本数	224	237	234	210
	占　比	90.69	84.34	83.87	85.37

注：2008～2011 年有效样本数分别为 247 个、281 个、279 个、246 个。

2. 应对市场风险能力弱

种粮大户的风险意识较强，对市场较为敏感。根据河南省的调查结果，种粮大户的发展正面临流转土地不稳定、种粮收益不稳定、生产性贷款难等问题。一方面，近年来随着国家支农、惠农政策的落实，土地的价值不断上升，土地流转价格直线上升，且土地流转协议多为短期，一两年的居多，土地流转出去的农民就业不稳定，变数很大，随意性也很大，这就增加了种粮大户的种植成本和种植风险。另一方面，市场价格波动大是影响种粮大户平稳发展的一个重要问题。近年来，虽然国家实行了粮食最低收购价政策，粮食价格得到一定提升，但由于农业生产资料价格不断上涨，极大地压缩了种粮的收益空间，市场价格的波动和缺乏市场信息指导下的盲目投资，都给种粮大户带来了风险。此外，贷款难是种粮大户面临的一个最普遍的问题。很多种粮大户是农村土生土长的农民，他们在银行或信用社等正规金融机构获得贷款难，即便争取到了贷款，也存在手续繁杂、审批时间长、担保要求高以及贷款额度小、利率高等问题，这也使得部分种粮大户很难通过正规金融机构获得贷款。种粮大户由于种植规模大，前期生产投入资金需求大，而及时和有效的生产投入是保障生产产出的前提和基础，所以资金短缺、贷款难的问题尤为突出。

四　对河南省未来种粮的几点建议

通过上述数据分析，我们可以得出以下基本判断。目前，河南省粮食生产的"小规模化""老年化""兼业化"现象突出，河南省粮食种植虽然能在一定程度上保障粮食的自我供给，但是也面临诸多隐患，如生产成本逐年提高，粮食产量却无法稳步增加，粮食商品化程度有下降趋势等。这就需要采取针对性措施破解当前河南省的种粮隐忧，进一步保障农业大省的粮食安全。

（一）鼓励规模经营，促进种粮人员的专业化

1. 推动土地适度集中化

土地流转是促进规模种植的重要手段，目前河南省大部分地区的土地流转以熟识的农户私下商定为主，很少签订流转合同，存在不规范问题。要在稳定家庭联产承包责任制的基础上，推进土地承包经营权流转，把农业从家庭分散经营转向适度规模经营。在土地流转率较高的地区，由当地政府成立土地流转办公室，积极引导土地使用权有序流转，促进土地适度规模生产，或者成立土地交易监管中心，健全交易体系，为流转双方提供信息沟通、法规咨询、价格评估、合同签订、纠纷调解等服务，规范土地承包经营权流转，促进种粮大户稳定发展，保证农村土地流转进入有序、规

范的轨道。在土地流转率较低的地区，让种粮大户在利益驱动下积极接包老年农户和外出务工农户的责任田，不断扩大生产规模，在财政预算中安排一定额度的种粮大户专项扶持资金，按规模和产粮水平奖励种粮大户。

2. 培育专业种粮大户

推进务农"专业化"，这就需要完善相关法律条款，鼓励村民委员会推进农地集中，遏制抛荒，培育专业种粮大户。政府要举办各类农业技术培训，加大对种粮大户的技术培训力度，提高农民的种植水平，还可以利用各种媒体宣传种粮大户的致富经验以及对社会的重大贡献，营造全社会支持大户、争当大户、发展大户的良好氛围。

（二）健全补贴机制，带动农民的种粮热情

1. 加大技术投入

利用先进技术降低粮食安全成本，提高粮农种植积极性。一是可以为农民提供必要的信息支持和技术指导，可通过广播和手机定期为农民提供天气预报等信息服务。同时，结合农民的休闲时间和实际需求开展生产技术培训，如粮食高产技术、节水灌溉技术、化肥使用技术、新农作物品种栽培技术、培养地力的施肥配肥技术等培训，使农民通过掌握新的技术，促进粮食单产的提高，充分发挥粮食主产区维护粮食安全的主导作用。二是由政府引导，建立农业科技试验基地，搭建农业教育科研机构与农户有效连接的平台。鼓励农业技术人员、科技推广人员与农民合作，使双方成为利益连带的整体，科研需要农民，农民需要科技，真正使科研成果和实践效应落到实处。

2. 加大补贴力度

当前农民不愿种粮的首要原因是种田收益低，因此除了改变传统的生产经营模式外，还要加大对种粮农民的补贴力度。一是建立阶梯补贴标准，即随着种植规模的扩大，农业补贴金额递增，充分调动农民种粮的积极性，引导农民规模种植。二是相应调整农业补贴的发放标准。将以所有权为标准的补贴方式转为以经营权为标准，即谁种地谁享受农业补贴，这样就会使得拥有小块土地且不耕种的农民无利可图，自愿让出土地经营权。河南省作为国家粮食的主产区，还要加大对区域内粮食生产核心区的补偿力度，对产粮大市给予奖励。

（三）完善保障机制，增强农民的种粮信心

1. 落实农业保险制度

针对河南省农业保险参保率低、贯彻落实不到位的现状，要提升参保水平，增强农民的种粮信心。首先，政府要加强农业保险制度的宣传和引导，提高农民的参保意识和规避风险意识。其次，政府要加大对保险公司信誉的监管力度，保障农民在遭遇风险后能及时得到赔付，提高农民对保险公司的信任度。最后，保险公司要进一步提高经营水平，健全网络体系，提高服务能力。在坚持各行其责的基础上，加强政府、企业、农民三个主体之间的互动和沟通，提高农民承担风险的能力。

2. 加强农业基础设施建设

一是加强水利设施建设，依据河南省农田水利建设规划，整体推进农田水利工程建设和管理，政府尤其要加大对小型农田水利设施建设的支撑补贴力度，采取以奖代补等多种形式，鼓励农民投工投劳兴建小型水利设施，改变靠天吃饭、自然种植的局面。二是大力发展节水灌溉，对节水灌溉机具和设备给予补贴，提高水资源的利用效率和效益。三是健全和完善农田排灌系统，加强对重点河流的治理，落实病险水库除险加固资金的投入，增强粮农抵抗自然风险的能力，保证粮食产量。

3. 加强对农资产品价格的监管

一方面，国家应对化肥农药等生产企业进行价格调节，降低生产成本，进而降低产品的售价，使农民不再因农资价格的上涨而失去种粮的积极性，真正让农民得利。另一方面，政府要加强对农资市场的价格监管，力保农产品价格的稳定。对产品的产、供、销环节实行限价，同时加大执法力度，净化农资市场，改革农资经销体系，实现生产、销售、使用、监管一体化，有效遏制劣质产品侵害粮农利益的行为，让农民买到价格合理的放心种子、安全肥料、无公害农药。此外，政府还可以根据农资市场的波动情况，给予农民适当的农资、农机补贴，创新补贴的种类，最终达到降低农民种粮成本的目的。

（四）提高组织化程度，提高粮食生产的效率

1. 加快推进农业合作化的发展

政府在推动农业生产规模化的过程中，可以引导农户建立区域性自治

组织，加快规模主体培育，成立粮食生产专业合作社，如农业种植协会、农业种植合作社等，以会员的形式加入种植组织，发展种粮大户。第一，中等规模和大规模粮食种植农户可以尝试进行合作，实现"强强联合"，以扩大种植规模，实现规模化经营和管理。第二，政府可以引导中小规模种植农户与分散农户建立粮食种植合作社。在协会或合作社内部实现采购、销售统一化并实现资源的共享化。第三，政府可以帮助专业性粮食种植大户与中小规模种植农户及分散种植农户建立合作关系，通过"大户带动小户、大户帮助小户"改变传统的分散模式，提高粮食种植的效益。此外，合作社和种粮大户可以积极应用新的优良品种和先进栽培技术，建立技术示范产区，从而有力地促进河南省的粮食规模化经营。

2. 鼓励农企互动合作

河南省作为粮食生产大省，可以创新粮食种植、销售模式，建立农户 - 企业互动生产模式，即规模化粮食生产农户通过政府或者合作社与国内食品加工企业进行互动、合作的种植模式。在这种模式下，企业可以为种植大户提供良种、化肥、农药、农业保险等农业生产资料，并对农户进行农田技术及田间管理的指导，而农户只负责进行规模化和专业化种植。这种模式可以大大降低农户的种植成本，农户也不用承担过多的自然风险和市场风险，同时可以提高粮食生产的质量和效益。

新型农民专业合作经济
组织的调查研究[*]

樊红敏[**]

十七届三中全会决议提出发展农民专业合作社之后，发展农民专业合作社成为完善农村基本经营制度的一个重要方向，并且在深化农村改革的几个重要措施中扮演着关键角色。那么，新型农民专业合作经济组织的实践效能究竟如何？合作社制度的嵌入对农业经营的组织方式和农户组织化产生了什么影响？对此，笔者对河南省 A 县和 B 市的农民专业合作社进行了深入调查研究。调查结果显示，新型农民专业合作经济组织出现了内卷化的现象。所谓新型农民专业合作经济组织的内卷化，是指农民专业合作社虽然具有合作经济的制度形式，但没有发挥出合作社应有的功能，农户经营组织化程度没有出现从松散到紧密、从低级到高级的变革过程；在农户组织化方面，合作社也没有改变农户的合作困境，小农的组织化程度并没有得到提高；从性质上讲，虽然合作社在数量上有了迅速增长，但并没有使小农经济的性质发生实质性改变，没有出现预期的农业现代化的革新和演变。

一 农民专业合作经济组织的发展状况

（一）样本县基本概况

A 县位于河南省东部，总面积为 1243 平方公里，人口为 105 万人，属

* 本文为 2008 年国家社会科学基金项目"县域政治运作的实践逻辑与改革方向"（项目编号：08CZZ006）以及 2010 年国家社会科学基金项目"新形势下我国农民专业合作社发展的长效机制研究"（项目编号：10CSH039）的阶段性成果。

** 樊红敏，博士，郑州大学公共管理学院副教授、硕士生导师。

于人口大县、农业大县，县域经济实力在河南省位居中下游。A县合作社主要是在《合作社法》颁布实施以后发展起来的，截至2011年3月，该县在工商局注册的合作社已达到155家，其中养殖类合作社41家、农机合作社21家、种植类合作社74家，省级示范社3家、市级示范社4家、县级示范社20家。

B市位于河南省中北部，市域总面积为908平方公里，人口为62.7万人，市域经济实力在河南省居前5位。B市是较早开展农民专业合作社试点的先进市，早在2005年，B市就因为合作社的先进典型性而受到农业部的重视，农业部和各地前来调研合作社的市、县可以用"络绎不绝"来形容。2007年《合作社法》颁布实施以后，该市的合作社取得了平稳发展，目前在工商局注册的合作社达到197家。以养殖类合作社为例，养殖类合作社有60家，在工商局注册的有35家，其中国家级示范社1家、省级示范社5家、市级示范社6家。

之所以选取这两个县（县级市）为样本，原因有两点：其一，两个县（县级市）的经济发展状况不一样，以两个经济发展水平不同的县（县级市）为样本可以增加合作社制度演进判断的有效性；其二，两个县（县级市）的合作社发展起步不同，以起步不同的两个县（县级市）为样本，可以较全面地了解中部地区农业合作社的发展概况，得出的结论也更接近现实。本文中未注明资料来源的数据为数次田野调查中获得的，或者来自两个县（县级市）未公开出版的各种相关文件、通知、工作总结等。

（二）农民专业合作经济组织内卷化的主要表现

第一，合作社在组织农户方面发挥的作用有限，有专业农户而无农户组织化。具体表现为以下两个方面。

其一，合作社"形式化"现象严重，绝大多数面临生存困境，总体呈现"小、散、弱"状况。根据笔者对A县合作社的田野调查，该县大部分合作社只是挂个牌子；少部分合作社虽然在运行，但生存艰难；取得较好发展的只是个别的合作社。被A县农业局认为是最具有代表性、运转较好的合作社，如绿洲大蒜合作社、绿康蔬菜合作社，也只能为社员提供少量的技术支持和信息服务，合作社的自主赢利能力较差，社员并没有实质性入股。农民加入不加入合作社，没有多大的区别。A县农业局负责合作社的崔站长在谈到如何让合作社赢利以及通过合作社真正让农民受益等问题时说，"我也感觉很迷茫"①。在对合作社理事长的访谈中，每一个合作社的理事长谈到的第一大困难就是资金问题。从 B 市合作社的发展情况看，运转得好的合作社"寥若晨星"②。合作社主要有两种。一种是在政府考核与监督下成立的合作社，其管理机构成员忙于自己的事务，合作社只是挂个牌子，没有发挥实质性作用。用当地一位干部的话来说，就是"合作社要想运转得好，理事长就要抽出时间协调合作社的各种关系，甚至还要搭上金钱，让他们在奉献精神的支配下办合作社不现实"。另一种是公司化的合作社。一些涉农的如养殖、农产品加工类的公司，为了利用国家对合作社的相关扶持政策而领办的合作社，虽然挂着合作社的牌子，但实质上是一个公司。在对 B 市王村镇合作社的调查中，有一家从外地搬来的养牛公司同时挂了个合作社的牌子，在访谈中，该公司负责人对合作社社员组成及出资比例、活动开展等情况都说不清楚。这些公司往往是"一个公司、两块牌子，哪个有益就用哪个"③。这类合作社在 A 县虽然也有，但比较少；而在 B 市，这类合作社则占了很大的比重。

其二，合作社发展面临内部治理困境和合作难题。如果说 A 县合作社发展面临的最突出问题是资金问题和生存困境的话，那么 B 市合作社面临的最突出问题则是其公司化比较明显，合作社成员各自为政，导致合作社内部治理失灵。曾经主抓农业、在合作社方面堪称专家的 B 市政府领导 L 主任谈到了一个现在已经消亡的某韭菜合作社的内部治理困境："该韭菜合作社与思念水饺食品公司签订了供货合同，对方要求所销售的韭菜农药残留要达到一定的标准。当时理事长向我提要求，要求给他们提供一台电脑，我说可以，条件是你得把合作社的社员管理好，把所有社员编号，对农药残留进行治理和监管，违规 1 次在名字后面做标记，对于违规 1 次怎么处罚、违规两次怎么处罚要制定标准，超过多少次，就要开除出合作社。但理事长很为难，他说社员都是叔叔或大伯，没法管理，结果第二年思念水饺食品公司就不跟该合作社签合同了。"④

---

① 来源于对 A 县农业局农经站崔站长的访谈材料。
② 来源于对 B 市一位领导的访谈材料。
③ 来源于对王村镇一位镇政府工作人员的访谈材料。
④ 来源于对 B 市政府一位县处级领导的访谈材料。

　　B市的广武大葱合作社理事长也谈到了内部治理困境。广武大葱在当地非常有名，但合作社的内控机制较差。例如，针对农药残留超标问题，合作社难以强制约束每个成员都不使用高浓度农药。另外，"与收货商签订合同后，到收获的季节，合作社无法在价格上占据主动地位，签订合同的收货商可以保证收取物品，但是并不能保证以较高的价格来收取物品"①。这导致合作社失去吸引力，农户在生产、采购、销售等环节仍以家庭分散经营为主。由于社员之间、理事长与社员之间相互不信任，合作社内难以形成有效的合作。农户组织化的一个重要方面，就是通过合作社的内部合作培育社员的合作能力。但在所调查的合作社中，除了极个别的退休干部、有经济实力和奉献精神的大户以外，大多数合作社理事长都面临内部治理的困境。

　　第二，合作社发展背离了社员共同利益最大化原则，难以实现互惠性。合作社的本质规定性有两个：一是惠顾额返还等原则背后所隐含的自我服务的本质规定性，即以满足社员利益为宗旨和组织发展导向的本质规定性；二是以一人一票为基础的民主控制的本质规定性。合作社作为一种经济组织形式，其意义主要是使社会弱势群体能够以自助的办法为自己争取更好的生存与发展条件。《合作社法》规定，合作社要"以服务成员为宗旨，谋求全体成员的共同利益"。在中国农业现代化发展中嵌入合作社制度的一个重要出发点，也是要通过合作社改变兼业农户在市场经济条件下的弱势地位，有效保护和增进农民利益。从A县和B市合作社的发展状况来看，除少数合作社以外，大部分合作社难以实现互惠性，这主要表现在两个方面。其一，合作社带头人以功利为目的，部分合作社沦为"农资老板"型理事长短期垄断谋利的招牌和手段。这种合作社在A县和B市都存在，而A县由于缺乏资本的推动，合作社带头人向合作社社员推销农资产品、病虫害防治药物等的功利性更强，用当地一位农民的话来说，"万变不离其宗，最终目的还是卖给你东西"。A县的大丰收植保合作社理事长原是一位农业技术员，见多识广，他以合作社之名推广富硒肥料、种子、农药等农资产品，虽然他一再强调成为大丰收植保合作社社员的种种好处，但实际上社员和非社员的区别并不大，他这样声称的目的是为更方

---

　　① 来源于对B市广武大葱合作社理事长的访谈材料。

便地销售农资产品。其二，合作社的资本化。资本化的合作社有两种类型。一种类型是龙头企业牵头成立的合作社。龙头企业以合作社的名义组织农户参与同种产品的生产，以订单的方式降低种植业或养殖业的风险，但龙头企业与农户之间的合作并不紧密，龙头企业追求的是自身利益的最大化，参与合作社的农户由于缺乏资金和谈判能力，仍然处于弱势地位。这种类型的合作社在 B 市比较多见，如王村镇的水产养殖合作社，合作社成员本身属于水产公司，追求的是自身企业的不断壮大，他们并不在意合作社本身有没有发展。而王村镇为了方便对黄河湿地水产养殖户的管理，也直接介入了对合作社的管理中。也就是说，合作社并不能因社员个体的发展而得到发展。另一种类型是实现土地规模化经营的合作社。例如，B市的西大村蔬菜合作社理事长是西大村的村支部书记兼村主任，他转租了农户 1000 多亩土地实行规模经营，然后聘用村民作为雇工从事农业劳动，以工资形式支付报酬。这类合作社实际上变成了一个农业公司，社员难以随合作社的发展而分享到利益。

第三，合作社的功能发挥有限，农业经营组织化程度没有发生实质性改变。从农业产业组织方式的变革来看，农业经营仍然以小农经济为主，以合作社为中介的"大农"格局没有形成。对于合作社，比较一致的看法是：合作社是一种兼有企业和共同体属性的社会经济组织。农民专业合作社作为一种有效率的制度安排，其本质特点是：处于弱势地位的农民，在自愿互助和平等互利的基础上，通过经济联合的方式，将家庭经营的个体劣势转化为群体优势，在更大范围、更广空间内实现资源的优化配置，实现外部利益的内部化和交易成本的节约，减少经济活动的不确定性，共享合作带来的经济剩余。这就意味着，合作社的一大功能是提高农户在市场竞争中的谈判能力和经济效益，实现小农户和大市场的对接。但是，在当前产业资本已经大举进入农业的情况下，真正意义上的由农户组成的合作社，受资本等因素的限制，其实力相当弱，在小农户与大市场的对接方面，很难构建自己的销售网络，从而难以单独拓展市场，最多能提供一些价格信息。以 A 县绿洲大蒜合作社为例，合作社虽然有了自己的品牌和无公害认证，但品牌知名度低，加之没有实行无公害市场准入机制，合作社也没有资金和风险承受能力收购社员的大蒜并实行统一销售，因此，最终还是由农户自主决定大蒜出售的时机和价格。B 市的灵素合作社统一种植硅珍小麦，灵素合作社理事长谈到，虽然硅珍小麦、硅珍面粉、硅珍面条、硅珍馒头已经成为品牌，但目前"品牌还没有打出去，规模很小，面临销路窄的困境，贷款难，不容易扩大规模"。对于农户而言，合作社只是一个松散的组织，面对残酷的市场竞争，难以发挥有效的作用。另外，多数合作社的资金有限，很难在农业产业化方面有所作为，农业经营方式仍然是分散的小农户家庭经营。从调查情况看，虽然在 B 市已经出现了通过合作社实现土地流转和规模经营的合作社，但两个案例中的合作社理事长都是村支部书记，他们作为村干部的动员能力无疑在土地流转中发挥了较大作用，而这两个合作社也无一例外地被公司化，社员失去了独立性。

二 新型农民专业合作经济组织内卷化的原因分析

（一）合作社制度安排与制度环境不相容

笔者在农业大县 A 县调查时的一个最大感受是，虽然自 2003 年以来国家已经开始有计划地实行"以工补农"政策，但当前的农业产业仍处在一种"破产"的制度锁定状态。如果政府没有给农民留下任何一个可以生成利润的领域，而让农民在没有效益甚至是负效益的农业生产领域中开展合作，农民就不会有合作的动力，也不可能形成合作。事实证明，在合作社发展的过程中，如果没有外部力量的支持，尤其是来自政府的引导和扶持，单靠农民内部的自发力量来推动农民专业合作经济组织的发展是非常困难的，也是十分缓慢的。为了与没有效益的农业产业政策环境相适应，绝大多数兼业农户中的青年人都选择离开家乡外出打工。事实上，从接受调查的两个县（县级市）近 40 家合作社的情况来看，合作社理事长的年龄都在 45 岁以上，最大的超过了 70 岁，而从事种植业的农民年龄也大都在 45 岁以上，且以女性和老年人居多。因此，只有让农民专业合作经济组织进入那些能够产生利润的领域（如金融、保险、水利等），通过农民合作形成规模经营并生成规模效应，农民专业合作经济组织才能存在并得以发展。

（二）合作社具有名不副实的"暧昧面目"

合作社作为独特的市场主体，既不是公益性组织，又不是企业法人组织，难以独立承担民事经济责任，在竞争性市场环境中容易受到歧视和排斥。《合作社法》颁布实施以后，合作社在工商部门一律注册为法人组织；B市工商局的侯局长也强调，合作社就相当于企业法人。然而，合作社的注册资金并不需要验资，这表面上看是降低了合作社成立的门槛，有利于推动合作社的发展，而实质上却导致合作社不能成为真正的市场主体和"法人"。对于种植类合作社而言，土地归集体所有，既不能抵押，也不能拍卖，因此，虽然《合作社法》规定"国家政策性金融机构应当采取多种形式，为农民专业合作社提供多渠道的资金支持"，但合作社还是无法从金融机构获得贷款。贷款难是所有合作社提出来的合作社发展的第一大困难。另外，合作社的资产和自有资金很少，社员队伍不稳定且人员可以自由退社，这造成了合作社不仅没有实力而且缺乏商业信用。没有资产作为抵押，交易中承诺的可信程度很低，履行合同规定义务的可约束性自然也是脆弱的。合作社要在市场竞争中发展壮大，股份化不可避免。

（三）农民的行为逻辑仍然是生存理性

生存理性是指农民的行为选择以安全第一为行为原则，而不是追求效益的合理化和利益的最大化。在调查中，许多县、乡干部都把合作社无法实现合作归结为农民社员的诚信问题，认为"农民只看眼前利益""农民事不关己，高高挂起，对合作社不关心""农民合作意识比较差，相互不信任""养殖户互不服气、互相封锁、互相攻击""办好合作社取决于社员和理事长的素质""农民的观念需要改变，但比较难，这个过程也非常缓慢"[①]。事实上，不管是将合作社无法合作归结为农民素质问题还是观念问题，农民的行为选择都是基于生存理性。以B市河阴石榴合作社的统一包装问题为例，河阴石榴合作社为了树立品牌形象要求统一包装，使用合作社统一购进的质量好且印有商标和品牌标识的包装箱，而一些农民为了节省费用，私自用那些非常粗糙又便宜的包装箱。对于农民而言，由于卖出河阴石榴并不难，所以他们选择便宜的包装箱，以降低成本为原则，而合作社追求的却是利润最大化和长期利益。

---

① 来源于对A县和B市干部的访谈材料。

（四）合适的合作社领头人极其缺乏

"小农"自发组织起来变成"大农"，合作社领头人扮演着关键性的角色。在调查的两个县（县级市）中，有一半以上的合作社理事长是村支部书记，相对而言，村支部书记比较有威望，又拥有组织资源，在合作社管理和发展方面具有一定的优势。但正如B市农委荆主任谈到的，合作社理事长要有"菩萨心"和"厂长心"，既要有奉献精神，又要有经营管理能力。在A县和B市，运转得比较好的几个合作社，都是因为有非常能干而又有奉献精神的领头人。例如，A县运转得比较好的兴发养牛专业合作社，之所以能实现统一的饲料和药品供应、销售价格协商、检疫等，与现任合作社理事长、原畜牧局局长的个人能力有关，他在合作社的发展中发挥了较大的作用。又如，B市的郑州养猪联合社，之所以能发展成为一个由23个专业合作社、2个种猪厂、饲料厂、3个兽药门市部组成的非常有实力的大合作联社，是因为联合社理事长鲁百顺既是一位有实力的企业家，也具有奉献精神。在合作社没有赢利的最初阶段，鲁百顺理事长都是自己掏钱办培训班和支付合作社的日常开支，将自己家作为开会地点。在当前合作社发展形势严峻、成员禀赋参差不齐的情况下，合作社企业家的稀缺成为合作社发展的重要制约因素。

三　启示

当前中国的农业、农村、农民问题仍在以"三农"问题的表征方式出现在媒介、学者甚至官方的话语中。通过合作社制度的嵌入实现农业产业组织方式的变革，从而消解"三农"问题于现代化的征途，成为一种策略和发展路径。其实际的组织运作和制度化进程关系到中国现代化的未来和政治与社会的稳定。基于前文对河南省A县和B市合作社制度实践的田野调查与分析，可以得出以下启示。

第一，国家的扶持要更多地考虑合作社发展的导向问题，而不是合作社组织的旨趣问题。当前重要的是要努力建构公司、能人以及大户与小农之间比较合理的利益联结机制。

第二，让合作社成为具有竞争力的市场主体，既要关注合作社制度演进中的新动向，又要积极推动制度环境的改变。从宏观制度环境建构的角度来看，要开放性地探索土地产权的实现方式，解决农民的土地产权问题，改变土地的福利性质，让土地发挥资本要素的功能。

第三，合适的合作社领头人是合作社生存和发展的关键因素。基于当前中部地区农村缺乏合适的合作社领头人的现实，要大力培育合作社企业家，就要把眼光放在村庄之外。

第四，地方政府尤其是县级政府在合作社制度变迁中发挥着"第一行动集团"的作用。地方政府以什么样的策略和方式来应对合作社发展中面临的各种问题，也决定着合作社和农业现代化的未来。

发展现代农业，保障粮食安全

许昌学院中原农村发展研究中心课题组

《国务院关于支持河南省加快建设中原经济区的指导意见》指出，坚持稳粮强农，把解决好"三农"问题作为重中之重。毫不放松地抓好粮食生产，切实保障国家粮食安全，促进农业稳定发展、农民持续增收、农村全面繁荣。加快实施全国新增千亿斤粮食生产能力规划和河南省粮食生产核心区建设规划，稳定播种面积，着力提高单产，挖掘秋粮增产潜力，建成全国重要的高产、稳产商品粮生产基地。陈曹乡是豫中地区一个有着悠久粮食种植历史的农业大乡。该乡农民种植的主要粮食作物有小麦、玉米、大豆、花生等。其中，尤以小麦的种植面积最为集中，小麦的产量与其他乡镇相比也是比较突出的。因此，2005年河南省邮政公司在该乡试点了河南邮政万亩小麦示范田建设项目。同时，河南水利、农业部等相关部门也先后在该乡设立了万亩小麦高产示范建设项目，到目前为止，规划项目总土地面积接近10万亩。在这一系列项目的带动下，陈曹乡发展现代农业的成绩斐然，粮食产量迈上新台阶，实现了强农增粮的目的，粮食安全保障能力逐步提高。基于此，中原农村发展研究中心对陈曹乡的小麦高产示范实践进行了一次专题调研，现将"陈曹经验"的突出特点、基本经验和借鉴意义进行介绍，供上级政府决策参考。

一 "陈曹经验"的突出特点

1978年，家庭联产承包责任制开始在全国大面积推开，这次土地政策的大调整极大地促进了生产力的发展，同时也极大地调动了广大劳动人民的生产积极性。就是从该年开始我国的粮食产量有了跨越式的发展和提升。到20世纪末，粮食产量的提升基本进入了一个瓶颈期。时至今日，大多数地区粮食产量基本稳定在一个阶段上，很难再有一个大幅度的提升。在这样一个大背景下，陈曹人开始了自己的探索，逐渐有了一些成熟的发展思路。这些努力最终促使万亩小麦高产示范项目在陈曹落户，这种锦上添花的做法更加促使了"陈曹经验"的诞生，其特点主要体现在以下四个方面。

（一）管天

传统农业是"靠天吃饭"，天气的好坏直接影响了粮食的单产。2009年陈曹乡依托现代高科技装备，在田间地头设置了——全天候360°气象监控设备。该气象监控设备对天气情况实时监测，根据监测数据对该地区的农作物种植和管理提出一些科学合理的建议。这样可以很清楚和翔实地记录该区域的天气情况、空气湿度、土壤、病虫害等情况。"干热风"[①] 灾害是陈曹人最害怕的灾害。以2003年为例，受"干热风"灾害的影响，陈曹乡每亩小麦减产200斤。2005年陈曹人为了应对严重影响粮食产量的"干热风"灾害，在借鉴其他地区好的做法的前提下，结合该地区的特殊情况，着手进行田间林网建设。在田间种植杨树，可以有效地防止"干热风"灾害，避免因农作物倒伏带来的减产损失。科学测定表明，农田林网内的风速可比网外降低13%～34%，尤其处在树高5～10倍区域内的农田，防风效果更好。设置农田林网可以调节气温和空气相对湿度，改善田间气候。据检测，冬小麦生长期林网内最高气温平均可降低0.2℃～0.3℃，空气的相对湿度增大，特别是在高温季节，平均气温可降低0.3℃，空气的相对湿度可提高2%左右，地表水分蒸发量平均降低12.5%，可以有效地防止"高温逼熟"，减轻"干热风"灾害。设置农田林网还可以绿化、美化农村环境，并且让农民有可观的收入——10年以后，可以卖掉这些木材，重新种植树苗来替代现有防护林木。

---

① 干热风是一种农业气象灾害。发生干热风时，温度显著升高，湿度显著下降，并伴有一定风力，蒸腾加剧，根系吸水不及，往往导致小麦灌浆不足，秕粒严重，甚至枯萎死亡。

（二）管地

陈曹人管地也是有套路的，可以总结为"三个坚持"，其中最为突出的是坚持秸秆还田，秸秆还田可以有效地改善土壤成分，提高土壤中有机质的含量，秸秆中含有的氮、磷、钾、镁、钙、硫等元素是农作物生长所必需的主要营养元素，因此，秸秆也是丰富的肥料资源。秸秆中有机质的含量平均为15%左右，也含有一定量的碳铵、过磷酸钙和硫酸钾等，还能提供其他多种营养元素。故秸秆还田对于改良土壤有着积极的作用。秸秆还田增产因素是多方面的，概括起来主要是养分效应、改土效应和改善农田生态环境效应。另外，秸秆还田对土地的沙化以及盐碱化和板结有很大的预防和缓解作用。陈曹人对土地管理的第二个坚持是使用农业部对当地土地检测后所建议的配方肥料，改变了传统的"一抹黑"施肥法，针对具体土地的养分含量去补充施肥。这个方法让土地资源的可利用效率大大提升。陈曹人对土地管理的第三个坚持就是在翻耕土地时实行深25厘米的深耕（见表1）。实践证明，深耕至少可以带来以下好处：①深耕改善了土壤的物理状况；②深耕改善了土壤的化学性质，增加了土壤养分的含量；③深耕加厚了熟化土层，为作物生长创造了良好的条件，为根系的伸展扩大了范围，增加了根量及吸收面积；④深耕有利于消灭杂草和减轻病虫害，深耕后病原菌孢子及杂草种子被翻入深土层，从而失去繁殖条件。

表 1　深耕与土地养分的关系

耕深（厘米）	有机质（%）	全氮（%）	硝态氮（毫克/千克）	速效磷（毫克/千克）
17	0.62	0.067	9.9	4.8
34	0.74	0.084	34.6	9.5
67	0.78	0.081	53.5	22.4

（三）管水

陈曹人管水分为两个大的方面。一是灌溉时统一使用微喷灌溉技术。微喷的优点可以简要地概括为：①水分利用率高，节约用水，增产效果好；②灵活性大，使用方便；③节省能源，减少投资；④可调节田间小气候；⑤容易实现自动化，节约劳力。二是排水。陈曹乡在河流区域上归属于淮河流域，而该流域由于各方面的原因，一直是我国洪涝灾害发生最为频繁的地区，这严重影响了淮河流域人民的生产和生活。具体到陈曹乡，该地区多发涝渍型灾害，垸内积水排泄不畅，承灾体受淹成涝灾；农田积水和地下水位抬高交织，使农作物减产绝收而成渍灾。以 2003 年为例，淮河洪涝受灾面积为 38467 平方公里，其中成灾面积多达 25906 平方公里。涝渍型灾害约占成灾面积的 2/3。由于此类灾害是持续性暴雨径流与内外溃决洪水所引起的，故其具有致灾时间长、影响范围广、成灾概率高的特点。根据这种情况，陈曹人动用各种力量和资源，对田间的排水沟渠全部进行修缮，并且搭建小桥数百座，对于后期的管理责任到人。这样一个有针对性的做法，使陈曹乡田间基本上不会再存在排水不畅造成的涝渍型灾害。

（四）管人

据调查，在陈曹乡常住人口中，60 岁以上的男性人口占 13%，而具有初中以上文化水平的青壮年绝大多数都外出打工挣钱去了。留下的这部分人员，由于文化程度偏低，视野狭窄，思想固执，想挣钱又无技能，想致富又无门路，因此他们只是满足现状，得过且过。这种情况就造成农业实用技术的应用推广难度较大。当前农村留守的人员中绝大多数是妇女、儿童、老人，通常被称为"386199"部队。这部分人除儿童外，老人、妇女的劳动力都较弱，且文化程度都不高，要让他们迅速接受新生事物，其难度可想而知。针对这种情况，陈曹人在政府的政策、资金的大力支持下，开始了一场浩浩荡荡的教育科技知识推广普及活动。这次活动的主要特点包括以下几个方面。①提高认识，增强农民对培训的信心。对农民进行培训，坚持科学发展观，帮助农民开阔视野，为农民发家致富打好扎实的理论基础。在这个认识的基础上，再结合实际考虑培训的方法，制订可行的培训计划，把"生产发展、生活宽裕、乡风文明、村容整洁、管理民主"的目标落实到农民的培训之中。明确农民培训的根本目的是要使农民能把科学理论用于实践，把培训所得变成实实在在的收获。②精选内容，注重针对性，以全面建设社会主义新农村为目标。③注重实效性。农民最讲究实用，若知识没有用学来做什么？农民学知识就是要用来赚钱的。坚持培训为农民服务，重视关心农民的切身利益，把帮助农民学科技、用科技，增加农民收入作为主要任务。④建设阵地，把陈曹乡成人文化技术学校建设完善，使之上档次。配备好电教设备，定期播放一些"种养加"等实用技术的影片给农民看。要确保成人文化技术学校正常运转，做到有人、有物、有钱，从制度上入手努力实现教学规范化和制度化，做到"年初有计划，月月有安排，年终有总结"。建立健全岗位责任、教学管理、教务管理、学员守则、图书档案等各类规章制度。办班方面要灵活掌握，不但在种养方面，而且在政治、军事、法律、人口与计生等领域都要有计划地对农民进行培训，努力把乡镇成人文化技术学校办成当地的文化交流中心。

二 "陈曹经验"的基本经验

（一）立足实情

陈曹人对于发展农业所采取的各种策略和方法，都不是凭空想来或者是直接从别的地方拿来就用的。他们无论是营造田间林网、修整田间沟渠还是搭建田间小桥等，都是根据陈曹的实际困难和需要提出的有效的解决措施和办法。陈曹人是在以自己的节奏和想法舞出亮丽的风景，也只有在立足自身实际的情况下，才可能有机会将陈曹的农业发展好，为陈曹的小麦产量进一步提升寻找空间。

（二）谋划长远

陈曹人之所以有今天的成就不是由他们昨天或者上个月的努力造就的，他们在七年前便拉开了创建高产示范田的序幕。正是在这样一个背景下，他们把自己要实现的目标具体划分为几个阶段，明确地规划出每个阶段所要达到的目标。就是有这样一种放眼长远的大智慧，陈曹人才敢于去投资、去管理。农业投资的见效期比较长，若没有长远的规划，是不可能取得农业发展的大丰收、大效益的。

（三）运用科学

陈曹人依靠高新农业技术，充分利用现有农业资源，提高农业生产效率。高新技术是当今知识经济时代社会生产力中最为活跃的因素，用它改造和武装传统农业，正成为世界大多数国家和地区农业发展的主流。我国作为一个传统农业大国，耕地资源不足，而且气候资源复杂多变、水资源匮乏。在这种自然资源约束和分布不均衡的背景下，农业生产要持续、稳定、协调地发展，根本出路就在于依靠农业科技进步打破农业生产自然资源的约束，以高新技术作为支撑点，大力推进农业的产业化和现代化。利用现代生物技术可以大幅度提高作物单产，提高土地资源的利用率；现代工程技术使得农业生产资料的利用效率大幅度提升，进而降低了农业生产成本；现代节水灌溉技术可以有效地提高农业灌溉用水资源的利用率，提高水资源利用率对于陈曹乡这样一个缺水的农业生产区域来说是至关重要的。农业高新技术可以有效地拓展农业生产可能性边界曲线，提高农业生产效率，特别是提高土地生产效率，有效地缓解我国农业发展的根本性矛盾——人口众多与农业资源严重短缺的矛盾，确保我国粮食安全。

（四）提升管理

农村经营管理工作历来是"三农"工作的重要组成部分。胡锦涛同志曾提出"工业反哺农业、城市支持农村"两个趋向的重要论述。十六届五中全会和中央农村工作会议再一次明确了建设社会主义新农村的战略目标，这标志着我国"三农"工作步入了新的历史时期，赋予了农村经济工作新的历史使命，同时对新时期农村经济管理工作提出了新的要求。陈曹人之前的管理方法跟其他同类地区相差不大，就是在他们学习和参观了好的做法之后思想上有了大的提升和转变，这种提升和转变表现在实际行动上就是加强和改善两类管理。一是对人的管理。对人管理的宗旨就是人尽其才。二是对物的管理。对物管理的宗旨就是物尽其用。

三 "陈曹经验"的借鉴意义

（一）政策支撑

一是增加财政投入。调整财政支出结构，增加支农资金在财政支出中的比重，提高支农资金中直接用于与农业生产和农民生活直接相关的项目资金的比重。通过开展征收粮食消费税、提取一定比例土地出让金等途径，筹划设立农业发展基金，完善国家农业投入法律法规体系，强化农业投入约束机制。改变传统的投资方式，对新增财政农业投资以项目为单位进行整合投资。

二是完善支持现代农业发展的补贴政策。继续实施良种补贴、农机具购置补贴、测土配方施肥补贴以及粮食直补等各项补贴政策，增加补贴种类，扩大补贴资金规模和地域范围，提高补贴标准。不断健全政策实施机制，切实提高政策落实水平，确保各项强农惠农政策的效用得到充分发挥。

（二）科技支撑

一是加强现代农业关键技术的攻关研发。研究和培育高产、优质、高效、生态、安全的农作物品种，加强以节水灌溉技术和旱作农业、耕地保护与节约利用、动植物重大病虫灾害控制、农产品保鲜、精深加工、生态农业及农业生态环境保护等技术研发。

二是建立和完善富有活力的农业科技创新体系和运行机制。要加强农业科研体制改革，区分不同农业科研机构的性质，进行分类指导。对从事农业基础研究的机构，在优化结构、转变机制的基础上，国家要在科研经费等方面给予重点保证；对具有市场竞争能力的农业科研机构，要逐步转变为科技企业进入市场，力争自主经营、自我发展；对服务类农业科技机构，要逐步转变为企业或实行企业化管理，加强农业科技创新体系建设。

三是拓宽科技成果转化和先进适用技术推广渠道。加大农业科技推广力度，调动社会力量参与农业科技推广工作，逐步形成国家扶持和市场引导相结合、有偿服务与无偿服务相结合的新型农业技术推广体系，实现推广队伍的多元化、推广行为的社会化、推广形式的多样化。

（三）人才支撑

一是加强农民现代农业生产知识和技能培训。组织实施新农村实用人才培训工程，努力把广大农户培养成有较强市场意识、有较高生产技能、有一定管理能力的现代农业经营者。

二是开展农村劳动力转移培训。加大"阳光工程"等农村劳动力转移就业培训支持力度，进一步提高补贴标准，充实培训内容，创新培训方式，完善培训机制。

三是加强农村基层组织负责人培训。建立农村基层干部、农村教师、乡村医生、计划生育工作者、基层农技推广人员及其他与农民生产生活相关的服务人员的培训制度，加强在岗培训，提高服务能力。进一步转换乡镇事业单位用人机制，积极探索由受益农民参与基层服务人员业绩考核评定的相关办法。加大城市教师、医务人员、文化工作者支援农村的力度，完善鼓励大专院校和中等职业学校毕业生到农村服务的有关办法，引导他们到农村创业。

（四）服务支撑

一是大力发展各类新型农村合作经济组织，为农民提供多种形式的专业化服务。围绕农产品加工、流通、储藏、销售、农用生产资料供应、技术和信息服务、法律咨询等，发展各类专业协会、研究会和专业合作社等多种形式的专业合作经济组织，以服务为纽带，提高农民的组织化程度，增强市场竞争力。

二是加强农村集体经济组织建设。农村集体经济组织要积极探索公有制在农村的多种实现形式，通过资源开发、资本经营、资产管理和社区服务等，促进集体资产增值保值，增强集体经济活力。

三是鼓励农口事业部门转变服务方式，强化服务功能。要研究制定相关政策并创造条件，鼓励农口事业单位工作人员领办、参办各类农村合作经济组织，领办各类示范服务基地和农业龙头企业，兴办面向农民的会计、审计、律师事务所及资产评估、劳动就业中心等服务组织，为农民提供全方位的社会化服务。

四是建立健全农村市场体系。要以建立统一开放、竞争有序的农产品市场体系为目标，在大力发展和完善农产品市场体系的同时积极培育发展农村要素市场。

发展现代农业过程中的农民权益保障

陈　鹏[*]

我国是一个具有几千年农业文明的国家，农业的发展关系到国家的稳定与繁荣昌盛。河南省正处于传统农业向现代农业转变的关键时期，本文之所以选择河南省 X 市 K 村作为研究对象，主要是因为笔者在研究 K 村土地流转过程中，发现 K 村农民因土地流转问题而产生了上访事件。虽然该事件已过去两年，但是村民依然反映强烈。本文旨在通过对上访事件的起因、经过、结果的梳理，来了解农民在土地流转过程中的现状，分析当前农民在土地流转过程中权益受损的原因，进而探求维护农民在土地流转过程中权益的对策。

一　K 村农民上访事件

（一）K 村简介

K 村地处河南省 X 市的西南部，为 X 市新型农村社区建设和现代农业发展的重要区域之一。K 村的部分耕地被某涉农企业（公司）租用，用以进行标准化、规范化的高产、优质、高效、生态、安全农业生产。它西靠311 国道，东临许平南高速公路。总体来说，K 村的地理位置优越，交通十分便利，是一个具有较大发展潜力的村庄。

---

　* 陈鹏，华中师范大学政治学研究院 2014 级科学社会主义与国际共产主义运动专业博士研究生。

K村有 360 余户家庭，共 1400 余人，分为 8 个生产小组，小组长的工资靠机动地的收入补贴。K村原有耕地 2000 多亩，因发展现代农业被某涉农公司租种了 800 余亩，现人均耕地面积不足 1 亩。K村无集体企业，村集体主要靠上级财政拨付得以维持。村民主要靠外出打工和农业种植获得收入。该村村委会办公地点是一个 30 年前盖的两层小楼，但是村干部很少在里面开会，加之年久失修，小楼已是残破不堪。K村破败的村委会大楼很难和它便利的区位优势联系起来，看上去 K村是一个典型的普通小村庄，但 2009 年某涉农公司的到来打破了村庄的宁静，因土地流转引发了该村的村民上访，导致矛盾冲突不断，农民的权益得不到有效保护。故事还得从 K村农民上访说起。

（二）K村农民上访的起因

2009 年，某涉农公司准备在 K村发展现代农业，租用 K村的部分土地，于是划定了土地流转的区域。该村在政府的主导下进行了土地流转，但是农民没有和该涉农公司签订土地流转合同，而是在政府的主导下由村委会部分干部代农民签订合同，农民在不知情的情况下将土地流转了出去。最终该涉农公司以每亩 900 斤小麦的市场价租种了 K村的 800 多亩耕地，签约期限为 17 年。由于大部分村民认为时间期限长，土地租金低，不足以维持生计，再加上部分村民对土地具有较强的依附情结，担心养老、生活来源等问题不愿意进行土地流转，于是没有和村委会达成土地流转的口头协议。公司是一个以赢利为目的的经济组织，为了尽快将土地这一生产要素投入生产，于是在 2009 年 12 月 26 日晚拔掉了 36 户村民的 190 多亩麦子，以实现推动土地流转和后期规模化经营的目的。村民对此很愤慨，认为这是在"间接杀人"，剥夺农民的生存权。这件事成为上访事件的导火索。

（三）K村农民上访的经过

2009 年 12 月 26 日晚某涉农公司拔掉 36 户村民的麦子后第二天，这 36 户村民就去镇政府反映情况，而且王某（上访精英）向县公安局报案，得到的回复是已经有人投案，但还没有处理，后承诺会妥善处理。但时隔 6 天，政府既没有解决问题，也没有给村民合理的答复。于是，36 户村民又到了河南郑州信访办和郑州公安厅反映情况，但省政府依然没有妥善解决村民的合理诉求。2010 年 3 月 10 日，36 户村民选派了 6 名代表到北京上访，由于正值"两会"召开前夕，属于政治敏感期，这 6 名村民代表被 X 市政府和信访办人员截回，答应一定会妥善解决此事，望村民冷静表达自己的诉求，后被统一接回 K 村。

（四）K 村农民上访的结果

K 村村民到北京上访的行为使 X 市政府意识到问题的严重性，因而在北京就与 6 位上访村民代表达成了口头协议。在他们回村后不久，当地政府就下达了《关于 2009 年 12 月 26 日夜晚拔毁 K 村 36 户村民麦子的处理意见》，并与村民签订了该村所在的涉农企业与村民的耕种互不干涉的协议，尊重村民在土地流转中的自愿原则，并向村民按每亩地赔偿 1200 元，于是农民又将被拔麦子的耕地补种了农作物。村民对当地政府的处理结果较为满意，认为这是一次成功的上访。

二 当前土地流转过程中农民的现状分析

当农民的合法权益遭受侵害，合理诉求得不到有效回应时才采取上访的途径。通过这次上访事件和对 K 村村民的访谈，笔者将土地流转过程中农民的现状大致概括为五个字：低、难、大、多、少。

（一）低

"低"指的是土地租金低。涉农企业虽然给的租金比农民通过农业耕种获得的货币收入要高，但是社会化的小农又陷入了货币支出压力的陷阱。农民手中的耕地可以为农民解决一部分粮食问题，将土地流转出去后，需要通过货币购买所需要的粮食和生活必需品，这就增大了农民的经济压力。农民手中的土地租金一旦用光，又没有土地作为生活保障，这就增大了农民的生活压力。土地租金在 K 村是每亩 900 斤小麦的市场价，折合成现金也就 1000 元左右，在土地租种期限内没有涨幅，有的村庄土地租金是每亩 900 元，每五年涨 10%，但这也与物价上涨的速度不一致，有的村庄土地租金是 1200 元。土地租金随着涉农企业和区位优势的不同而不同，但总体上土地租金维持在较低的水平。

（二）难

"难"指的是就业难。农民在进行土地流转后，土地租金不足以维持一家人的生活，必须通过打工来获得更多的收入。首先，农民的就业观念落后，不愿意到工资低的涉农企业就业，加之涉农企业吸收的劳动力有限，导致大部分进行土地流转的农民闲置在家。其次，农民的文化素质不高，缺乏相关的职业技能，从而限制了农民向第二、第三产业转移。再次，政府缺少对用工信息进行公开的机制，对用工需求不了解，导致农民盲目外出务工，因找不到适合自己的工作而变成城市中的无业游民。最后，农民缺乏与就业相关的法律知识，当自己的权益遭到侵害时无法用法律武器来维护自己的合法权益，从而增加了就业的难度。

（三）大

"大"指的是后顾之忧大。河南省正在大刀阔斧地改革，政策引导农民流转手中的土地，促进新型城镇化发展。特别是在现代农业的发展中，土地流转是关键。农民将其视为"命根子"的土地流转出去后，生存空间狭窄，手中的土地租金又不足以维持家庭生活，加之农村的社会保障体系缺失，从而使农民又陷入了"种田无地、上班无岗、社保无份"的"三无"状况，由此很容易使农民失去对未来生活的希望，加大他们对即将到来的生活的担忧和恐惧感，导致土地流转后的农民后顾之忧大，引发社会动荡。

（四）多

"多"指的是土地争议多。一方面，涉农企业具有抢占土地的投机性目的，将土地租用后没有按照合同的要求进行现代农业的发展，而是继续种植小麦，从而引发农民的不满。另一方面，出于政绩的考虑，在 X 市绝大部分土地流转是由政府主导的，农民的土地"被"流转，农民在不知情的情况下就将土地给了涉农企业，村委会在其中起到了"帮凶"的作用，激化了干群之间的矛盾。甚至农民不知道合同的内容，导致后期土地争议多。

（五）少

"少"指的是缺少知情权。由于政府主导，村委会缺乏监督，在土地流转过程中农民逐渐被边缘化，政府和村委会打着落实推动《土地承包经营法》的幌子，代农民做出流转的决策。在这一过程中农民根本就不具备与涉农企业或政府谈判的能力，话语权逐步丧失，导致缺少知情权。

三 土地流转过程中农民权益受损的原因探析

我国《农村土地承包法》明确规定了发包方和承包方的权利和义务。在发展现代农业的背景下，土地流转是大势所趋，能够提高土地的使用效率。但是，现实的土地流转过程中农民的集体土地所有权得不到承认，其合法的土地财产权益常常遭受侵害。笔者将农民在土地流转过程中权益受损的原因概括为"四缺失、一缺位"。

（一）政策缺失

土地流转中土地租金的政策缺失。我国《农村土地承包法》第十条有明确规定：国家保护承包方依法、自愿、有偿地进行土地承包经营权流转。但是，到底怎么有偿，目前没有相关的政策予以明确规定，也缺乏相关的标准。农民不愿意进行土地流转的集中指向是土地租金问题，对河南省的调查结果表明，71.4%的农民表示在价格合理的情况下愿意将土地流转出去。由于涉农企业是一个营利性的经济组织，利润是企业运转的出发点，企业为了扩大经济效益和降低经营成本，土地租金自然不会给到农民所期望的那样高。到底给多少才合理，其实农民心里也不清楚，因为他们总以为公司作为一个经营实体，是财富的代表和集中者，给多点是理所当然的。所以，关于土地流转租金政策的缺失，使公司和农民都很困惑。

（二）制度缺失

农村社会保障制度的缺失。目前我国实行的依然是城乡二元社会保障制度，失地农民仍无法享受与城市居民同样的社会保障。从总体上看，失地农民的社会保障覆盖面窄、保障水平低，一般只维持在基本的生活保障上。农民将自己手中的土地流转给涉农企业后，一旦在城市就业或生活中出现困难，又没有相应的社会保障体系为他们提供援助和支持，这就降低了他们承受社会风险的能力，农民很容易因病或孩子教育等问题而成为贫民。

（三）法律缺失

规范农村土地流转程序方面的法律缺失。我国虽然有《土地承包法》《物权法》，但缺少对农地产权主体、规范农村土地流转程序等方面的法律，使农民在维护土地权益中缺乏相应的法律保障。同时，司法保障在维护农村土地流转中的农民权益问题上救济无力。农村很大一部分土地流转是在政府干预下进行的，而且政府在农村土地流转问题上利用手中的行政权直接干预法院、律师事务所的工作，而法院和律师事务所迫于年度考核和政府的压力，将农村土地流转的案件拒之门外，所以像这样的案件无法进入司法途径，农民很难通过司法途径来维护自己的土地财产权益。笔者从一位律师的口中得知，农村土地流转案件的胜率不足20%。

（四）组织缺失

维护农民权益的合作组织缺失。村民自治在基层政府的行政权干预下逐渐发生了异化。在农村土地流转过程中，村委会是基层政府的左右手，通过挨家挨户游说来解决土地流转过程中的问题，因此，村委会丧失了作为"农民代表者"的身份。这在 K 村农民上访事件上就能得到很好的体现。麦子被拔后，36 户村民没有与村委会联合，而是直接去镇政府反映情况，因为在他们的眼里，村委会参与了拔麦子事件。但是笔者在对 K 村村支书和村主任进行访谈时，他们指出，麦子被拔自己毫不知情。这表明农民已经不信任村委会了，也就是说，村委会已经丧失了作为集体组织的角色。农民权益受损后也没有替他们说话的农民自治组织，从而使农民缺乏与政府、企业谈判的能力。

（五）政府缺位

土地流转后政府对农民就业缺乏牵引。涉农企业吸收当地劳动力就业的能力是有限的，企业甚至为了节约成本或者避免与本村村民发生矛盾，不招收本村村民就业，而宁愿招收云、贵、川的一些吃苦耐劳的劳动力，从而造成农村大量的无地农民无事可做，这时政府的作用就显得尤为重要，但是政府在这一过程中缺位了。政府主导农村土地流转，但是对流转后农民的去向缺乏牵引和指导，没有形成有效的就业保障机制。政府为了自己的政绩与民争利，采取先帮涉农企业、再帮农民，甚至不帮农民的做法，损害了农民的合法权益，这又完全与其服务的职能错位了。

四 维护土地流转过程中农民权益的对策思考

（一）加快土地流转政策制定

首先，政府应该根据当地的实际情况，探索多元化的土地流转方式，以农村土地承包法为基础，以市场为导向，以合理利用土地资源为目的，以保护农民的利益为出发点，加快制定适合当地的农村土地流转政策。其次，在充分尊重农民意愿的基础上，做好协调服务工作，坚决杜绝政府代替农户、企业代替农户的行为，在政策中明确干部在土地流转过程中的角色，强化政府的服务职能。同时，应根据经济发展水平明确农村土地租金的问题，确立合理的土地使用权价格，让农民明确土地的价值，使农民在土地流转后能维持基本的生活。最后，政策中应突出对农村土地流转的监管内容，规范农村的土地流转，对违约和违规行为进行惩罚，同时积极鼓励农民进行土地流转，以实现对土地的规模化经营，促进现代农业的发展。

（二）面向市场培育新型农民

首先，以提高农民的生产技术水平为主，积极推进农民就业。以下乡涉农企业的生产种植技术需求和市场需求为标准，公司和政府应积极组织引导，将公司的发展和城镇化的农民就业相结合。同时，政府要加强劳动力市场的信息披露制度建设。提供市场劳务信息服务，畅通农民与劳动力市场之间的联系渠道，及时将劳动力市场的需求信息向农民公布，解决农民在劳动力市场中的信息不对称问题。其次，以提高农民的文化素质为辅，培育现代农民。可以充分发挥高校大学生的优势，利用大学生对农民进行文化知识的普及、法制宣传的教育等，通过印发宣传小册子、唱戏、看公民电影等农民喜闻乐见的形式渗入农民的内心。最后，以农民自我提高为延伸，提高农民自我造血的能力。改变农民"等、靠、要"的思想，发挥农民自身的力量，实现农民自主就业。通过建立村庄图书馆和技能培训室，设专人管理，实现农民自主学习。

（三）健全农村社会保障体系

首先，针对农村社会保障水平较低的现状，政府应根据经济发展的条件提高对农民的社会保障标准，特别是土地流转后农民的社会保障标准，以满足失地农民社会保障的需要。其次，完善土地流转后家庭的养老保险制度。由于青壮年劳动力大量外出，家庭养老正面临不同程度的威胁，特别是进行土地流转的家庭，提高土地流转家庭的养老保险领取标准、层次和质量，有利于解决部分农民的养老问题，提高他们进行土地流转的积极性。再次，完善土地流转农民的基本医疗保险制度。根据不同经济发展的水平，适当提高土地流转后农民就医的赔付比例，扩大报销范围，防止土地流转后的农民因病致贫。最后，完善土地流转后农民的失业保险和最低生活保障制度。土地流转后大量农民涌入城市，应突破城乡二元体制的弊端，共享城镇职工失业保险的待遇。同时，农村最低生活保障制度是保障农村社会稳定的"最后一道安全网"，是中国农村社会保障体系的基础工程。因此，要加强对低保评定的监督，根据实际情况调整保障标准，合理界定保障对象，让真正需要的人享有保障。

（四）完善农村土地流转法规

首先，应确立土地流转的根本目的是保护农民利益的指导思想，将农民的利益放在首位，因地制宜地进行土地流转，切勿不切实际地追赶现代农业发展的潮流。同时，在遵守宪法的基础上修改《物权法》和《农村土地承包法》中关于土地流转程序的规定，统一规范农村土地流转的程序，并尊重农村土地集体所有的性质，不得改变农地的使用用途。其次，明确流转主体各方的权利和义务，特别是要严格限制政府在土地流转过程中的不合理行为，对政府的角色给予明确定位，充分发挥其服务、引导和监督的作用。同时，建立严格的农村土地流转主体的审查制度，对抢占农村土地的投机者给予严厉的惩罚，保护农村土地，让其真正发挥生产要素的作用，提高土地的使用效率。最后，加快制定农村土地流转市场的法律，将农村土地流转推向市场，通过建立法律机制来突破流转的限制，同时要建立配套的管理机制和纠纷解决机制，以实现农村土地流转的市场交易。

（五） 全面推进基层村民自治

首先，应完善四个民主——民主选举、民主决策、民主管理、民主监督，减少行政权对村民自治的干预，让农民在自我管理、自我教育、自我服务中壮大自己的力量，提升自己在利益博弈中的话语权。其次，在推进农业现代化的过程中，建立发展现代农业的专业合作组织，同时发挥群众参与的内在动力，让农民参与服务、参与监督、参与决策、参与管理，以激发农民的参与活力，通过利益集团来维护农民自己的合法权利。最后，针对土地流转的趋势，成立土地流转服务中心，通过中心规范土地流转的程序，实现农村土地的多元流转机制，充分发挥土地的价值，让农村土地合理流转，同时积极开展土地流转的项目招商，并依法加强对流转主体的资格审查，让农村土地参与市场机制的运作，让拥有土地的农民在市场中受益，打破政府对农村土地的控制，实现农村土地资源在市场中的优化配置。

改革开放以来，我国已经形成了具有中国特色的工业化道路，传统农业的发展无法满足现代化的需求。因此，推动现代农业的发展对我国这样一个农业大国来说具有重要的意义。然而，在现代农业的发展过程中，农民是主体，土地流转是关键，农民权益维护是出发点和前提。因此，妥善地解决好现代农业发展与农民权益问题，关系到社会的稳定、国家的长治久安和社会主义和谐社会的实现。

土地流转与公司下乡篇

农村土地经营管理制度探究

许昌学院中原农村发展研究中心课题组

农业、农村、农民问题始终是困扰我国城乡统筹发展、全面建成小康社会的一个重大问题，而土地问题是"三农"问题的核心。现阶段我国农村土地承包经营制度最基本的特征是土地归集体所有，农民依法拥有土地承包经营权，实行统分结合的双层经营体制。根据中共十七届三次全会《中共中央关于推进农村改革发展若干重大问题的决定》精神，为深入了解农村土地制度的落实管理工作，笔者对"两项制度"的执行落实情况进行了调研，以了解 A 县落实"两项制度"的现状并提出对策建议。

一　土地经营和管理的现状

（一）稳定承包经营权

1996 年 A 县开展了农村土地二轮承包工作，按照中央〔1993〕11 号文件关于农村土地承包期延长 30 年不变的政策，农民的土地承包经营权获得了相对稳定。随着《农村土地承包法》的深入贯彻，A 县于 2004 年对农村土地二轮承包进行了完善，重新统一换发了农村土地承包经营权证。全县共有土地承包农户 208288 户，其中在土地登记簿上签字认可的有204991 户，签字率达 98.4%；发放农村土地承包经营权证的有 205544 户，发证率达 98.7%，总体实现了农村土地经营的稳定，基本做到了承包地块、承包面积、承包合同、土地承包经营权证书"四到户"。

（二）建立管理机构，建立纠纷调处机制

为加强 A 县农村土地承包流转管理，处理解决好农村土地承包流转纠纷，A 县政府办于 2006 年 4 月下文成立了县农村土地承包管理委员会、县农村土地承包纠纷调解仲裁委员会，仲裁委员会下设仲裁庭；镇成立镇农村土地承包管理委员会、镇农村土地承包纠纷调解委员会。按照协商—调解—仲裁—诉讼的调处程序，A 县已形成了以县农委为主体，司法、信访、涉农部门齐抓共管的调处机制。自机构成立以来，全县依法开展农村土地承包纠纷调解、仲裁案件共 1564 件，纠纷调处率达 96.5%，其中县直接组织、参与调解的有 172 件，仲裁 8 件，办理农村土地权属纠纷行政处理案 28 件，为强化农村土地承包流转管理、依法解决农村土地纠纷、维护农村社会稳定发挥了积极的作用。

（三）完善土地管理制度并规范流转行为

随着农村经济的发展，以及《农村土地承包法》的深入贯彻，农村土地流转也出现了新的变化。为加强农村土地流转的规范化管理，A 县政府出台了《农村土地流转管理办法》和《农业集体项目承包管理的通知》，县农委制定下发了统一规范的各种方式流转农村土地的合同文本和《办理农村土地承包经营权证指导意见》，强化了"几荒地""几小园"及水利设施等集体项目的承包管理，严格公开发包程序，统一了土地流转合同文本和办证要求，土地流转管理得到进一步规范。

（四）土地流转的多样化促使加快流转

农村土地流转由农户自发零散流转向村、社集体组织成片流转转变，由农户与农户间流转向城镇经济实体、工商业主、农业产业化企业转变，由转包向出租、转让等多种形式转变。A 县参与农村土地承包经营权流转的农户，1996 年为 3513 户，流转面积为 0.97 万亩，分别占农户总数和承包面积的 1.7% 和 1.2%。2007 年底，流转土地的农户有 35380 户，流转面积为 11.8 万亩，分别占农户总数和承包面积的 16.6% 和 16.0%。到目前为止，农村土地流转农户为 58862 户，流转面积为 18.4 万亩，分别占现有农户（21.3 万户）和现有承包耕地面积

（72.7 万亩）的 27.6% 和 25.3%，流转速度明显加快。在流转业主中，流转面积为 1000 亩以上的有 7 户，500～1000 亩的有 9 户，200～500 亩的有 54 户，100～200 亩的有 38 户，50～100 亩的有 173 户。

（五）规模经营有利于形成集中种植

在 A 县政府办《关于加快土地流转促进规模经营的意见》（〔2008〕15 号）文件下发后，该县采取"四条措施"、推行"五种模式"促进土地规模流转经营。截至目前，全县适度规模经营面积达到 15.4 万亩，适度规模经营集中度达 21.1%，比上年同期（15.4%）提高了 5.7 个百分点，规模经营集中度得到较大提高。一是企业基地带动。全县已有 44 个企业建立生产基地，成片规模种植面积为 1.26 万亩。二是大户租赁带动。业主以转包、租赁等形式流转土地，形成耕种土地 20 亩以上的种植大户 670 户，成片规模种植面积为 3.93 万亩。三是合作社引导带动。全县有 28 个种植类专业合作社，引导规模种植面积为 1.38 万亩。四是土地经营权入股经营。以土地入股形成成片规模种植面积 0.5 万亩。五是农户代耕经营。通过代耕形式形成劳均耕种 5 亩以上的适度规模种植农户 1.02 万户，种植面积为 8.33 万亩。

二 实施土地流转制度存在的问题

（一）部分农户经营权属不清或流转不规范，引发土地纠纷

一是存在少数经营权证错发、漏发现象。在完善农村土地二轮承包工作中，因时间紧、任务重，部分村社干部工作方式简单粗糙，加之一些农户外出打工或矛盾纠纷未解决等，造成 2744 户承包农户（人口为 8355 人，承包地面积为 8884 亩）未办理农村土地承包经营权证，承包经营权属不清。

二是完善农村土地二轮承包以来，林业、国土在实施退耕还林的减地和各类征占用地的减地过程中，缺乏与农业部门的沟通和协调，退耕还林和征收土地后，在未收回或变更农户土地承包经营权证的情况下，林业、国土部门便向农户颁发了林权证和向用地单位颁发了国

有土地使用权证。据不完全统计，目前同一地块持有"林权证"和"承包经营权证"的农户有 17977 户，面积为 49247 亩；征收土地后未变更承包经营权证的农户有 2067 户，面积为 2243 亩，造成土地权属不清。

三是流转行为不够规范。一些农户外出务工不与村组联系，自行将土地流转给亲戚朋友；有的农民在不征得集体经济组织同意的情况下，擅自以转让方式违法流转给企业业主；有的土地流转特别是农户之间的土地流转只是口头约定，没有书面合同。这造成土地流转的矛盾和隐患不断增多，土地流转纠纷时有发生。

（二）管理力量薄弱，工作出现脱节

目前县、街镇农村土地承包管理人员配备不足，力量薄弱，工作难以正常开展和规范管理。特别是部分街镇没有配备专职农村土地管理人员，造成街镇农村土地承包流转管理工作脱节，无法全面为业主、农民提供流转咨询服务。

（三）补偿费未及时到位，农民合法利益受到侵害

一是在征地补偿过程中，农户与农户、农户与集体之间的补偿分配矛盾未解决，造成土地补偿费等费用未及时落实并发放到户，甚至个别基层政府存在拖欠农民的土地补偿费的现象。

二是一些业主转入土地后，不懂技术、经营管理不善或其他原因，造成经营亏损或土地撂荒，对农户未按时给予补偿，或不按标准补偿，有的补助标准低到耕地每年每亩 5 元、荒地每年每亩 1.1 元，或根本不给予补偿。农村公益设施建设用地绝大多数没有给予农民补偿。土地流转补偿制度不完善，土地流转费的确定没有可操作的价格标准，严重损害了农民的利益。

（四）土地耕作零散，成片规模种植程度较低

受原有土地经营制度及经营模式的影响，加之与农村经济社会发展相适应的土地流转市场管理服务机制尚未建立，土地耕作零散。目前，A 县适度规模经营面积为 15.4 万亩，适度规模经营率达到

21.1%，但在适度规模经营总面积中，真正通过农业企业、专业合作社、城镇工商业主、农村种养大户流转土地和发展各类产业带动形成的成片规模经营面积仅有7.1万亩，占总耕地面积的9.8%，成片规模种植程度较低。

（五）承包期限短，阻碍农业产业化发展

A县第二轮农村土地承包颁发给农民的农村土地承包经营权证的承包期限至2023年。承包经营期限较短，不利于农民对土地的持续投资，剩余期限的法定限制，也不利于农业龙头企业、城镇经营实体和个体业主流转土地，规划发展稳定而长期的规模产业项目，阻碍了土地流转和农业产业化的规模发展。

（六）以租代征，违法用地

以租代征现象没有得到有效控制，严重违反了《物权法》和《土地管理法》，扰乱了国家土地管理秩序，影响了宏观调控政策的执行和耕地保护目标的实现，农民和集体的长久利益得不到保障。

（七）规划混乱，土地浪费

没有制定完整而科学的土地总体利用规划，土地利用较为混乱，致使紧缺的耕地面积缩小、地力下降，剩余的土地也得不到合理充分的利用，而且后期土地整理费用增加，严重制约了A县新农村建设和城乡统筹发展。有的农户为了自己的当前利益，将土地用于商品住房开发，擅自流转集体土地所有权，借土地流转之名随意改变土地的农业用途，基本农田不能得到有效的保护，有的临时转用的耕地也未能落实相应的复耕措施。

（八）农民住宅未批先建，无法获得合法的宅基地使用权

一些农民住宅建房，未按规定审批，没有获得合法的宅基地使用权，在集体建设用地调整和征地安置补偿时，农民利益得不到法律的保护，造成经济利益损失。

三 对策与建议

（一）健全农村土地管理机制

1. 健全组织机构

一是为切实抓好农村土地流转管理，建议尽快在县、街镇专门建立农村土地流转管理中心，与原农村土地承包管理委员会合并办公。由县编办核定人员编制，强化土地流转的管理和服务工作，真正把农村土地管理纳入规范化、科学化管理。县农村土地流转管理中心履行农村土地流转管理职能，宣传土地流转相关法律、法规和有关政策，对农村土地流转进行全过程指导、协调、监管和服务，引导和规范土地流转管理。街镇农村土地流转管理中心履行收集、上报和发布农村土地流转信息职能，指导签订流转合同，办理流转合同鉴证，监督流转合同履行，调解流转合同纠纷，管理农村土地承包档案，提供技术、人才、信息等咨询和服务，接受村、组、农户委托代理流转土地使用权。二是成立县农村土地经营权清理完善临时工作领导小组。由农委（县土地承包管理委员会）牵头，国土、林业部门协助，对未办理农村土地承包经营权证的农户，以及由于征占用地、退耕还林等原因，土地已发生变化的农户进行逐一详细清理登记，重新确定经营权属，颁发农村土地承包经营权证，做到家庭承包土地产权清晰明确，为开展土地承包经营权长久不变工作打下基础。

2. 培育中介机构

经县农业、林业、水利和国土等职能部门审核备案，允许个人、法人依法设立农村土地流转中介机构，从事农村土地流转中介服务。及时掌握村组农户土地流转信息，建立流转信息平台，收集和发布土地流转价格信息，指导签订规范的土地流转合同，在坚持协商、自愿、有偿的原则下，把土地流转引入市场交易，建立土地经营权流转市场。

3. 鼓励多种形式流转土地

农户可通过自行协商，或委托集体经济组织采取转包、转让、出租、互换、入股以及其他符合法律法规规定的形式进行土地流转。外出务工农民可委托亲戚朋友代耕，也可委托集体经济组织托管，对于托管的承包地和因农民长期外出而撂荒的土地以及因农民年老体弱而无力耕种的土地，集体经济组织可以代为流转，流转收益归原承包人，积极引导和鼓励农民将承包地交给集体经济组织统一流转。

4. 改善优化基础设施，为流转土地创造条件

县有关部门进行土地开发整理、标准农田建设和农业综合开发等应与农村土地流转和规模经营紧密结合，政府应加大对农业基础设施的投入，不断改善和优化基础设施。

（二）探索新的承包制度，稳定种粮大户

1. 完善土地承包经营权

成立"A县农村土地经营权完善工作领导小组"。由县农委牵头，各涉农部门、国土部门配合，对农村集体土地和未办理农村土地承包经营权证的农户，或由于征收土地、退耕还林等原因，土地已发生变化的农户进行逐一详细清理登记，重新确定经营权权属，做到产权清晰、承包主体明确。

2. 探索开展土地承包经营权长久不变试点

在条件较为成熟的地方选择 1~2 个村，先行土地承包经营权长久不变试点，在土地产权明晰的前提下，赋予农民更加充分而有保障的土地长久承包经营权。

3. 开展土地股份制改革，促进集中规模经营

对农业基础条件好的村，在产权清晰、利益直接、风险共担的前提下进行股份制试点，总体原则是将土地所有权、承包经营权、使用权实行"三权分离"。主要采取三种形式进行股份制改革。一是集体经济组织将原有机动地、农民自愿放弃交回的土地进行折股量化，明确集体和社员的股份，实行统一规划、开发和经营，经营收益按股分红。二是将农户土地承包经营权股化，以承包经营权作价入股，组建新的土地股份合作社或股份公司，对入股土地实行统一规划、开发和经营，按股权从土地规模经营收益中获取分配。三是农户以土地承包经营权入股方式将土地流转给农业规模经营主体，凭股权获得收益分配，将农户承包的土地从实物形态变为价值形态。努力探索新形势下农村土地股份制改革道路，把创新农村土地承包经营管理引向深入。

4. 及时、有效地处理矛盾和纠纷

调整充实县农村土地承包纠纷仲裁委员会和各街镇农村土地承包纠纷

调解委员会，充分发挥好"两会"的作用，认真处理土地承包流转中的来信来访，并对纠纷案件进行查处，维护农村土地政策的实施，化解高发的土地矛盾和纠纷，为推进农村土地规模经营提供保障。

（三）推进农户经营，提高组织化程度

1. 大力培育农民专业合作经济组织

按照党的十七届三中全会提出的"服务农民，进退自由，权利平等，管理民主"的要求，鼓励由种植大户和营销大户牵头，围绕 A 县的主导产业和特色产业，积极发展农民专业合作社，引导农民专业合作社举办加工厂，申请注册商标和"三品"认证，提高产品质量，培育知名品牌，增加农民收入。整活现有的 130 个农民专业合作社，以生猪、木瓜、蔬菜等重点产业为基础组建农民专业联合社，走产业联合的路子，使之成为引领农民参与国内外市场竞争的现代农业经营组织。

2. 推动农业社会化服务体系发展

一是积极推进农资现代经营方式。供销社应加快形成以农资交易市场为龙头的连锁配送网络，搞好农产品和农资的集中配送，发挥农村商品供销主渠道作用。二是完善农资技术服务网络。积极发展农村企事业单位、私营个体社会化服务组织，为农户提供机械化作业、配方施肥、防灾除害、技术培训等专业化服务。三是强化农资市场的整治工作。建立完善农作物新品种、新农药、新肥料的引进与推广制度，强化引进与推广新品种的审查管理和监督制度，规范农资市场管理。

3. 建立紧密利益联结型农产品加工龙头企业

一是通过土地经营权入股，龙头企业聘请入股农民到企业就业。二是强化龙头企业与农户实行订单生产和合同收购等形式，使农户与龙头企业成为利益共同体，鼓励农产品加工龙头企业与农户建立紧密型利益联结机制，实现互利共赢、共同发展的目标。

（四）强化土地利用规划，确保耕地平衡

1. 坚持最严格的耕地保护制度

土地利用必须坚持统筹规划、分类管理、用途管制、严格审批的原则，落实耕地保有量，划定永久基本农田，守住 73.9 万亩耕地红线。

2. 编制土地利用总体规划

尽快组织修编并批准城镇土地利用总体规划，界定公益性和经营性用地，缩小强制性征地范围，以利于组织耕地保护和城镇发展用地，确保耕地占补平衡。

（五）节约用地，完善集体建设用地复垦

1. 严格控制新增建设用地规模

积极盘活存量建设用地，加强城镇闲散用地整合，鼓励低效用地增容改造和深度开发。

2. 完善集体建设用地复垦

按照"统一规划、先易后难、分步实施"的原则，加大对集体公共实施用地、渣场、采石场、乡镇企业用地、裁弯取直的废弃公路等集体建设用地的复垦力度，完善复垦措施制度。

3. 完善农村宅基地制度，鼓励农民自愿放弃宅基地

一是严格执行农村一户一宅政策，控制超标准建房。在坚持尊重农民意愿、保障农民权益的原则下，合理引导农民住宅相对集中建设，加强对"空心村"用地的改造，盘活用好农村现有宅基地。二是保障农户宅基地的用益物权。保障农户宅基地依法取得、使用和收益的权利。三是鼓励农民自愿放弃宅基地。对自愿放弃宅基地并复耕归集体经济组织的给予补助，并在县城和其他场镇购房享受优惠政策。

（六）完善征占用地制度，推进农村集体土地参与

1. 完善对集体建设用地管理

在城镇规划区以外经批准占用农村集体土地的非公益性项目，允许农民依法通过多种方式参与开发和经营，保障农民的合法权益。

2. 逐步建立农村集体建设用地流转制度

对依法取得的农村集体经营性建设用地，可以从事法律法规未明确禁止的各种生产经营活动。也可以采用使用权入股的方式参与农业生产和营利性农村基础设施的开发。允许以公开规范的方式转让土地使用权，允许闲置或者利用率较低的乡镇企业用地进行公开流转，把农业用地和工业用地区分开来，按照土地用途进行管理。

3. 完善征地补偿制度

依法征收农村集体土地，严格按照同地同价原则予以补偿，补偿费用由县国土部门统一划拨给被征地农村集体组织和农民，确保补偿费用足额且及时到位。

中原农村土地流转的问题与出路

闫景铂[*]

河南不仅是农业大省，而且是人口大省，但农村耕地的总面积小，人均占有量更小，且主要类型是山地、丘陵与平原，这种复杂的状况决定了河南省农村土地流转的有效实现形式不是单一的，而是"百花齐放，百家争鸣"。如何走出一条不以牺牲农业和粮食、生态和环境为代价的农村土地流转道路，是加快河南省农业现代化、推进农村城镇化、实现农民非农化的关键所在，也是确保粮食安全、农民增收的神圣使命。

一　当前农村土地流转的主要形式

党的十七大报告指出，要按照依法、自愿、有偿原则，健全土地承包经营权流转市场，有条件的地方可以发展多种形式的适度规模经营。党的十七届三中全会也指出，要按照依法、自愿、有偿原则，允许农民以转包、出租、互换、转让、股份合作等形式流转土地承包经营权，发展多种形式的适度规模经营。当前，全国各地乃至河南农村正以不同形式对土地流转进行探索和实践，并取得了重大突破。

（一）租赁型

租赁型，是指由农村集体经济组织或承包农户，将土地承包经营权出

---

* 闫景铂，河南省汝州市人大常委会信访办副主任。

租给村（社）外的业主（或合作社或企业或种粮大户）从事农业开发，签订土地租赁协议并支付租金，期限为 30 年土地经营权未到期的年数，这种形式比较适合于长期外出务工的农民。例如，四川省邻水县九龙镇农丰果蔬专业合作社租赁农户土地 800 亩，每亩每年租金为 500 元，专门种植萝卜、甘蓝型油菜、冬瓜等蔬菜，并以每月 900 元的固定工资优先招聘出租土地的农民。

（二）反租倒包型

反租倒包型，是在农户自愿的前提下，由村级组织向农户支付一定的租金，将农户的土地使用权收归村集体，由村集体再租赁给第三方。

（三）股份合作型

股份合作型，是指农村专业合作社将农民的土地承包经营权折股量化，集中管理使用，鼓励农民合作经营，实现利益共享、风险共担。例如，江苏省昆山市积极推进农村富民合作社、社区股份合作社和土地股份合作社三大合作组织的探索，把农民的土地量化入股，将分散的集体土地集中使用，发展优势产业，促进农村土地合理流转，既保持了农民土地承包权的长期稳定，又提高了农村土地资源的利用率，形成了农户、村集体、公司三者之间利益共享、风险共担的经济共同体，避免了农户分散经营与社会大市场之间的矛盾。

（四）互换型和置换型

互换型，即农民自愿或由村级组织协调，承包农户之间相互交换承包土地的使用权，从而解决了个别承包户不愿流转土地和连片流转的矛盾。例如，浙江省宁海县长街镇将承包土地设为两个区域：一个区域为自种区，由不愿流转土地的农户承包；另一个区域为招商区，由愿意流转土地的农户承包，集中统一对外招租，确保土地成片流转。

置换型，就是以农村土地综合整理为平台，用好农村建设用地指标与城镇建设用地指标，通过置换农村土地的政策，推进农民适度集中居住，破解农业生产规模小、农民建房散乱和农村宅基地闲置等问题。例如，浙江省嘉兴市实施的"两分两换"土地改革方案，即用承包地换保障，用宅基地换集中居住房，积极引导农户采取转包、出租、入股、置换社会保障等方式流转土地承包经营权。

（五）托管型

托管型，即农民委托农村专业合作社（或土地托管服务中心或村委会）对其农田进行生产管理，包括机耕、机播、施肥、除草、机收等生产环节。例如，河南省汝州市临汝镇东营村村委会统一组织力量对农户土地进行生产管理，有效地解决了农民外出务工与家庭劳力缺乏的矛盾。

（六）抵押型

抵押型，是指借款人将土地使用权作为抵押而获取银行贷款，即在不改变土地集体所有性质、不改变土地用途和不损害农民土地承包权益的前提下，把农村土地作为抵押品，为农民提供贷款。这种土地流转形式还处于探索阶段，因为我国有关法律规定"耕地、宅基地、自留地、自留山等集体所有的土地使用权"不得抵押。例如，宁夏回族自治区同心县农村信用社在全县范围内推出的土地承包经营权抵押贷款政策，有效地解决了农民"贷款难"与"难贷款"问题。

（七）土地银行型

土地银行型，就是在土地所有权和承包权不变的情况下，农民将土地像货币一样存入"银行"，从中获取存地的利息。例如，河南省光山县成立了"江湾农村土地信用合作社"，即村集体拥有土地所有权，农民拥有土地承包权，土地信用合作社拥有土地经营权，农户按入社存入的土地面积获得分红收益。这种类型的制度保障是河南省农村信用合作总社对该土地信用合作社提供贷款支持，同时，在政策允许的范围内，对存地农民提供3万~5万元的贷款，并且县财政对贷款利息进行补贴。

（八）使用权拍卖型

使用权拍卖型，是指农村集体组织对农村"四荒"（荒山、荒沟、荒地、荒滩）土地的使用权进行拍卖，其实质是一种长期租赁行为。

在农村土地流转的实践过程中，无论是"个人所有、合作经营"，还是"集体所有、集体经营"，抑或是"集体所有、家庭经营"，笔者认为都要与社会发展相适应，都要与市场需求相适应，都要与当地实际相适应，要因人而异，因地制宜，不能搞"一刀切"，更不能照抄照搬。

二 中原农村土地流转面临的问题

近年来，河南省各地都在积极进行农村土地流转形式的探索，以促进当地农业生产经营方式的转变，提高农业的组织化程度，但在实践的过程中，以下因素将制约其进一步发展。

（一）农村土地流转市场尚需完善，无序流转严重

土地是农业生产的基本要素，也是市场经济所需配置的核心资源。当前，河南省农村土地流转市场面临五大矛盾：一是土地资源的稀缺性与土地"撂荒""闲置"的矛盾；二是现代农业需要集中土地与家庭分散经营的矛盾；三是规模化、专业化生产与传统、粗放式生产的矛盾；四是依法、自愿、有偿原则与乡镇政府、村级组织行政干预的矛盾；五是土地流转的自发性与监管缺位的矛盾。

（二）农村社会保障体系有待理顺，农民顾虑重重

当前，河南省农村社会保障制度还不完善，土地依然承担着农民就业与社会保障的功能。尽管一些农民经过艰苦创业融入城镇中，但对大多数农民而言，土地依然是他们供应子女上学的希望、患病就医的信心、养老赋闲的寄托。在现实生活中，进城务工的农民普遍还享受不到城市的社会保障，除从事一些重体力劳动外，他们时常面临失业的威胁，失业返乡后，往往会想尽办法要回流转出去的土地，否则，生活就没有保障。因此，在农村社会保障体系尚未完全建立之前，政府或村级组织片面地强调土地流转，就会人为地使农民"背井离乡"。另外，土地流转形成规模生产后，受让户也面临市场风险与自然风险的挑战，这些都迫切需要政府建立农业生产方面的社会保险救助体系，以确保农业生产的可持续发展与社会稳定。

（三）农村劳动力需要合理配置，确保各尽其才

目前，河南省农村绝大部分青壮年劳动力都选择外出打工，这为土地流转提供了先决条件。同时，"留守"的农民还可以在流转出的土地上受雇劳作，掌握科学种田、生产管理等现代技能。当前，农村劳动力流动存在以下问题：一是土地流转的市场需求与劳动力无序流动的矛盾；二是农民"流转"与"留守"的矛盾；三是农业规模化经营与农民知识素养偏低的矛盾；四是"民工潮"与"民工荒"（原因是失业返乡或返乡创业的农民工）的矛盾。"如果农民有致富的门路，有第三产业的门道，就可以从土地上流转出来；如果这个农民只会种田，把农民从土地上强行撵走是不能干的。"从现实情况来看，河南省农村劳动力的合理配置严重滞后，一方面，土地流转需要农民的"流转"或者非农化；另一方面，规模化的农业生产需要高素质的"留守"农民。这是农村土地流转所要面对的现实问题。

（四）农田水利设施年久失修，农业机械化水平偏低

自 20 世纪 50～60 年代河南省大规模兴建农田水利工程以来，有相当多的农业基础设施缺乏统一的管理与维护，要么年久失修无人问津，要么被废弃形同虚设，这种现状势必会造成土地流转后受让方的成本投入，在没有国家政策扶持、资金投入的情况下，难免会给种粮大户、农业专业合作社等受让方带来思想压力。

近年来，河南省农业机械逐渐得到普及，大型农业机械普遍驶向田间地头，农民的劳动强度相对降低了，农业的生产率也得到大幅度的提高，但在山区、丘陵地区农业机械装备水平仍很低，这种现状制约着农业规模化、专业化的生产，也影响着农村土地流转的积极性。

（五）政策法规的软件建设滞后，制度设计须进一步加强

这种情形突出表现在以下几个方面。一是我国农村土地所有权权属不明。到底是乡镇政府、村委会，还是村民小组、村民大会拥有农村集体土地的所有权？这是农村土地流转需要明确的一个问题。事实上，当国家为了"公共利益"而必须征用农民的土地时，土地承包合同往往成为一纸空

文，土地补偿费也往往被基层政府、村委会、村小组组长截留，而作为农村集体成员的农民却无法直接支配，所得到的补偿甚少。二是尽管我国法律规定农村土地承包经营权 30 年不变，但在实践中，各地实施的标准不一样，有的村庄每隔 3～5 年就调整一下土地，这种短期行为不利于农村土地大幅度流转。三是农民的法律意识不强，所制定合同不规范，书面合同少，口头协议多，相关合同条款不够明确、具体。例如，有的农民签订的土地流转合同期限超过土地承包期。四是所流转土地性质与用途往往被改变，导致无法复垦或出现环境被污染等现象。

三　中原农村土地流转的出路何在

土地流转是为了实现农村土地资源的合理配置，加快农业规模化、集约化的生产步伐，把分散的、无序的小农经济变为有组织的、有序的小农经济。创新与探索河南省农村土地流转形式的途径如下。

（一）直接途径是培育农村土地流转市场，维护农民市场主体的权益

土地流转的实质是农村土地使用权和经营权的"流转"。在稳定家庭联产承包责任制的基础上，培育成熟的农村土地流转市场，依靠市场机制来调整土地合理流转。农村土地流转的主体应该是农民，而非乡镇政府或村组织，也就是说，土地是否需要流转，需要采取哪种形式，应该由农民自己说了算。而且，在土地流转的价格确定上，应该遵循土地流转市场的价值规律，应该尊重双方平等协商的结果，切实维护农民市场主体的权益。例如，为了保证农民及时获得土地增值的市场效益，农民可以随着市场行情调整流转价格。

（二）重要途径是完善土地流转法规，加强相关制度设计

当前，在河南省农村土地流转的过程中，首先要完善相关法律法规，消除一些不合理的制度障碍，为土地流转营造一个良好的法治环境。一是明确农村土地产权，夯实土地流转的基础。土地产权关系越清晰，就越有利于土地流转。在"稳定所有权、完善承包权、放活经营权"的前提下，

政府有关部门应该对集体土地所有权、农民土地使用权、农民土地承包经营权进行确权，由登记机关统一登记并发证。二是完善相关法律法规，确保土地流转后有监管。国家要通过制定相关法律，明确土地流转双方的权利、义务、责任，并对土地流转的主体、流转方式、流转程序、纠纷仲裁、调解机制等行为进行规范。例如，建立土地流转登记备案制度，以确保土地性质、用途不被改变。又如，交易双方应当签订书面合同，避免口头协议。再如，设立土地流转服务中心、土地流转法律服务工作站、土地流转仲裁机构等。

（三）关键途径是理顺农村社会保障体系，解除农民的后顾之忧

目前，河南省农村社会养老保险机制还没有完全建立起来，相当多的农民担心土地流转出去后生活没保障、工作没着落。同时，对于受让方来说，也面临天灾地害等潜在风险，因此，理顺农村社会保障体系是实现农村土地流转的关键所在，是保障农村社会稳定与和谐发展的重要保证。当前，政府应该积极推进农村社会保障制度改革，根据"因地制宜、量力而行、形式多样、农民自愿"的原则，多渠道、多层次、多方式地开展农村养老、医疗、就业、农业生产等社会保险，当前应重点做好农村最低生活保障制度、新型农村合作医疗与大病救助制度、养老保险制度和就业保障制度的建设。一旦农民真正能够享受到社会保障，那种凝结在土地上的情结就会逐渐淡化，从而打开农民的传统"心结"，为土地流转打下坚实的思想基础。

（四）必要途径是加大对农业基础设施的投入，提高农业机械化水平

目前，在河南省平原地区，水、电、路等农村基础设施依然滞后，土地流转难度较大，更不用说丘陵和山区了。为确保农村土地流转的顺利进行，政府要以农田水利建设为重点，加大财政投入力度，修缮农业基础设施，切实提高农民抵御自然灾害的能力，提高农业综合生产能力。同时，政府应加大对农机购置补贴项目和现代农机装备推进项目的监管力度，鼓励农民通过机械、土地、资本、技术等生产要素联合，创办农机专业合作社等生产组织形式，脚踏实地，提高河南省的农机装备水平，为实现农村土地的良性流转做好"硬件"建设。

（五）根本途径是合理配置农村人力资源，实现农民的非农化

在河南省农村，相当多的青少年初中没毕业就走上打工的道路，他们缺乏必要的就业技能和创业能力，只能从事传统农业和城市中收入低，苦、脏、累、险、差的行业和工种。同时，受知识水平限制，"留守"农民还不能尽快适应土地流转之后农业新技术的应用。

随着大量青壮年和素质相对较高的农村劳动力离开土地，发展现代农业面临优秀劳动力不足的难题。一方面，土地流转要求农民非农化；另一方面，规模经营需要高素质的"留守"农民，而转移农村剩余劳动力与培育现代农民是农村人力资源合理配置的重要途径。因此，政府要大力发展劳动密集型产业，优化产业结构，加快发展第三产业，吸收农村剩余劳动力。同时，应引导农业院校的大学生到农村去，吸引城市过剩而又是农业发展所需的人才到农村创业，支持外出务工人员回乡创业，并对"留守"农民进行现代技术培训等。

由于我国经济发达地区的农业机械化程度较高，农业生产率也比较高，第二、第三产业比较发达，城镇化水平较高，农村劳动力有条件转移，因此，农村土地流转的阻力小；而在经济欠发达的地区，土地依然是农民的安身之本、生存的保障，劳动力转移虽比较频繁，但土地流转规模相对较小。因此，不妥善解决农村剩余劳动力的转移问题，不构建完善的农村社会保障体系，片面强调土地的集中和规模化生产，只能使土地流转陷入困境。

公司下乡要警惕
乡村关系行政化

许昌学院中原农村发展研究中心课题组

乡镇政权借公司下乡契机，控制村级"两委"；村级"两委"间围绕权力、利益争夺，矛盾激化，致使乡镇权力介入；土地流转中乡镇政权一手包办，村级"两委"与村民被边缘化；乡镇政权垄断相关信息，村级"两委"地位被动。这种反弹的行政化乡村关系与现代国家建构相背离。为此，在公司下乡中，需要明确乡镇政权的职责范围，规范其行为；加强村级"两委"组织建设，提高村级"两委"财权，协调村级"两委"矛盾；完善土地流转相关法律法规，提高村级"两委"地位，保障村民权利；加强企业与村级"两委"的直接沟通与谈判。

乡村关系体现着国家与社会的关系，事关国家稳定大局，影响我国基层自治民主的发展，公司下乡为现代农业的发展带来了资金与技术，与现代国家的发展趋势相适应。然而，笔者在调研过程中发现，公司下乡使得乡村关系向行政化方向反弹，伴随公司下乡的是乡镇政权的下沉，乡镇政府企图控制村级"两委"，从而更好地谋求利益，这在公司下乡的整个过程中都有所体现。为此，在公司下乡中，需要健全相关法律法规，规范乡镇政府行为，保障村级"两委"权利，使乡村关系朝着有利于现代国家建构的方向发展。

一 公司下乡中乡村关系行政化问题

（一）乡镇政权借机控制村级"两委"

后发外生型的现代化道路，决定了我国公司下乡需要政府的政策指导与推动，以便对广大农村提供服务和安全保障，降低农民风险。乡镇政府作为政府末梢，是政府层级中公司下乡的最终执行主体，然而伴随公司下乡的还有乡镇政府的政权下沉，乡镇政权利用这一契机控制村级"两委"。其控制主要表现在：混淆政务与村务，将与公司下乡相关的事务全部纳入政务范围，变指导为领导，以命令方式推动公司进村，以行政命令方式安排村级"两委"的工作。控制手段有党内控制、控制选举、控制财务、利益诱导和建立奖惩机制等，乡镇政权下沉向村级渗透，在公司下乡这一契机的推动下，普及率和成功率大为提高。

（二）村级"两委"矛盾激化导致权力外送

村级"两委"关系一直是影响村民自治的难题，公司下乡使矛盾由隐性走向显性，由缓和走向激烈。公司作为一个新主体进入村庄，带来了大量的资本与事务，激发了村级"两委"的工作热情，也增加了村级"两委"间的摩擦，引发村支委领导核心与村委会自治中心"两心"相争。村支委倾向于决定一切，村委会也有排斥村支委领导的倾向，村级"两委"间又没有明确的权力界限，因此矛盾易于产生并升级。村级"两委"争夺控制权的结果会有四种——村支委压倒村委会、村委会压倒村支委、村级"两委"相互对峙和村级"两委"共同弱化。前三种属于权力的内部消解和异化，间接导致权力的外送和乡镇政府的介入，第四种则属于权力的直接外送，这无疑都为乡镇政权的介入提供了事由。

（三）土地流转中村级"两委"的权力被架空

公司下乡过程中土地流转是关键环节，公司流转土地具有规模大、涉及农户多、流转时间长等特点，且属于土地外部承包。对于农村的集体经济组织，当前多为村委会，因此，村委会不仅是村民自治的组织，而且作为土地的发包方存在。然而，从笔者调研的情况来看，在土地流转中，乡镇政府一手包办问题严重，仅加以村级组织的名义，村级"两委"被边缘化。这一问题直接体现在合同的签订中，由乡镇政府代村委会和公司签订，作为发包方的村委会和作为承包方的村民完全被排斥在外。笔者在调研中发现很多村民根本没有看过合同，村委会甚至没有合同复印件，这是和法律规定不相符的，也证明合同无效。

（四）村级"两委"对乡镇政权形成依赖

面对公司下乡，村级"两委"有喜有惊：一方面，期待下乡公司带来的资金、技术；另一方面，缺乏基本的应对能力。村级"两委"成员基本由农民构成，能力有限，社会化水平低，对市场认知不足，面对突如其来的下乡公司，在整个公司下乡的过程中都体现出对乡镇政府的依赖。首先是资源的争夺，村级"两委"主动向乡镇政府靠拢，为本村争取下乡公司资源；其次是依赖乡镇政府的指导，寄望于乡镇政府与公司谈判，以降低自身风险；最后是依靠乡镇政府提供保障，依靠乡镇政府对公司进行监督与制约，以防止本村利益受损。因此，整个过程下来，村级"两委"被边缘化，只能依靠乡镇政府来维护自身利益。

二　公司下乡中乡村关系行政化的原因

（一）乡镇政权利用强势地位谋利

在我国基层社会，由于缺乏社会对政府的制约，乡镇政权相对村级"两委"的强势地位是可想而知的，只是有潜在和显在之分而已。在公司下乡的推动下，乡镇政府的强势地位易于凸显，并企图加强对村级"两委"的控制，这是由公司下乡带来经济利益与政治利益的诱导决定的。在经济利益方面，公司带来了大量资本，控制村级"两委"，方便公司入村，更有利于政府利益索取；在政治利益方面，控制村级"两委"，推动公司下乡进程，提高政府政策的实施效率，方便政府项目在农村的开展，有利于提高政府的政治绩效。正是在这双重诱导下，加上政府出于短期行为考虑，出现乡镇政权下沉的局面。

（二）村级"两委"间因权限不清相互争夺

村级"两委"的矛盾来自村支委作为村级领导核心和村委会作为村民自治组织二者的权力划分不清和职责不明，村民委员会组织法只是对二者关系做了原则性的规定，并未明确各自的权力范围，致使各自权力的实施弹性空间过大、交叉过多，这就使二者权力的行使过于依赖各自的自觉。

同时，在面对村级"两委"的矛盾和问题时，乡镇政府也不能给予有效协调，很多乡镇干部自身对村级"两委"的关系及各种职责模糊不清，又谈何来指导。在这一背景下，公司下乡激发了村级"两委"的工作激情，致使本来就比较模糊的关系更加复杂化，矛盾升级，不能给予有效协调的乡镇政府趁机夺取村级"两委"的权力。

（三）法律不健全与司法监督不力

公司下乡日趋增多，土地流转规模必然大规模扩大，而现有的《土地承包法》和《土地管理法》中关于土地流转的规定过于原则化。一方面，缺乏有关流转过程中村委会权力的具体规定，也没有关于相关合同签订的具体规定，已不能适应当前土地流转广大情势的发展，这为乡镇政权操纵土地流转提供了可能。另一方面，农村土地流转出现违法现象时司法监督明显乏力，违规行为得不到遏制，无效的合同在继续发挥效用，从而消除了乡镇政权操纵土地流转的顾虑。法律法规缺陷与司法监督不力，致使村级"两委"权力受损，地位被削弱，成为乡镇政权的执行工具。

（四）村级组织财权缺失、信息缺乏

当前很多基层社区实行村财乡管或村账乡管，公司下乡大量资金入村，更是给了乡镇政府掌管村级财权的理由。在公司下乡中，乡镇政府还垄断信息资源，阻碍了村企间的信息交流。就村财乡管或村账乡管而言，村级"两委"不能自由支配手中的资源，也就缺乏应对下乡公司的手段。就乡镇政府垄断信息资源而言，只有掌握了相关的公司及市场信息，村委会才能更有把握地与公司进行谈判，掌握更多主动权。由于信息资源的缺乏，村级"两委"对谈判公司的基本资料掌握甚少，对公司的资信情况和经营能力一无所知，不得不依靠乡镇政府来与企业谈判。

三　公司下乡中建立均衡多元乡村关系的政策建议

（一）明确乡镇职责，规范乡镇政府行为

要防止公司下乡中出现乡镇政权下沉，需要在明确乡镇政府职责

的基础上，规范乡镇政府行为。首先，明确乡镇政府职责，限制其职责于引导、服务及监督的范围内，引导公司入村，为公司与农村的融合提供服务，对公司的后期经营进行监督以保障村民的利益免受损失。其次，规范乡镇政府行为，职责的明确已经是对政府行为的限定，针对公司下乡中政府行为问题，考虑到其经济效应与社会效应，需要发挥来自政府审计部门的审计监督和自下而上的社会监督作用，这又需要提高审计的独立性，有效地将群众的社会监督转化为对政府行为的奖惩。

（二）划清村级"两委"权限，加强村级"两委"建设

协调村级"两委"矛盾，需要明确村级"两委"职责，划清村级"两委"各自的权力界限，做到职责分明、互相配合，由村支委掌舵、村委会划船。作为领导核心的村支委，应发挥引导与监督作用，引导村民更好地适应下乡公司；监督公司及村委会，应防止违背国家政策及有损村民利益的行为出现。作为村民自治组织的村委会，是村民自治执行机构，负责村里村务，公司下乡的具体事务需要其处理，应坚持国家的政策原则及为民服务原则，坚决维护国家及村民利益。针对矛盾斗争的不同结果，要着重加强村级"两委"组织建设，具体问题具体对待，提高村级"两委"组织资本能力及自主能力，从而有效应对外来冲击。

（三）健全法律法规，明确村级主体地位

针对土地流转中村级"两委"被虚置的问题，需要健全相应的法律法规，明确村级主体地位。首先，完善关于土地流转的法律法规，改变以往法律法规不健全和缺乏可操作性的状况，完善程序性规定，明确合同签订要件及相关惩罚性规定。其次，基于公司下乡中的土地流转是分散的农户应对组织化的公司，明确各主体地位，尤其是村级"两委"组织的地位，以组织化的"两委"应对组织化的公司，从而更好地保护村民利益，这就需要明确与保障村级"两委"的地位。同时，村级"两委"的参与，可以在土地流转中起到有效的协调作用，避免强制村民流转土地及有流转意愿的村民不能流转土地。

（四）加强村企沟通，增强村级"两委"财权

要减少村级"两委"对乡镇政权的依赖，需要双方共同努力，打破乡镇政府垄断公司下辖相关信息的局面，增加村级"两委"的信息资源，提高村级"两委"财政自主权，以增强自主性。在信息掌握方面，需要乡镇政权退进并举。进就是主动和村级"两委"组织沟通，提供信息服务；退就是有限地从公司和村级组织之间退出，避免公司因依赖乡镇政府而与村级组织疏离，将下乡公司推到村级"两委"面前，加强村企沟通。在提高村级"两委"财权方面，在明确村级"两委"财权范围的前提下，要一改村财乡管或村账乡管的局面，将乡镇政权的权限限制在审核监督范围内，而不再是审批，这自然就会降低村级"两委"对乡镇的依赖程度。

游离在政府与市场之间

许昌学院中原农村发展研究中心课题组

党的十七届三中全会通过的《中共中央关于推进农村改革发展若干问题的决定》指出，建立健全土地承包经营权流转市场，按照依法、自愿、有偿原则，允许农民以转包、出租、互换、转让、股份合作等形式流转土地承包经营权，发展多种形式的适度规模经营。公司作为新的经营主体，纷纷进入农村从农民手里流转土地进行规模经营。以赢利为目的公司在下乡的过程中，依靠基层政府的帮助从农民手中流转出大量土地，在政策的扶持下进行农业产业化经营，在实现农业增效、农民增收、农村发展方面发挥了重要作用。

公司下乡本应该是在利润的引导下产生的市场行为，由于基层政府的参与而更具有政策性，公司下乡目前呈现"政府主导、公司主体、农民弱化"的状态，农民作为土地承包者反而被边缘化了。在政府政策引导和市场利润诱导下，公司进入农村从事农业产业化经营，公司的收入来自国家的财政补贴和销售收入，对政策的依赖性较强。作为营利性经济组织，公司下乡应当以"政府引导、市场主导、农民参与"为方向，发挥政府的政策推动作用、市场的利润诱导作用、农民的利益监督作用，形成政府、企业和农民的利益联结机制，实现经济效益和社会效益同步增长，培育公司的社会责任感。政府应当分类扶助，助力公司规模化发展；建立市场调节机制，完善土地流转程序，给力公司持续发展；建立公司与农民的利益联结机制，实现公司与农民的共同发展。在公司下乡的过程中，充分发挥市场的基础作用、政府的引导作用、农民的监督作用，促进公司和村庄的共荣发展。

一 公司下乡后的现状分析

（一）政府主导助力公司规模化发展

农业公司从事农业生产最需要获得的生产资料就是土地，土地作为最重要的生产资料是公司进行生产的必要前提。当前的土地制度是农民承包经营，要获得土地就必须进行土地流转，从农民手中流转出土地的经营权。《农村土地承包经营权流转管理办法》规定，"县级以上人民政府农业行政主管（或农村经营管理）部门依照同级人民政府规定的职责负责本行政区域内的农村土地承包经营权流转及合同管理的指导"。政府助力公司下乡主要表现在以下几个方面。一是修建基础设施，吸引公司下乡。国家投入大量资金，修建道路和水利灌溉设施，为公司进行规模化经营提供了很好的基础设施。二是提供政策支持，鼓励公司下乡。对于从事农业的公司，国家给予免税的政策优惠，这为公司在发展初期节省了一些资金。三是提供财政补贴，助推公司发展。政府在引入公司进行农业生产时，提供大量的财政资金，解决公司在下乡后的资金困难问题。四是项目支持，扶助公司进一步发展。国家通过项目招标的形式，利用专项资金帮助公司扩大生产。五是政府主导土地流转，帮助公司实现土地规模化。在土地流转的过程中，乡镇政府参与公司流转土地，帮助公司从农民手中流转土地经营权，实现农业生产规模化。

（二）市场诱导推动公司集约化经营

在利润的诱导下，公司进入农村，从事农业生产，作为新的经营主体，大都没有直接从事农业生产的经验。为了节约成本，扩大公司规模，获得更多的利润，公司必然需要抛弃传统的农业种植方式，实行集约化经营，主要表现在以下几个方面。第一，管理精细化。农业公司的生产基地在1000亩以上，生产规模扩大的前提是管理水平的提高，通过分片管理，实行经理负责制实现了精细化管理。第二，生产标准化。公司在进行农业生产时采取机械化种植、自动化灌溉，对土壤肥力进行科学化整治，保证土地获得最大的收益。第三，包装严格化。农业公司从事农业生产大多是从事蔬菜方面的种植，按照市场要求对蔬菜进行严格的分类，把好质量关，进行统一包装。第四，运输便捷化。农产品销售具有季节性，提前上市能够确保农产品旺销，因此，需要便利的运输系统来保证农产品迅速上市，从而获得高额利润。

（三）单一化生产制约公司长远发展

涉农公司进入农村获得土地经营权，在农业产业化经营初期，面临资金、技术和管理等各方面的制约因素，公司经营单一化表现明显。一是经营业务单一。在公司下乡这股热潮中，不少公司在国家鼓励土地流转、进行农业产业化发展的政策号召下从事农业生产，大多是简单的农业生产。二是生产种类单一。在现有的下乡公司中，基地生产主要以蔬菜为主，而且品种较少，大多属于季节性种植，影响了公司利润的增加和土地效率的提高。三是生产过程单一。农业公司大都处于发展初期，从事农业种植的较多，农产品生产出来直接销往市场，深度加工很少，公司获得的利润以产品销售收入为主，影响了公司效益的提高和进一步发展。

（四）高社会效益影响公司规模扩大

作为政府引导下的涉农公司下乡，社会效益并不是公司追求的目标，利润才是公司生存和发展的目标与动力。社会效益是政府追求的结果，经济效益是公司追求的目标。在涉农公司下乡过程中，公司社会效益高的表现和影响体现在以下几个方面。第一，公司创造了大量的就业岗位，转移了农村劳动力。农业是劳动力密集型产业，需要大量劳动力进行生产，公司在扩大规模经营时也需要大量劳动力。第二，公司进行土地规模化经营需要从农民手中流转出土地，租金成为农民的土地收入，而在流转土地后，农民又成为公司的工人，农民的收入实现了增长。第三，公司在进入农村后为了农业生产的需要，会参与农村公共基础设施建设，推动了农村生活环境的改善。第四，农业属于利润低、见效慢的产业，在土地资本和劳动力资本投入过高的情况下，公司的利润空间缩小，影响了公司扩大经营规模。第五，公司在投入成本高和利润低的情况下，会削减投资计划，甚至减少在农业生产上的投入，这会影响农业产业化经营规模的扩大。

二　涉农公司下乡后的问题解析

（一）政策扶持，公司市场化经营程度低

国家鼓励公司参与农业生产，引导资本进入农村，并在政策和资金上支持农业产业化经营。河南省为了推动农业产业化经营，鼓励涉农公司进入农村，对这些从事农业经营的企业给予免税政策。同时，一些地方政府为了吸引涉农公司进入还给予额外补贴，如许昌市某镇为了将大型农业公司吸引进来，对公司流转的土地按 150 元/亩的价格进行补偿。国家的政策扶持是为了解决农业公司在经营初期的难题，通过免税政策，吸引公司进入农村从事农业生产，推动农业的现代化；提供项目支持，扶助公司发展。公司从事农业生产，不仅增加了农业生产的经营主体，带来了资金，而且给农业生产注入了新的管理经验和技术。但国家过多的政策支持，容易造成公司对国家政策的依赖性，试图依靠国家的政策而非市场机制来推动公司销售效益的提升，将会导致市场化程度不高。

（二）政府主导，公司独立经营能力较差

政府主导主要表现在土地流转方面，政府特别是乡镇政府在土地流转的过程中充当先锋角色，在一些地方甚至出现乡镇政府与农业公司直接签订流转合约的情况，这严重损害了农民的利益，也影响了公司的进一步发展。在基层政府的直接推动下，公司很容易从农民手中流转出土地，节约大量成本，从而促进公司的早期发展。涉农公司在流转土地的过程中，当地乡镇政府直接参与其中，与农民签订土地流转合同，帮助公司从农民手中流转土地。涉农公司在下乡的过程中借助政府力量实现了对土地经营权的占有，为规模化经营奠定了基础，但在政府主导下的涉农公司下乡也削弱了公司作为经营主体的独立经营能力，主要表现在以下几个方面。一是政府主导公司下乡，导致公司的市场推力减小。作为营利性组织，公司应在利润的诱导和市场的推动下从事生产，而政府主导下的公司下乡增强了公司的政治基础，弱化了公司进行生产的市场动力。二是政府主导下的公

司下乡，社会效益高于经济效益，从而影响了公司的发展。政府在推动公司下乡的过程中，力图实现公司和农户的共同发展，失地农民的生活保障和就业安置成为政府需要解决的首要问题，农业公司正好可以解决劳动力问题，在政府帮助流转土地的情况下，公司也只有吸收更多的农民才能得到基层政府的持续帮助，公司和政府形成了一定的共同利益。三是政府主导土地流转将农民放在公司下乡的边缘地位，农民失去了土地——同公司谈判的唯一资本，导致公司在经营后扩大规模方面遭遇农民反对，公司在自身不能和农民达成协议的情况下，不得不再次依靠政府，这就形成了土地流转怪圈。

（三）契约缺失，公司与农民共同利益少

涉农公司在推动农业现代化、实现农业产业化经营方面具有重要作用，与家庭经营相比具有资金、技术和管理上的优势。在政府主导下的公司下乡过程中，农民与公司之间签订的协议较少，二者之间难以形成共同利益。例如，谷徐王村的农民在天和农业公司租地的过程中，大都不知道流转的程序，只是在最后签字的时候按上手印，公司并没有与农民就土地的价格进行商谈，也没有尊重农民的意愿。公司与农民共同利益少主要表现在以下几个方面。第一，在土地流转过程中，公司与农民交往少。公司为了节约成本，借助乡镇政府的力量从农民手中流转出土地，直接剥夺了农民对土地的自主权，引起农民不满。第二，在土地流转价格方面，合约是公司与基层政府或村委会签订的，农民的意愿没有得到表达，这难以让农民参与公司后期公司扩大发展的过程中。第三，公司下乡并没有实现与农民共同致富的目标，公司带动农户的发展模式也没有得到很好的体现，反而出现了公司替代农户的趋势，作为传统生产者的农民从土地中"被"解放出来，也没有关心公司生产的动力，农民与公司之间的联系只有租金这种形式。第四，公司与农民之间对于违约行为也没有明确的处罚措施，农民对于公司迟交租金的行为会采取强行收地、破坏土地作物等措施，从而加剧了农民与公司之间的矛盾。第五，农民并没有参与土地流转合约的制定，导致农民与公司的关注点不一致，农民关注的是土地的使用情况，而公司关注的则是土地的生产效率，二者之间没有形成一致的土地价值观。

（四）农民弱化，土地流转意愿持续性弱

在涉农公司下乡的过程中，作为利益相关者的农民被渐渐排除在外，农户与公司之间的共同利益难以建立。基层政府主导土地流转，剥夺了农民关于土地的自主权，农民丧失了与公司谈判的资本。农民长期作为土地承包经营者，在劳动力转移渠道没有建立的情况下，农民从土地中被解放出来，这不仅对农民生活安全构成威胁，而且容易产生影响农村稳定的因素。农民弱化主要体现在以下几个方面。一是公司下乡，农民失去了参与权。基层政府将土地流转作为工作绩效，容易直接参与土地流转，这样就将农民排除在土地流转之外。二是合约制定，农民失去决定权。作为经济行为的公司下乡，因基层政府的介入而增添了公司下乡的行政性，农民在这个过程中对土地价格和租期都不具有决定权。三是合同执行，农民缺乏监督权。公司作为外来经营主体，赢利是其目的，而没有像农民那样的土地情结。针对公司在土地上修建厂房等设施的行为，农民并没有监督约束的权利，而这些设施会影响土地日后的复耕。农民是土地的直接联系者，在公司下乡的浪潮中，农民被日益边缘化，从土地中被解放出来，与土地的联系越来越少，而农民天然的土地情结必然会影响公司的持续性经营。

三　涉农公司下乡的路径探析

（一）分类供给，建立政府扶持的合理机制

目前涉农公司下乡大多是在政府引导和市场推动下，在政策和利润两种因素的影响下出现的，政府在公司下乡的过程中只起到引导作用，在公司进入农村从事农业生产后，应确立自己作为服务者的角色。一是制定惠农政策，加快农业产业化经营。政府应加强对农业公司的引导作用，鼓励社会资本从事农业投资。二是搭建土地交易平台，给公司和农民间的土地流转提供便利，在"自愿、依法、有偿"的原则下，鼓励土地经营权的流转。三是做好监督工作，保障公司和农民双方的利益。政府应当对农业公司的土地使用情况和经营业绩进行监督，避免农地非农用和公司圈地行为出现。同时，应加强对农民违约行为的监管，防止农民单方面收地。四是

制定扶持标准，对公司进行政策支持。政府根据公司的经营业绩进行监督，按照公司经营状况进行财政补贴和项目支持，避免公司对国家财政补贴的依赖性。

（二）金融扶助，拓展多元有效的融资渠道

公司在进入农村从事农业生产过程中遇到的最大困难就是资金不足，农业公司不具有土地产权，因此不能将土地作为抵押物从银行贷款，加上农业企业抵御风险的能力低，导致农业公司很难从银行获得贷款。在国家提供金融政策扶助的同时，公司应当增强自身实力，提高融资能力。第一，创新农村金融体制，放宽农村金融准入条件，引导更多的信贷资金和社会资金进入农村，发展面向农村和农业服务的金融机构。第二，农业银行等农村金融机构应当开发面向农业公司的金融项目，对农业公司开设专项服务，为企业发展提供资金支持。第三，政府应当按公司经营业绩和信誉为公司提供贷款担保，同时发展民营商业担保机构和企业间互助担保机构，帮助公司获得贷款，建立政府扶持、多方参与、市场运作的农村信贷担保机制。第四，适当放宽资本市场准入条件，支持有实力和发展潜力的农业公司上市融资和发行债券，拓宽农业公司的融资渠道。第五，国家应当为经济效益好、社会效益高的农业公司提供财政补贴，同时对从事农业产业化经营的主体提供种植补贴，解决经营主体的资金难题。

（三）农民参与，形成公司与农民的利益体

发展现代农业、实现农业产业化经营必然要进行土地集中，这就需要从农民手中流转出土地。在公司下乡的过程中，不能绕开农民这个主体，因此，应当将农民纳入公司下乡整个过程中，建立公司与农民之间的利益共同体。第一，加强对土地流转相关政策法规的宣传，获得农民对土地流转的支持。目前，农民对土地流转并不了解，很多土地流转都是在政府主导下进行的，因此，加强对土地流转相关政策法规的宣传，不仅可以保障农民取得利益，而且能够减少土地流转的阻力。第二，政府应当公布土地流转的数量和价格，保障农民的知情权。土地流转是对农民权利的转移，涉及农民自身利益，政府通过宣传栏等途径将土地流转的数量和价格公开，农民能够权衡自己的利益。第三，公司应当与农民进行谈判，保障农

民的参与权。土地是农民的财富和生活保障，也是与公司博弈的资本，只能在农民自愿的情况下才能进行土地流转。农民拥有对土地的议价权和决定权，只有让农民参与土地流转过程才能从根本上保障农民的利益。第四，建立农民对公司经营的监督机制，保障农民的监督权。土地是农民的"命根子"，公司在经营一定时期后土地会归还农民，如果不对公司经营进行监督，公司出现农地非农用的情况后将会影响土地的质量，最终损害农民的土地利益。第五，发展多种经营模式，建立与农民共生的利益体。目前公司下乡是公司直接作为经营者从事农业生产，将农民排除在外，因而与农民难以建立利益共同体。公司可以作为生产资料的提供者和劳动产品的收购者，与农民形成互惠合作关系，促进二者的共同发展。同时，发展股份合作制，农民以土地作为资本入股参与公司的利润分红。

（四）市场运行，提升公司经营制度化水平

涉农公司作为营利性组织从事农业生产，追求利润是其目的，只有通过市场化运行，建立制度化机制，才能推动公司的持续发展。第一，在公司下乡过程中，发挥市场的引导作用。只有在市场的推动下，公司才能更好地参与农业产业化经营，也才能更好地发挥公司自身的优势，降低对政府的依赖性。第二，加强与农民合作，形成土地流转协商机制。土地是农民与公司博弈的资本，只有在农民自愿的情况下土地流转才会持续进行。公司应当搭建与农民的协商平台，保障土地流转公开运行。第三，完善监督机制，杜绝变更土地用途的行为出现。土地是农民的生活保障，一旦被破坏将很难恢复，这会在公司退出后给农民的生活带来威胁。因此，政府应当加强对公司用地监管，防止农地非农用的行为出现。第四，加强管理，建立精细化管理负责制。将公司承包土地划分区域，分类种植，实行片区负责制，按工作绩效进行奖励。第五，推行财务公开，完善公司财务制度。资金是公司在下乡过程中遇到的最大难题，公司因自身财务状况模糊，很难从银行获得商业贷款。因此，完善公司财务制度，能够降低银行的放贷风险，公司能够从银行获得更多的资金支持。

真正的自治要接地气

许昌学院中原农村发展研究中心课题组

对于中原腹地广大的农村地区而言，新型城镇化和农业现代化给基层的社会、经济、政治格局带来了日益深刻的影响。作为一股全新的外来力量，涉农公司的介入必然会给农村社会带来一系列变化，也必将影响农业、农村和农民未来发展道路的走向。为考察涉农公司下乡对农村社会的真实影响，探索涉农公司、乡镇政府、村委会和农民等主体之间的关系变迁，课题组针对 X 市几个具有代表性的村庄展开了深入调研，通过切实掌握各主体提供的第一手资料，对涉农公司下乡所带来的问题进行多角度分析，尝试找出破解困境的具体对策。课题组从村庄治理的视角出发，重点研究涉农公司下乡对村治带来的实际影响，认为公司下乡后的村一级自治组织即村委会出现了不同程度的弱化现象，要获得强有力的力量支撑，就必须从农民自组织中借力，通过村委会与农民自组织的有机对接来承接"地气"，实现村委会的强化，由此走向真正的农村基层自治。

一 涉农公司下乡对村庄治理的具体影响

（一）乡镇强力介入，村委出现虚置

1. 选举失败，村委班子"漂浮"

2008 年，W 村所在的 K 镇政府通过招商引资引入涉农企业 S 公司。S 公司主要从事蔬菜种植，同包括 W 村在内的 4 个行政村发生土地流转关

系。由于土地流转事关村民的切身利益和今后出路，村民迫切希望通过村委会掌握同 S 公司间的议价权和平等对话权，因此积极参与 2008 年和 2011 年两次村委换届选举。遗憾的是，在 K 镇政府的强力干预下，两次选举都以失败告终。

K 镇政府作为引入 S 公司的基层政府主体，视该公司下乡为一项重要政绩，因此并不希望村一级出现不同声音。W 村的选举意向恰恰是为了选出强有力的村委班子，掌握在征地等事宜上的主动权。为了选出自己合意的村委人选，K 镇政府直接操纵 2008 年 W 村的换届选举，村民发觉镇政府的意图后，产生了强烈的抵触情绪，最终导致该次选举流产。

2008 年选举失败后，W 村村主任的职位空缺，由一名村委会委员代行主任职权。2011 年 11 月，W 村再次进行村级"两委"换届选举。在村党支部书记换届选举过程中，全村 35 名党员中有 31 名参加了投票，选举产生了村党支部书记，选举结果报到镇党委后，镇党委不予承认，并于第二天推翻该结果，后由镇党委下派一名镇干部担任 W 村党支部书记。村民委员会选举的情况是，当时参与投票的村民有 1100 人，两名候选人竞争村委会主任，"全程指导"的 K 镇政府通过掺入印制错误的选票，分流了相当一部分选票，结果两名候选人的票数都未达到半数，本次选举失败，村委会主任职位再度空缺。此次选举只产生了两名村委会委员，现在村委会日常工作由这两个人管理，一人代理村委会主任的职务，另一人兼任村委会秘书。

W 村是涉农公司下乡背景下村委选举失败的典型案例。根据《中华人民共和国村民委员会组织法》第五条的规定，乡、民族乡、镇的人民政府对村民委员会的工作给予指导、支持和帮助，但是不得干预依法属于村民自治范围内的事项。K 镇政府无权干涉 W 村"两委"换届选举，在制度设计上只是村一级自治组织的指导者，出于政绩和经济两方面的利益驱动，通过直接指派村委成员的方式强力介入村庄治理，此举直接导致 W 村村委结构弱化，村委会在村庄治理中的力量被大幅度削弱，呈现"漂浮"状态。

2. 变主为客，村委职能"漂浮"

同样跟 S 公司产生土地流转关系的 K 镇 E 村与 W 村情况不同，E 村党支部有 3 名成员，村民委员会有 5 名成员，结构完整。但在处理同 S 公司关系的过程中，K镇政府全程主导，E村"两委"完全成为配角，丧失了主动权。

E村现有村民300多户，约1500人，拥有耕地2000多亩，其中已有800亩流转给S公司，土地流转合同上签订的租期为17年，租金为每年每亩900斤小麦，小麦价格以0.9元/斤为最低价，每年6月1日按当年小麦价格折现支付。实际上，该合同的签订存在手续完整性和价格合理性两方面的问题。

根据2005年3月1日起施行的《农村土地承包经营权流转管理办法》第四章第二十一条的规定，承包方流转农村土地承包经营权，应当与受让方在协商一致的基础上签订书面流转合同。农村土地承包经营权流转合同一式四份，流转双方各执一份，发包方和乡（镇）人民政府农村土地承包管理部门各备案一份。

调研发现，作为土地出让方的农户没有任何书面合同在手，对于合同内容只是由村委口头传达，村委也没有任何相关纸质文本。可以说，E村的土地流转合同完全是K镇政府同S公司两方达成的，法律规定的土地承包方、出让方即农户这一重要主体没有直接参与合同的商议和签订，作为村一级自治主体的村委会也完全没有参与这一重要过程。

E村同S公司发生土地流转关系前，乡镇政府要求村委负责上门劝说农民出让土地，不愿意出让的就反复做工作。村委成员的动力主要来自乡政府的经济许诺，即每成功劝说流转一亩土地，给村委会补贴60元，而这一许诺最终并未兑现。

从实地调研的情况看，在E村土地流转这一重大事务中，K镇政府和S公司是两个绝对强势的主体，村委会和村民完全处于被动接受的地位，K镇政府直接越过村委和村民，代为签订合同。E村村委会作为村一级自治组织，面对事关村民利益的重大事务，没有按照《村民委员会组织法》的相关规定及时召开村民会议，未将有关事宜交村民会议讨论决定，只是作为K镇政府开展土地流转工作的协助角色存在，可以说没有充分发挥自治功能。

（二）企业"吞噬"村庄，村委成为附庸

涉农公司下乡不仅在经济上打破了村庄原有的格局，而且不同程度地

影响了村庄的政治格局，其中的极端表现在于村企边界不明，企业凭借经济实力"吞噬"村庄资源，村级"两委"失去村治主导地位，异化为企业的附庸。位于 X 市西部的 F 村就是这类被企业"吞噬"的村庄。

F 村距离县城约 20 分钟车程，相对远离城区，共有 7 个村民小组，约 670 户、2000 人，耕地面积为 1300 亩。该村属于典型的强人治村，村支书 A 任职近 10 年，本应举行的三届选举实际上只在第一届时走了过场。A 早年贩卖过水果，有涉黑背景，2003 年回村，恰逢前任支书因贪污公粮款被免职，A 利用宗族势力、拉票贿选等手段通过选举，当选为 F 村支书。

A 上任后强力推行村庄建设，做了村庄道路和电网改造等具体工作，借此巩固了其地位，此后以村集体名义强征村中土地 400 亩，用于种植经济林及开发休闲农庄，价格是每年每亩 800 元，实际上并未完全兑现。由于 A 的强势作风和黑社会背景，村民多是敢怒不敢言。

目前，F 村村委基本处于停运状态，主要的几名村委委员各有自己的生意，只在 A 的休闲农庄需要人手时去帮忙，村委工作的重点也往往偏移到农庄同外界的关系打理上，在对村庄的日常治理和为村民服务方面并未投入很大精力，村委成员更像是企业的员工。

类似 F 村的情况并非个案。村庄精英返乡创业，通过进入村委班子实现公权私用，攫取村庄资源作为企业发展的资本，村委由此成为企业的附庸，失去在村庄治理中的主导权，同时也造成村委同村民之间的隔阂，为村庄矛盾激化埋下隐患。实际上，这也是村委会在村庄治理中逐渐丧失号召力以及能力弱化的开始。

（三）农民抵制企业，村委沦为"地保"

在同样面临土地流转问题的 G 村，涉农企业 T 公司开出的条件更为苛刻：租金为每年每亩 900 元，租期为 30 年。由于物价上涨等因素，村民认为租金过低、租期过长，乡镇力推的土地流转让自己失去了相对稳定的生活，因而产生了对未来生活的担忧和对企业的不满。在多次同 T 公司交涉未果的情况下，部分村民开始用破坏或偷盗公司种植的经济作物等方式展开抵制。

在应对涉农公司的过程中，G 村村委并未站在村民立场同 T 公司直接谈判，也不及时劝阻村民的不当行为，而是采取放任的方式，利用村民的偷窃行为增加 T 公司的运营成本和压力。当 T 公司找到村委要求协调解决问题时，该村村委反而顺势以此为要挟，迫使公司缴纳"保护费"，以保障公司不受干扰。实际上，这是村委在治理当中的功能异化，本应积极同公司对话，站在村庄立场上为村民争取实际利益的村委，却摆脱了代理人的角色，既不服务于下乡公司，也不服务于本村村民，而是变成坐地收钱的"地保"，充当企业在村庄的保护人和打手。角色的非正常转变造成了村委功能的异化，村委也由此失去了在村庄中的力量支撑，逐渐弱化。

以上三种村委的变异虽然形式不同，但都具有同样的背景，即村庄面临涉农公司下乡并与之产生利益关联，由于涉及土地这一村庄的重要资源，村民对村庄事务的关注度也更加强烈，希望能够联合起来争取同公司的对话权、议价权，而本应作为村民"代理人"和"当家人"的村委，却由于制度设计上的缺陷而日益弱化，不能满足村民自治的需求，由此就需要寻找一个新途径，从底层强化以村委为代表的村庄力量。

二 涉农公司下乡后村庄治理的有益经验

涉农公司下乡后，对以往的村庄治理模式产生了不同程度的冲击，乡镇政府出于政绩考虑的强力介入使得村级"两委"进一步行政化，同时在自治功能上也更加弱化。课题组在实地调研中发现，这一变化并没有造成村庄治理的失序，究其原因主要有以下三点。

（一）经济能人竞争，村庄运行有序化

在土地流转面积较大的 W 村，由于失去土地，S 公司提供的就业机会少且工资水平低，越来越多的村民选择外出打工或经营其他非农产业谋生。在此过程中，W 村逐渐成长起一批经济能人，面对 S 公司这一巨大经济实体对村庄的冲击和现任村委的无力状况，这些经济能人开始自发地承担起部分村庄事务，并积极投入村委换届选举，渴望获得更多的发言权，由此形成一定程度上的良性竞争关系，从而推动村庄的有序运转。

W 村早年就有村民在外做运输业务，S 公司流转土地后，陆续有村民加入这个行列，目前已形成一个有 70 辆大货车的运输队，吸纳了村中60% 的男性青年。该运输队常年往返于各省市之间，车主年收入都在 10 万

元左右，比一般村民收入高。富裕起来的车主群体热衷于各类村庄公共事务，如在村庄年终戏曲演出捐款榜上，在总数 30000 元的捐款中，运输队各车主的捐款总额超过 15000 元，占总额的 50% 以上。为此，在捐款榜上还专门列出了"车主捐款"一栏。可见，车主群体作为经济能人在村庄事务中的重要作用和地位不可忽视。

此外，W 村还有一批在 K 镇经营个体生意的老板，他们形成了 W 村另外一个经济能人群体。由于家人和房屋仍在 W 村且离 K 镇不远，这一群体仍普遍关心本村事务，除在戏曲演出等村庄文化生活中出资捐助外，他们还通过资助或直接参加村庄义务巡逻队等形式参与村庄管理，逐步扩大本群体的影响力。

在 2008 年和 2011 年 W 村的村委换届选举中，车主群体和个体工商户群体逐渐成为两股主要的竞争力量，虽然选举连续失败，但通过积极出资、出力参与村庄日常事务，他们各自的影响力不断扩大。由于这种良性竞争，一方面，村庄事务在村委结构缺失的情况下得以有效运转；另一方面，村民的参与意识、民主意识也在此过程中不断提升。

（二）知识精英牵头，村民维权理性化

公司下乡带来的另一个变化是，村民在同涉农公司产生利益矛盾时，不再采取忍气吞声或越级上访、暴力反抗等方式解决，而是越来越呈现理性化的特点，具体表现为由受损村民自发组织、村庄知识精英主动牵头，寻求法律途径，依法逐级申诉，借此保护自身的合法权益。

S 公司下乡后，因 E 村部分村民不愿流转土地，该公司擅自拔掉 36 户村民的 190 多亩麦子，村民发现后第一时间向公安局报案，由于公安局有意拖延，引发村民极度不满，最终演变为有组织的上访。在上访过程中，受损的 36 户村民自发筹款，按照受损土地面积以 100 元/亩出资，采取抽签形式产生上访代表，由一名 43 岁的王姓村民带领。此人高中文化水平，属于村庄知识精英。王某有过成功上访并在法庭胜诉的经验，在 S 公司下乡前就购买和阅读了土地流转方面的书籍，对《宪法》《土地承包法》《物权法》中关于土地使用的规定，以及中央出台的关于土地流转的办法比较熟悉。另 5 名上访代表也都具备一定的文化水平且能说会道，对上访的法律法规及土地法规有一定的了解。6 名代表先后上访至 K 镇政府、省会和

北京，所涉及的部门有乡镇政府、省信访办、省公安厅和北京信访办，时间跨度从 2009 年 12 月至 2010 年 3 月。去北京上访的代表后由市信访办和乡政府接回，多次协商谈判后，处理结果是达成赔偿损失 1200 元/亩的协议，被毁麦地实现复垦。村民对这次依法抗争的处理结果普遍感到满意，认为这是一次成功的上访。

分析 E 村村民上访全过程，我们发现，在公司下乡后的侵权案件中，村民更倾向于借助执法部门和依据法律规定保护自身权益。特别是村民中的知识精英，不仅具备法律意识和相关法律知识，而且能够有效地组织村民依法有序地开展维权行动。在具体的维权经历中，村民又进一步有针对性地学到了法律知识和维权手段，从而推动村民行为更趋理性化。

（三）农民组织崛起，村治主体多元化

涉农公司下乡背景下另一值得注意的现象是农民组织的快速成长。在各类农民组织中，农民专业合作社是主要的类型。据统计，2009 年 X 市经工商管理部门注册登记的农民专业合作社有 433 家，成员出资总额为 6.32 亿元，入社成员为 14155 人，合作社成员人均收入高出非成员的农民人均收入 20% 以上；2011 年 X 市农民专业合作社达到 766 家，成员出资总额为 6.36 亿元，入社成员为 1.96 万人，带动农户 17.2 万户。以发展农村经济为主要目的的农民专业合作社在村民中的影响力日渐增强，已成为村庄治理中不可忽视的重要角色。

2007 年 7 月 1 日正式颁布实施的《农民专业合作社法》对农民自愿合法设立农民专业合作社做出了详尽的法理规定和保障。按该法要求，农民专业合作社要制定章程，建立各项制度，严格执行成员代表大会、理事会和监事会等民主决策程序。除去类似企业管理的一系列规定，在法理设计上，农民专业合作社的运作机理与村民委员会有诸多相似之处。在实际运作当中，农民专业合作社不仅能够帮助农民抱团发展，凭借组织力量抵御市场风险，而且能够有效地组织其成员进行经济活动以外的社会活动，这就为农民组织介入村庄治理创造了有利的条件。

在实地调研中，课题组观察到 X 市的某植保合作社、某农机合作社和某果蔬种植合作社都不同程度地影响了村庄事务。除参与村庄日常事务

外，合作社还通过扶贫助困等行动帮扶困难村民，甚至成立"社会法庭"，帮助解决村民之间的各类纠纷。

三 涉农公司下乡后村庄治理的政策建议

综上所述，在涉农公司下乡这一新形势下，目前农村地区出现了村一级自治组织在不同程度上被弱化，而村庄治理并未因此失序，反而随着村民自治意识和能力的提高以及农民组织的成长有所进步。要进一步优化村庄治理结构及运行模式，可以尝试从以下三个方面开展工作。

（一）调整制度设计，适应村治新变化

《村民委员会组织法》第一章第四条规定：中国共产党在农村的基层组织，按照中国共产党章程进行工作，发挥领导核心作用，领导和支持村民委员会行使职权；依照宪法和法律，支持和保障村民开展自治活动、直接行使民主权利。这一规定模糊了村民委员会在村民自治中的自主地位，在实际实施过程中，"领导"被解读为全权干预，往往造成村级"两委"之间角色定位不明，村级"两委"矛盾以及村党支部以党代政、架空村委会的现象即源于此。这一制度缺陷也为乡镇政府通过村党支部控制村委提供了可能性。

由此，在涉农公司下乡背景下，要保障村庄治理走向良性运转，从制度层面理顺村级"两委"关系就成为首先要解决的问题。在制度设计中必须增加限制性规定，明确村党支部只在政治方向上起领导作用，其日常职权范围只限于党务，不应干涉村民委员会正常范围内的职权，尊重并保障村民委员会的独立性。只有明确界定村级"两委"职权边界，才能有效规避权限不明造成的混乱和损耗，提升村民委员会在应对涉农企业下乡中的独立主体地位。

（二）理清村企关系，建立对话新机制

涉农公司掌握大量资本，并在乡镇支持下大量获得农村土地，在这一过程中，村庄和村一级自治主体始终处于被动和不利的位置。必须在实际运作中排除乡镇对村庄的行政干涉，在法理上强化村庄主体的议价权，明

确村一级自治主体作为村民利益代表的角色定位，保证村民及时通过村民委员会向涉农企业提出合理的补偿要求。

涉农公司强势进入村庄也会不同程度地侵蚀村级"两委"，这就要求划定企业行为与村委行为各自的边界。涉农公司可以在合理协商的基础上流转农村土地、招用村庄劳动力，但是不能允许企业人员尤其是企业管理人员以任何形式进入村级"两委"，防止企业变相支配村庄资源。另外，可以考虑建设中间组织，如村企协调会，由村庄和企业各派对等数量的代表，不定期地围绕双方关系问题举行会议，通过平等协商表达各自的利益诉求，基层政府可以根据地方的实际情况指定一名以上法律和政策咨询人员，帮助协调村企关系。

（三）促成双向对接，开创村治新形式

结合涉农公司下乡后，村委力量不同程度地弱化而农民组织迅速成长的现状，一方面，要在制度层面强化村一级自治主体的独立地位和力量；另一方面，要积极利用农民组织的力量推进村民自治。

要实现对农民组织的有效管理和利用，必须建立一种村委和农民组织之间的有机衔接机制。在村庄治理的实际过程中，肯定村级"两委"在各自职权范围内的组织领导作用，在不干涉合法农民组织内部结构和正常运转的情况下，鼓励村级"两委"以平等协商的方式将部分村庄事务委托给农民组织。作为日益重要的村民自治主体的农民组织，也应鼓励其保持同村级"两委"的积极联系与对话，通过村级"两委"获得更多的村庄内部支持。通过村级"两委"和农民组织之间的双向对接，形成双方互相借力、协同共进的有利局面，促进村庄治理的良性运转。

公司制农场：资本下乡与
规模经营的困境[*]

陈　靖[**]

小农经济因其传统性而无法被纳入农业现代化的谱系，长期以来被视作需要加以改造的"怪胎"，但国家粮食安全正是由这种落后的小农经济形式维系的。近年来，农村劳动力过度流动，很多地方出现了老人农业、撂荒以及自发流转等新现象，威胁着国家粮食安全，重提规模经营成为改造传统农业的主流声音[①]。规模经营试图打破小农分散经营的限制，以土地经营权流转来实现集中经营[②]。目前存在两种主要的规模流转形式：一种是小农村社中的自发流转，如江汉平原的"自发流转"通过亲属、熟人内的经营权转换而构成适度规模经营的"中农"[③]，但这种自发流转时效过慢、进展过缓；另一种是在地方政府的推动下以高速、高效方式实现的规

---

* 本文资料来源于实地调查，笔者与研究团队在黄村开展了为期 20 天的驻村调查，调查内容主要集中于土地流转与规模经营，以半结构性访谈为主要方法。遵照学术惯例，本文对地名与人名等相关信息进行了技术处理。
** 陈靖，清华大学社会学系博士研究生，主要研究方向为农村社会学、政治社会学。
① 北京天则经济研究所"中国土地问题"课题组：《土地流转与农业现代化》，《管理世界》2010 年第 7 期。黄祖辉、王朋：《农村土地流转：现状、问题及对策——兼论土地流转对现代农业发展的影响》，《浙江大学学报》（人文社会科学版）2008 年第 2 期。
② 钟涨宝、聂建亮：《论农地适度规模经营的实现》，《农村经济》2010 年第 5 期。
③ 杨华：《"中农"阶层：当前农村社会的中间阶层——"中国隐性农业革命"的社会学命题》，《开放时代》2012 年第 3 期。林辉煌：《江汉平原的农民流动与阶层分化：1981～2010——以湖北曙光村为考察对象》，《开放时代》2012 年第 3 期。

模化路径，通过资本下乡①来流转土地，形成超大规模经营，以此实现农业的规模化与集约化，力图推动农业发展并保证粮食安全。资本下乡的大户经营符合人们对现代农业的想象，如美国农场式的规模化与机械化，通过集约化经营来获取超额利润，但"大户想象"附带的问题如此重要，经营权流转带来的小农"离农化"产生的外部性与社会成本如何消解？新型农地制度具有何种特征？资本下乡形成的公司化农场能否产生预期的效益？近年来，地方政府充分发挥"公司主义"② 特性，以行政推动进行"招商引资"，牵引外来工商业资本下乡进入农业领域，并作为农业现代化经验来推广和宣传。土地流转与规模经营虽可通过行政力量来推动，但从根本上讲，资本下乡依然主要服从市场规律和企业逻辑，而非行政逻辑，进入农业经营环节的工商业资本会产生何种机制与功效则需要实证案例来帮助分析。为此，笔者近年来考察了各地土地流转与规模经营的案例，如皖北黄村就是借村集体之力推动土地经营权流转来招商引资形成规模化经营的，且外来资本切实在村庄发展农业产业，只不过经营绩效并未呈现预期想象的"现代化"。

2012 年 7 月，笔者及研究团队前往作为粮食主产区的皖北黄淮海平原进行驻村调查。黄村是典型的平原型纯农业村，地势平坦且连接成片，位于村内 10 个自然庄周围。全村共有 4000 多人、1000 多户，耕地面积为 5600 多亩，如果加上宅基地的面积，能达到人均一亩三分地、户均十亩左右的规模。黄村以小麦、玉米轮作为主要经营方式，地域上远离城镇，是既无区位优势、资源优势也无政策优势的"三无"村庄（村书记徐岩语）。农民常年以主粮生产为生，近年来外出打工收入逐渐成为农民收入的主要部分。农民外出打工造成了劳动力的大量外流，村庄内部只剩下老人和小孩，具有劳动能力的农民均已在外省或者本地村镇范围内找到了工作，打工的高回报使得农业生产显得非常不划算，农民认为对农业经营投入过多劳动是不值得的，这就使得土地与农业在村民生计结构中的地位越来越低。奇怪的是，本地也没有出现大规模撂荒或者土地自发流转现象，村内

---

① 吕亚荣、王春超：《工商业资本进入农业与农村的土地流转问题研究》，《华中师范大学学报》（人文社会科学版）2012 年第 4 期。

② Oi, Jean C., "Fiscal Reform and the Economic Foundations of Local State Corporatism in China", *World Politics*, Vol. 45, No. 1, 1992。黄宗智：《改革中的国家体制：经济奇迹和社会危机的同一根源》，《开放时代》2009 年第 4 期。

土地高度利用，而且自发流转非常少，基本保持了以主粮为内容的"半工半耕"[1] 型家庭经营模式。本地也没有出现"老人农业"，而是由外出务工者每年定期回村完成活计，然后外出务工，这种"回村务农—外出务工"的周期类似于候鸟迁徙，因此可以将这种经营类比为"候鸟式经营"。为了扭转这种经营困境，黄村村级组织积极行动，通过村内集中土地来实行招商引资，由此形成了"工商业资本下乡形成规模化经营，小农土地流转并'离农化'"的村社结构。

一 规模化经营与大户

土地大规模流转的政策意图在于形成规模化经营，以解决目前农户家庭经营带来的利润低下及土地撂荒问题，进而推动农业经营的现代转型。在黄村形成的土地大规模流转也是要改变传统小农分散经营的现状，以形成规模化的农场式经营，而能够负担规模化经营成本的只有外来资本，特别是工商业资本。因此，行政推动的大规模土地流转大多以"招商引资"的方式，由地方政府和村级组织牵引外来资本进村，以地方政府"公司主义"的新方式来创造亲资本的发展环境，此种土地流转也是不完全市场化的流转模式[2]。

（一）外来资本进村，形成规模化经营

黄村由村级组织集中土地，首先流转给书记徐岩，但徐岩只是作为集中土地的中介，虽然他是名义上的"流转大户"，但实际上他只是作为中介和担保，将土地作为招商引资的基础，吸引大承包人再次承包土地。在土地二次流转中，黄村要求承包者必须承包大面积的土地，而要承包大面积的土地，意味着每年仅租金就达到几十万元，本村普通农户是没有如此资金实力的，有能力承包土地的就是富人徐岩，而有能力经营的都是外来工商业资本。

表 1 为黄村承包大户的状况。

---

① 黄宗智：《制度化了的"半工半耕"过密型农业》，《读书》2006 年第 2~3 期。
② 郭亮：《不完全市场化：理解当前土地流转的一个视角——基于河南 Y 镇的实证调查》，《南京农业大学学报》（社会科学版）2010 年第 4 期。

表1 黄村承包大户状况

承包人	承包人概况	承包面积（亩）	用途	租金（元）
李良	市电力局干部,在A市经商,市知名企业家	1200	蔬菜种植	1000
赵民	区城建局干部,搞房产开发,资金雄厚	240	蔬菜种植	850
李余	市技监局干部,A市丰大种业公司	2400 多	良种种植	800
齐泰	A市绿农种业公司	900	良种种植	850
农科所	A市农科所	150	良种实验	1100

资料来源：村民访谈。

在承包大户中，除李良老家在本村外，其他人均为外来人，因其资金实力而具有承包能力。这些承包人的联络也是由村级组织承担的，具体地说，是由书记徐岩社会关系网的扩展而联络的。在这5名承包人中，除李良的1200亩土地是通过村民与其签订协议直接流转的外，其余4名都是通过中介来获得承包权的。农科所的150亩土地是从副主任任林手中流转的，任林先将150亩土地流转到自己手里，再转包给农科所；而赵民、李余和齐泰都是直接从徐岩手中承包的，不与村民发生任何联系。这3人也是本地的包地大户，承包的土地遍布桃园镇各个村。李余的种业公司在A市范围内流转了大量土地，黄村周边的杨庄、西镇都有连片承包地；蔬菜大户赵民在黄村所在的T镇也有大量土地，用来种植蔬菜。黄村的外来资本主要来自镇域、县域内的承包大户，这些大户承包的土地面积之大，足以称之为超级大户，黄村仅是其承包的一小部分。从这些大户的信息来看，有一大部分是政府机关的公务人员兼营工商业，依靠其关系网在农村大面积承包土地，并以公司体制来经营。在A市，这种现象并不少见，村书记徐岩与这些公务人员形成了关系网，相互交流信息和交换利益，这些外来资本同时也具有"干部下乡"的内核。

（二）以高效农业为取向的大户经营

承包大面积耕地的大户会选择何种种植作物？这是讨论大规模土地流转必须正视的问题。黄村的承包大户流转土地大多不再种植普通的主粮，而是选择更为高效的作物。需要指出的是，李余、齐泰及农科所经营的良种种植，是一种改良后的小麦种子，收获后的小麦并不进入粮食市场，而是作为良种进行出售。作为良种的小麦附加值很高，并不能归为普通的主粮。除此之外，李良和赵民都通过扩大规模来种植蔬菜，以获取更高的利润。

"流转大户"如李良等 5 名承包人也是"种植大户"，他们的大规模农业已经超出了小农经营的逻辑，如同经营式农场，要追求利润最大化，利润最大化的驱动使他们必须改换为高效农业。土地流转前的小农经营是以主粮种植为主的，按照成本核算，每亩年纯收入不超过 9000 元。以黄村普遍的产量水平来看，小农经营状况下亩均可产 1000 斤小麦、1000 斤玉米，两项毛收入合计可达到 2100 元/亩（以 2011 年粮食价格水平计算），加上国家粮食直补 120 元/亩，可达到 2220 元/亩。

以 2011 年为基数的小农经营的成本核算见表 2。

表 2　小农经营的成本核算（以 2011 年为基数）

单位：元/亩

作物	肥料	农药	种子	浇灌	耕田机械	收割机械	合计
小麦	150	30	70	0	25	45	320
玉米	240	30	55	25	25	70	445

资料来源：村民访谈。

以小农自己经营来计算，假定在风调雨顺的年景下，亩产均能达到 1000 斤，且没有旱涝灾害，浇灌及农药成本不会增加，且完全自己劳动，不用雇用工人，这种情况下小农的亩均纯收入能达到 1455 元。值得注意的是，这一收入水平是假设在最优状态下，即最大收入。而对于承包大户来讲，如果单纯种植主粮，因其规模效益而削减的成本，除需要支付地租外，还需要雇用工人，成本更高，折算后亩均年收入仅能达到 200～400元，这种收入水平对于大户来说显然是不合算的，因此他们更倾向于种植更为高效的作物，如蔬菜、苗木等。良种种植者（如李余、齐泰）均具有种业公司深加工和销售的渠道，因此即使种植环节利润低，他们也能因产业链扩展而获得较好的收益。如果只以种植环节的收益作为大户收入，那么大户肯定是亏本的。如 2012 年夏季暴雨导致玉米遭遇涝灾，预计减产比例普遍达到 40%，这对主粮种植的大户是致命的打击。因此，承包大规模土地的大户在这种成本结构下，并不会选择主粮种植。

对于李余和齐泰这样的种植大户来讲，种植环节的利润是极低的，但是因为其种业公司具有加工和销售能力，作为良种的小麦收购价达到 1.14 元/斤，但经过其公司包装，市场销售价可达到 2.5 元/斤。他们的主要赢利空间在于加工、销售这类扩展的产业环节，通过对目前村庄承包较少亩数的小户进行访谈，近年来单纯种植环节的利润平均只能达到 200 元左右。工商业资本的赢利需求并不满足于此种利润空间，这意味着如果仅仅占有种植环节的利润，大户肯定是不赢利的。

二　公司式农场：外来资本的经营管理

从种植模式上看，大户偏爱种植蔬菜、良种等经济作物，而从经营管理角度讲，外来大户为了适应规模化的农场式经营，必须相应改变经营管理模式，工商业资本的集团代理特性，构成了在村的公司式农场模式。农场式经营管理模式的公司化特征，即以资本所有者为农场主，聘用专门的管理人员及技术人员构成管理层级，雇用本地工人来完成生产任务。这种经营管理模式在从事农业生产中产生了四层级管理模式：第一层级是作为出资方的承包大户（5 名承包人），他们负责支付资本并做出重要决策，也是主要的受益方；第二层级是承包大户任命的管理者和技术人员，负责具体的业务指导，其收入是由承包大户支付的薪酬；第三层级是作为代理人的管理者，他们是黄村人，受大户雇用，负责日常看管、召集雇工等事务，也是从大户处获得薪酬；第四层级是普通雇工，他们是农活的完成者，这一群体是不固定的，由代理人召集，其收入是务工工资。四层级管理模式是目前黄村经营大户普遍的经营管理模式，各层级具有明确的层级属性和分工，这种层级管理模式构成了大户经营的特征，而村民在其中居于最底层。

赵民的公司层级管理模式见表 3。

表 3　赵民的公司层级管理模式

层级	主要负责人	职称	主要职务
一级管理人员	赵民	承包大户	负责支付资本、做出重要决策
二级管理人员	贾敬礼	管理者和技术人员	负责具体的业务和技术指导
三级管理人员	邢文、邢成等	村级代理人	负责日常监管、召集雇工、工资谈判等事务
四级生产主体	村民	普通雇工	负责具体的农业生产活动

（一）公司制的乡土依赖

在城的工商业资本无法长期开展在村经营，如李余、齐泰等集资本家、公务员、农场主等职于一体的精英人物构成了远离村庄的"在城地主"，其公司化制度也并不参与农业的具体经营，公司制农场更依赖于乡土社会。大户的层级管理模式非常依赖于在村的代理人，因为他们与作物直接相关，需要负责日常看护，是上传下达的重要环节。

齐泰在村庄雇用了两个代理人，沈家组的沈伍和徐家组的徐仁曾是村干部，现在是齐泰的代理人。齐泰种植小麦、玉米，两个代理人的任务是帮忙看管避免被偷，并负责召集农民来干活，至于需要干什么活、工资多少、何时结算，都由齐泰下派的经理和技术员负责，代理人需要及时反馈信息。蔬菜种植大户赵民在村庄雇用了5名代理人，因为蔬菜种植活计多、工序复杂，前村主任张某曾是总负责人，需要干什么活需要请示公司技术员贾某。代理人虽然只负责看护管理、上传下达和组织工人，但对于整个生产体系来说非常重要，大户的"公司－农场"体系完全悬浮于土地之上，不像农民那样时刻把握着作物的新动向，这些信息需要代理人上传请示才被授权来处理，这个过程中的信息迟滞很容易导致作物受灾。而代理人也是工人劳动的召集人和监督者，如李良的蔬菜公司就有12名这样的招工者，他们需要熟悉村庄劳动力的状况，需要挨家挨户去请人，在劳动中还要监督本村人。在作物成熟时期，还要有责任心来为大户做好看管工作，避免农民偷玉米、偷蔬菜。代理人的职责要求与之匹配的责任心，这种责任心不仅要经受收入的衡量，而且要面对乡土人情的检验，代理人的工资一般只有 500～600 元/月，对于他们来说，微薄的工资不值得为大户如此卖力。更为尴尬的是，他们往往要作为监督者而得罪本乡本土的熟人，在干活时面对偷懒者却磨不开情面，遇到本乡本土人偷玉米也不好意思惩治。代理人这一重要层级生活在大户与熟人、农场与乡土的接缝处，更多地要考虑如何摆平二者关系，他们的行为逻辑也变成"摆平和理顺"，只有那些敢于得罪乡里、维护大户利益的代理人，才能为大户的管理体制发挥积极作用。

（二）经营成本与交易成本：大户经营与村庄关系

从小农经营到大户经济，短短三年内通过土地经营权配置，黄村已形成了全新的经济格局，大户成为村庄中的主要经济主体，传统小农家庭则脱离了与土地的关系，大多选择外出打工。在村农民则主要成为大户农场中的被雇用者，村民自称为"既当地主，又当长工"，既能获得土地出租的地租收入，又能获得农场务工的工资收入，从总体上讲，大多数农户的收入水平超过了自耕的收入，因此，村民普遍觉得土地流转是划算的。在经济关系上，村民和大户则形成了较为微妙的关系。

流转土地的农民既是地权所有者之一，也是公司制农场的雇工来源，农民们有很强的"我的""熟人的""他人的"观念之分，这对公司制的农业管理活动产生了很大的影响。只要不是自己的或是熟人关系网络的事情或物，农民就很难做到尽职尽责。对于在企业里干活这件事情，农民的思维逻辑是：给他们打工，又不是自己的土地和庄稼，可以不用太上心。以蔬菜播种为例，蔬菜播种无法采用机械，需要人工亲自挖坑种植。代理人邢亮告诉笔者，农业工人只顾快速完成工作，省出时间做更多的农活以赚更多的钱，因此干的活质量很差：挖坑特别浅，种子埋得不深，很多作物生长不出来，造成产量低下。农民的这些想法和行为容易导致农业生产活动质量低下，危及农作物的生长。在村的管理人也会采取一些措施监管这些农业工人的行为，但农业生产活动具有时间性，需要一定的生长周期才能看出某项农业活动的效果。农业活动效果的滞后性为农业工人偷工减料、偷奸耍滑创造了条件。

三 大规模经营的问题与困境

土地大规模流转，形成专业化经营的大户，开展规模化经营，这是政策制定者主要的制度目标。在黄村的土地流转过程中有经验值得总结，但在流转后的实际经营中，大户的大规模农场经营形式却存在较大问题，近年来已经开始发生重要的变化。

（一）种植环节效益过低，大户逐渐退出种植环节

黄村的承包大户主要以蔬菜和良种种植为主，作为种植大户，需要成为耕地的实际经营者，这意味着大户的主要收入来源是种植环节的利润。

在实际调查中，笔者发现，种植环节的利润空间较小，限制了大户收入水平的提高，也导致这些大户逐渐退出种植环节，主要进行营销，大户已经不再是"种植者"。

以主粮种植为例，之前已经证明大户种植主粮的利润空间较小，大户经营的主要方式是租用机械和雇用劳动者，还需要支付地租，因此成本更高，而其产量相对于小农来讲，差别并不大，也只达到 1000～1100 斤/亩，这种"收入－成本"经核算后，种植环节亩均收入只达到 200～400 元/年，这显然不能满足大户的投资预期。一旦发生旱涝灾害或农资涨价，大户的赢利空间会更小，因此，种植环节效益过低使得大户开始寻求改变。在黄村种植良种的李余、齐泰已经退出种植环节，其经营的种业公司专营良种加工和销售，相对更省事、风险更低。

以蔬菜种植为例，李良和赵民在前两年均经营大田蔬菜种植，但因经营方式和蔬菜品种落后，加之遭遇价格波动，两人在经营的起步阶段均严重亏损。目前赵民仍以种植大田蔬菜为主，依旧亏损，已经多次表示不愿再承包土地。李良开发了温室大棚，并斥资 300 万元建设了冷藏库和加工厂，目前已经处于高额营业状态。李良的营业状态并非因为他在种植方式上有所变化，而是拓展了蔬菜产业链，具有蔬菜加工、冷藏和配送能力，因此目前已形成稳定的赢利模式。不过，李良已逐渐退出种植环节，将之承包给种植户，自己成为专业的加工、配送和销售者，其成立的"绿园蔬菜公司"也在逐渐成长为市级龙头企业，专门从事蔬菜加工和销售，不再从事蔬菜种植。李良曾经营种植环节的绿园，在两年经营期内连续亏损，年亏损约 200 万元，均因自然灾害或市场波动。有两种风险是种植者普遍面临的：首先是与自然高度相关的灾害；其次是因产业链条短利润被压缩，造成市场风险的转嫁。一旦进入深加工与销售环节，既能获得较高的附加值，也能转嫁风险，这就是大户不愿意参与种植而更愿意进入前后端产业链的根本原因。

大户退出种植环节，是因为种植环节利润低，而且具有更高的风险，这种投资回报情况显然不能满足大户的需求。而在黄村依然能够存在的大户，目前退出种植却未退出村庄，因为他们已经成为专门的加工、营销企业，扩展并占据了更具效益的产业环节，从这种意义上讲，这些大户目前已不是"种植大户"，而是成为市场意义上的"龙头企业"。

（二）管理成本过高，管理体制水土不服

在种植环节大户经营的利润过低，其中的重要原因在于成本过高，相对于小农经营，大户需要支付地租、工资等额外成本，也要与农户共同承担自然风险和市场风险。除此之外，大户形成的层级管理模式也提高了其管理成本，并且这种管理模式并不适合农业、农村这一特殊情境。

过多的管理层级增加了经营者的运营成本。大户经营最少需要两级管理者：一是管理人员和技术人员层级；二是基层代理人层级。两个层级均需要支付工资。以从事蔬菜种植的赵民为例，他从不进行直接劳动，而是由其公司的经理人负责日常决策，并雇用了两名技术人员负责技术监督。在黄村，他还聘用两名本村人（成为代理人）负责日常看管、信息反馈工作。层级管理模式也具有反应迟滞的弊端，遇到突发性事件或自然灾害时，处于最基层的代理人并不直接负责处理，而是要向经理人汇报，经理人再向大户汇报，由大户做出决策，然后由经理人、技术人员制订方案，交付代理人执行，代理人再负责召集工人劳动，由经理人验收并支付工资。这种层级管理模式形成了垂直的信息反馈渠道，信息沟通不畅或沟通迟滞，就会影响作物的生长。同时，这种层级管理模式也增加了沟通成本。

外来大户作为承包人，其控制的管理层级无法避免来自村庄的"反行为"。招商引资进入村庄的大户均是外来资本的代表，他们建立的管理体制也主要由外人构成，基层代理人属于本村人，但并不对大户负完全责任，因此，大户在种植过程中经常遭遇村民的"反行为"。首先是本地人的骚扰，集中表现为村民偷菜、偷玉米，作为外人的管理者无法时刻看管，代理人不愿意得罪乡里，这就导致大户的作物被偷的现象非常严重，如种植良种的李余因看管不力，一季玉米的产量损失了2/3。其次是对雇用的工人无法实行有效监督，为大户劳动的工人的目的是挣工资，大户监督无法跟进，就出现了普遍的磨洋工、"小偷小摸"。大户经营规模过大无法进行有效管理，作为外人也无法约束村民，其管理遭遇水土不服，出现了普遍的作物流失和劳动低效现象。

四　土地分包：公司制农场的退出与调适

大户经营中存在的问题是普遍的，种植环节低效率、管理环节遇到麻

烦，这使得本村的大户开始进行调适，逐渐退出种植环节，将土地分包给下线，流转大户已经不是承包大户，承包大户也已经不是种植大户。

（一） 土地分级承包

在黄村的土地流转过程中，大部分土地首先流转给作为中介和担保的徐岩书记，因此，实际的流转大户为徐岩。徐岩自己并未经营，而是作为中介，将土地分包给李余、赵民、齐泰等大户，他们是承包大户，也曾是种植大户。目前，李余、齐泰及李良逐渐将土地再次分包给其他人，实际的种植者目前已有十几人，他们既不是流转大户，也不是承包大户，而是分级承包的最末端，是真正的种植者（见表4）。

表4　土地的分级承包

流转大户	一级承包		二级承包		三级承包	
徐岩	李余 2000 亩	分包 1100 亩	张徽 共包 400 亩	分包 340 亩	朱辉	140 亩
					欧韦	200 亩
				自耕 60 亩		
			贾良、雷福 共包 500 亩	分包 180 亩	徐利	180 亩
				自耕 320 亩		
			徐杰 200 亩	分包 200 亩		
		自耕 900 亩	*			
	齐泰 920 亩	分包 420 亩	马建	200 亩		
			王虎	200 亩		
			徐元	20 亩		
		自耕 500 亩				
	赵民 240 亩	自耕 240 亩				
	李良 1200 亩	分包给王同 120 亩				
		自耕 1080 亩				

资料来源：大户与村民访谈。

从流转大户到最终的种植大户，均存在层级分包现象，而一级流转大户除李良自耕面积较大外，其余都已不是种植者，真正的土地种植者需要经过多层承包后才能获得土地的经营权。根据笔者调查，李良已经开始着手将自己流转的土地发包给其他种植者，自己不再从事蔬菜种植，而转向专门的加工和营销。在调查过程中，大户均反映地租过高，种植过程过于辛苦和漫长，成本增加，投资土地的获利空间太小。短短三年，黄村的大户普遍将土地出手，层级分包源于种植环节的低利润，对于大户来说，作为种植者并不划算，因此急于将耕地再次发包。新接手的种植者一般都不会有太大规模，除部分种植者改为经营中药材、花木和果树外，其余还在从事良种种植，收获的良种出售给李余和齐泰的种业公司，他们才是真正意义上的种植者和粮农。

（二）"公司 + 大户"模式成型

黄村土地流转三年时间，大户经营已经发生了彻底的变化，流转大户将土地分包出去，形成了三级承包甚至四级承包，根据笔者调查，这一分包过程甚至还会持续。早期在村庄中引进的大户已不再是种植者，他们将流转的经营权分包给下线，下线再分包给下线，最终的种植者已与最初的流转大户形成了新的合作形式，这种合作形式具有"公司 + 大户"的特点，而作为流转大户的公司拥有土地经营权。

进入黄村的大户（李良、李余、齐泰）均是拥有实体公司的外来老板，李余和齐泰具有专营种子的种业公司，李良的阳光实业集团是集商贸、零售于一体的集团公司，他们能够并且愿意下乡包地，就是因为公司业务与农业紧密相关。种业公司和李良的绿园公司具有加工和营销能力，下乡包地是为了形成稳定的生产和供应渠道，对于公司来讲，从事低利润的种植环节是无效率的，因此，几位大户都在逐渐将种植环节发包给其他人，依靠公司的加工和营销渠道来获得更高的利润。他们将土地发包之后，新的承包者不仅要支付地租，而且要按照大户的要求进行生产，公司为其下订单。无论土地如何发包，最终的种植者已与最初的大户形成了"公司 + 大户"的订单农业模式，种植者占有种植环节的利润。种植者徐杰从李余手中承包了 200 亩土地，按照李余的要求生产良种，种子由李余的种业公司提供，生产由徐杰完成，收获时李余的公司会直接从地头收走徐杰的麦种，价格高于国家粮食保护约 0.1 元。李良的绿园公司也计划成为专营收购、加工和营销的食品企业，将其手中的土地分包给愿意种地的农户，公司为其做业务指导，收购菜农生产的蔬菜。在未来的黄村农业生产体系中，涉农公司作为资本的代表下乡流转土地，从农户手中获得经营权，而公司并不进行农场式经营，而是占据前后端产业链，将种植环节发包给次级承包者或中等规模经营者，公司作为"龙头企业"为种植者下订单。在订单农业模式下，企业不愿与分散的农户打交道，而是与中等规模经营者进行联合，农业经营将逐步实现"去小农化"。

总体而言，黄村的土地流转方式较好地保护了农民的利益，未出现强烈的利益冲突，其中的具体做法均有值得借鉴的地方。但土地流转后形成的大户经营模式，目前来看已经出现了较大问题：大户的规模化经营转向了高效农业，并未实现粮食安全特别是主粮安全的目标；大户的经营在种植环节缺乏赢利空间，承包人逐渐退出种植环节，将土地分级发包出去，不再是真正的种植者，真正的种植者既缺乏有效的地权保障，又缺乏独立的经营空间，成为"公司＋大户"模式中大户公司所控制的下线。

五　扩展的讨论：大规模土地流转的"未预后果"

黄村的发展实践昭示了工商业资本下乡的经营遭遇，农业种植的低效特征并不会因资本式经营而得到改善，相反，会因资本下乡必然产生的公司制经营而面临新问题。农业的超大规模经营既不符合资本规律，也不符合农业经营规律，资本出逃和经营调适成为公司制农场的集体选择。这意味着"资本下乡推动农业革命"命题的失败，问题在于已产生的农地权属变更与小农村社变迁等社会成本无法获得相应的制度补偿。本文无意做过度的理论提升，常青的生命之树已足够揭示实践的规律，需要指出的是这种政策取向产生的诸多"未预后果"亟须引起正视。

（一）谨防出现土地食利者阶层

村庄集体拥有土地的所有权，土地流转是将耕地的使用权流转出去，集体和农户拥有使用权流转带来的租金收入。在黄村的大户经营中出现的层级分包使得目前的土地权属结构十分混乱，在土地流转的三年中，已经出现普遍的多次转包，流转大户再次成为土地发包方，真正的种植者并不具有最直接的经营权。多级分包使得村级组织、村民、流转大户和种植者四者之间的信息极其混乱，作为所有权维护者的村级组织已经摸不清楚具体是谁在种地；村民也不清楚是谁在种地，只要能按时支付地租即可；流转大户不关心分包几级、谁在种地，只要能支付地租即可；种植者将地租缴纳给上线，即可享有经营权。土地承包的复杂关系已经影响种植者的稳定预期，作为最末端的承包者，并不清楚承包期有多长；作为土地流转方的农户，则更易遭遇地租拖欠问题，因为土地的多级分包，地租支付必须是层层上缴，最后由村级组织发到农户手中，其中某一环节的迟滞，都会让农户的利益受损。

土地可以多级分包，任何流转者都可以将土地再次发包出去，黄村已出现作为"中介"的发包者。作为真正的流转大户的徐岩，实际承包土地面积为4000多亩，但他并没有种植一亩地，而是全部流转给几位大户，几位大户因经营不善，又再次承包出去。从农户到真正的种植者，已经产生了四级分包者，且其中大多不是土地的真正经营者。多级分包者构成了作为"中介"的群体，他们是土地经营权的转包者，这种多级分包已经产生了食利的可能性，这些转包土地的"中介"群体可能成为土地的食利者。这种食利空间是存在的，且极有可能产生食利者阶层。黄村目前还未出现食利现象，但其特殊原因在于村级组织对大户具有较强的约束能力，村级组织本身也不从土地流转中谋利。对于大户来讲，退出种植环节并分包土地是因为种植环节利润太低，是被迫退出的，因此，再分包中并不注重地租差价。从机制上分析，这种多级分包产生了食利的空间，一旦出现食利者，村级组织仅能约束流转大户，而无法影响次级的分包者，食利者一旦出现就很难受到约束。

（二）大规模土地流转能否保障粮食安全

要保障国家的粮食安全，就要防范土地用途变更，防范耕地逐年减少；农民工大量外出带来的土地撂荒现象严重，因此土地流转政策就试图推动农地规模化经营，培养种粮大户，这是保障战略性粮食安全的政策取向[①]。问题在于，规模化流转土地的大户是否就是国家政策要扶持的"种粮大户"？种植大户是否会以主粮为取向？这些问题直接关系到土地流转

---

① 邓大才：《粮食安全的模型、类型与选择》，《华中师范大学学报》（人文社会科学版）2012年第1期。

政策的效果。

黄村的经验告诉我们，承包大户并不会以主粮种植为内容，原因在于主粮种植的利润空间太小，而大户经营的性质是资本式农场经营，需要进行严格的"成本－收益"核算，其效益是比不过小农经营的。小农经营的农业是一种补充，因此，并不需要进行严格的核算，由家庭辅助劳力完成活计，收获粮食后补充口粮，而这种看似补充的农业却能保证粮食生产。大户的成本中有很大一部分是地租和工人的工资，这在小农经营条件下是不需要的，大户的成本要比小农高出很多，但其产量不会骤增，因此，大户种植主粮的积极性不如小农的积极性高。大户的资本式经营需要追求更高的利润，这不是普通的主粮种植所能满足的，因此，大户会积极追求高效农业，如黄村出现的良种、蔬菜、中药材以及苗木、果树的种植。种植经济作物能够让大户获得很好的收益，却难以保证主粮的供给。要将粮食安全的希望维系在承包大户身上，显然是不可能的。

为了提高大户的种粮积极性，国家已出台大量的优惠政策来扶持种粮大户，然而黄村给我们的启示是，流转大户未必是承包大户，承包大户未必是种粮大户，真正的粮农从未得到种粮补贴。这一现象会使国家严重浪费支农资源。

黄村经过土地流转，除了小部分农户还保有土地自耕外，其余大多经过多次流转，目前形成了 40～200 亩的中等规模经营。中等规模经营者有动力种植主粮，中等规模的特征在于不需要过多地雇用劳动力，自己可以购置小型机械，农田的主要活计由家庭劳动力完成，这是一种扩大规模的小农经营逻辑。在这种逻辑下，亩均 200～400 元/年的收益尚可，并且这部分中等规模经营者均是 50 岁左右的农户，他们不愿外出务工。主粮种植比较稳定，风险不及经济作物高，他们也能够稳定地种植主粮。黄村经过多级分包后形成的中等规模经营者，是能够并愿意坚持种植主粮的，他们才是真正的粮农。问题是目前对粮农的补贴无法惠及这些中等规模经营者，必须种植 4000 亩以上才有资格获得补贴，本村只有徐岩达到了这个要求，也获得了相应的补贴，而徐岩却不是真正的种植者。国家粮食综合补贴直接打到农户账户，其中包括柴油、机械补贴，但小农也不是真正的种植者，却享有生产资料补贴。相对来说，经过流转后的中等规模经营者在获得国家补贴方面几乎为零。

（三）发展适度规模经营

黄村的土地状况是沿着国家推行的大规模土地流转逻辑运行的，其目的在于培养种植大户，以充分利用土地、推动农业现代化，进而保障粮食安全。通过对黄村的考察，笔者发现黄村在土地流转模式上有经验可遵循，但大规模流转之后的经营状况却令人担忧。土地流转后形成的流转大户并不是真正的经营者，他们不会选择低效益的主粮种植，更不会成为直接经营者，农地经过多级分包后形成了中等规模经营，中等规模经营者才是真正的粮农。问题在于，中等规模经营者之上已经形成了食利空间，土地流转中可能出现食利者阶层；更重要的问题在于，真正的粮农承担着国家粮食安全的实际职责，却无法享受国家的扶持政策，国家扶持大户的政策被流转大户获得，粮食综合补贴由农户获得，中等规模经营的粮农没有获得培育和扶持。从国家粮食安全大计考虑，保障粮农安全才能真正保证粮食安全，首先需要辨别谁是粮农，要避免将流转大户视为粮农的简单思维。要警惕土地大规模流转，不能将粮食安全寄托在流转大户身上，而是引导、培育和扶持中等规模经营的粮农，保障他们的安全，对他们进行扶持和补贴，有了一定数量、稳定的中等规模经营的粮农，才能保障国家的粮食安全。

其他

河南省城市居民生态文明
建设状况调查研究[*]

赵学琴^{**}

生态文明使人类与自然的关系由征服与被征服转向和谐相处，城市居民在生态文明建设中发挥着重要作用，他们进行生态环境保护，参与生态文明教育，推动环境监管，引领环保意识，但这种参与停留在浅层次的舆论导向和环保宣传上，主要原因是城市居民的生态文明意识不够强，对生态文明建设理解不深。城市生态文明建设要先从城市居民生态文明建设做起，即先树立城市居民生态文明浅层次的意识，再有意识地接受相关知识，并在具体行动中体现出来，努力提高城市居民参与生态文明建设的自觉性，培养生态文明的社会责任感。因此，对城市居民生态文明建设状况进行调查分析，了解他们的生态文明意识、生态文明知识、生态文明行为以及生态文明建设的社会责任感等状况，掌握生态文明教育的落脚点，分析特点，发现不足，将有助于更好地在城市开展生态文明教育，改善生态环境，实现环境优美的城市生态文明建设。

一　调查过程和方法

为深入了解城市居民生态文明建设状况，笔者自编了"城市居民生态文明建设现状调查问卷"，分别从城市居民生态文明意识、生态文明知识、

---

　*　本文为河南省教育厅人文青年项目"高校生态文明教育研究——以中原经济区建设为视角"（2013QN124）的研究成果。

　**　赵学琴，河南漯河人，硕士，许昌学院讲师，主要从事大学生教育管理研究。

生态文明行为以及生态文明建设的社会责任感等方面设计了 39 个问题。
2013 年 7～8 月，笔者展开了实地探访和问卷调查，共发放问卷 420 份，
收回 400 份，剔除作答明显不认真作答和答案不完整的问卷，有效问卷共
344 份，问卷有效率为 86%。除问卷调查外，还对其中的 60 名公众进行了
访谈。

二　调研结果分析

（一）生态文明意识

大多数城市居民很关注生态文明建设，对城市生态环境评价良好，对
周边生态环境很满意。69.2% 的被调查者认为周边的生态环境良好，对城
市的空气质量、水质量、固体废弃物处理表示满意。但对于噪声的控制相
对不满意，特别是居住在临街房屋，经常会受到夜市喧嚣的影响，有
63.4% 的调查者认为市区噪声控制比较好，基本不影响日常生活。对于现
有的生态文明宣传，被调查者普遍认为应该加大生态文明宣传力度，只有
14.2% 的人认为非常满意，有 36.9% 的人认为非常不好，缺乏有效的宣传
普及。

城市居民生态环保意识需要进一步提高，受学历水平、收入水平的影
响，人们的环保意识表现参差不齐，但多数人向往提高个人环保意识，愿
意做生态文明志愿者，希望能为环保事业做点事。当周围出现污染环境的
事或人时，64 人次会经常出面制止，占被调查者的 18.6%；143 人次有时
会出面制止，但要看情况，只有条件允许时才会出面制止。可见，大多数
城市居民对污染环境的人或事表示反对，也能做出相应的举措进行制止。
90% 的被调查者很注重环境保护，主观上不愿意破坏环境。在调查洗衣服
时会不会有意识地使用无磷洗衣粉时，大多数人表示只要条件允许，经济
上能承受，都会选择使用无磷洗衣粉的。

（二）生态文明知识

多数人对生态文明认识模糊，没有清晰、牢固的生态文明知识，将生
态文明等同于治理大气和水污染、固体废弃物等技术行为，忽略居民的生

活质量、生存状态，以及人与自然和谐等重要内容。89.5%的被调查者对生态文明建设的具体内容并不清楚，对于生态文明也很少关注。当问到关于"绿色 GDP"和"GDP"的具体区别是什么时，仅有 13%的人表示很清楚，而这部分人多数是高学历人群，有近 60%的人对这一概念根本不清楚。

与城市居民生活关系紧密的相关生态文明知识也相对匮乏。人们对自身生态文明知识的评价，54.9%的人认为很清楚生态文明知识，也有45.1%的人认为自己缺乏生态文明知识，并不了解生态文明相关知识。在对"世界水日"和"世界环境日"了解程度的调查中，具体到这些节日是哪一天时，近 90%的被调查者回答不出来。可以看出，对生态文明知识有一定关注的人认为已经知道得比较多了，但具体到相关的知识时基本都不是真正地了解。在问到对"转基因食品"的了解程度时，9.6%的人表示很清楚，42.3%的人有基本的认识，知道转基因食品有哪些，普遍认为转基因食品不好，但并不清楚为什么不好，甚至有一些错误的观念。对个人生态文明知识的评价往往高于自身实际的掌握水平，这反映出人们主观上有意了解和掌握相关的生态文明知识。根据对受访者的深入调查，笔者发现，多数调查者在自我评价时有评价过高的现象，自我感觉良好，自认为已经很关注生态文明，了解生态文明的知识，但和个人实际对生态文明的知晓度不符。可以看出，多数城市居民很希望了解和掌握与生态文明相关的知识，但由于缺乏周围环境的影响和自身文化水平的限制，没有合适的渠道去掌握这些知识。

（三）生态文明行为

生态文明行为是生态文明意识的外在表现，知行统一才能真正反映生态文明建设的层次。城市居民参与生态文明建设的践行度也反映了一个城市生态文明建设的水平。人们的生态文明行为，根据涉及利益可以分为三类。第一类是涉及个人利益的行为，居民往往会从自身利益出发，不考虑公共利益。如 83.1%的人经常使用塑料袋，55.8%的人经常使用一次性餐具，这也是为了自身方便，也反映出居民的环保意识淡薄。第二类是不涉及个人利益的行为，对于力所能及的事情，居民会倾向于保护环境。如88.1%的人会随手关紧水龙头，82.1%的人会选择使用节能产品，58.2%

的人打印资料时会双面打印，不用电脑或打印机时，77.9%的人会随手关掉电脑或打印机，75%的人参加过植树绿化。第三类是缺乏相关知识和引导，不知如何保护环境的行为。90%的人几乎不对垃圾进行分类处理，而是把垃圾统一丢弃。出现这种现象的原因主要有两个：一是马路边设立的垃圾桶没有可回收与不可回收的标识，很多人不清楚哪些是可回收的哪些是不可回收的，往往将垃圾统一倒掉，起不到分类回收的作用；二是居民也想了解相关的知识，但缺少相关的途径，这也正是社会所缺乏的，30.2%的人经常在没有垃圾桶时随手扔掉垃圾。通过实地观察也发现，在房屋破败、居民生活水平较低的社区，行人随手丢垃圾的现象很常见，而且公共用地的卫生保持状况也比较差。

（四）生态文明建设的社会责任感

很多居民将生态文明建设的责任推给政府，缺乏自身的社会角色观念认同，意识不到自己在生态文明建设中应当承担的责任。68.5%的被调查者会关注我国生态破坏和环境污染问题，28.5%的被调查者认为生态环境问题是政府要考虑和关注的，跟自己没有什么关系。经过深入了解，笔者发现，这部分人群多数收入水平不高，他们忙于维持日常生活，没有闲暇的时间或精力关注环境保护问题。对生态文明知识的获得多通过网络或电视，只有一些粗浅的认识，缺乏深入了解。32.4%的人了解生态文明是通过网络或电视等媒体的报道，而且了解的也只是片段的知识。通过深入访谈，笔者发现，人们希望政府、社会多做生态文明的宣传，让更多的人了解环境保护问题，提高大多数人的生态文明意识和整体素质。

三 对策与建议

城市居民普遍认识到生态文明的重要性，也迫切希望获得更多、更有效的生态文明知识。面对越来越严重的生态破坏，最有效的方法是政府加大宣传和资金扶持力度，主管专业部门更要采取积极措施来防止和治理生态破坏，公众要提高个人生态环保意识并自觉维护生态环境，要通过政府、社会、个人三方的共同努力来改善我们的生存环境，共建美好家园，促进社会生态文明建设。

（一）广泛宣传动员，培养居民的生态文明意识

虽然现有的生态文明宣传教育形成了宣传教育与法制教育相结合、社会动员与政府主导相结合的培育模式，并取得了一定的成效，但个体生态文明建设的发展程度也受经济水平和公民素质的制约。要整体提高全社会群众的生态文明建设水平，还需要政府、学校、社区等部门的共同努力，下定决心、加大力度，进行长期的引导性教育。可以通过大规模地发起生态文明意识的问卷调查，借助网络等新媒体，引起人们的广泛关注，并根据不同类别、不同人群设置不同的教育内容。

（二）加强生态文明教育，提高居民生态文明行为，改变知"强"行"弱"的状态

从调查的结果来看，居民生态文明意识评价普遍高于行为，说明城市居民对生态文明建设缺乏深入具体的了解，生态文明教育还处在模糊状态。改变知"强"行"弱"的状态，要将生态文明教育系统化、具体化、长期化。一是要树立生态文明观，明白尊重与保护生态关系也是尊重和善待人类自己，树立合理的利益理念，兼顾效率与公平。二是要普遍开展生态科学知识教育，提高居民的生态科学素养。生态科学知识是生态文明教育中的重要内容之一，学习和认识生态知识是居民义不容辞的责任和义务，应充分激发居民对生态文明现状的关注热情。三是要养成生态文明行为习惯，善待生存环境，使生态文明行为内化为习惯，改变知"强"行"弱"的状态。

（三）大力推动不同层次居民的生态文明教育，分类引导，提高城市居民对生态文明建设的知晓度和重视度

外来务工人员增多和城市建设的扩大化，使城市居民的文化层次、收入水平参差不齐，也带来了生态文明意识和行为的巨大反差。提高城市居民的生态文明意识，既要对全体居民进行普及教育，也要针对不同的人群进行分类引导。首先，地方政府应给予资金和师资力量的投入，形成学习生态知识的良好氛围。不论年龄、职业、收入，每个人都积极参与环保知识的学习，树立终身学习意识。其次，制定内容相对完整的生态知识小册子。通过

社会调查，邀请专家咨询与指导，编制适合群众阅读的生态环保书籍，利用业余时间，开展定期培训和实践活动，丰富公众的生态知识，经过不断的积累和渗透，使公众对生态产业知识和制度有更进一步的认识。

（四）社会、政府齐抓共管，拓宽居民参与生态文明建设的途径

居民参与生态文明建设，是其生态文明意识的最高层次和最成熟的发展阶段，也体现了一个国家生态文明建设的状况。政府应在制度保障和制度倾斜方面为居民参与生态文明建设创造条件，提供有效途径，提高居民的参与意识和参与热情，体现城市建设的责任感和主人翁意识，具体可以通过以下途径实现。一是政务公开，完善监督和听证制度。让居民了解生态文明建设状况，就是对居民知情权的保护，就能通过及时监督和完善听证无障碍参与政府制度措施的落实。二是发动社会力量，支持民间环保组织，鼓励群众自发的环保行为。城市居民不乏关注、支持生态文明建设者，如提供一个开放的环境，鼓励这样的团体或个人为环保做宣传，将大大激发普通民众对生态文明的关注与参与热情，有效地补偿政府的工作。三是引导、提高居民参与的层次和品位。城市居民参与生态文明的意识和行为参差不齐，有积极主动的，也有拖拉被动的，很容易受周围环境影响，政府和社会如果在关键的时候，加强政策引导和教育宣传，就能使居民的选择更倾向于集体和社会，增强其生态文明责任感。

美丽乡村建设勿忘
传统农耕文化的记忆与传承

汪庆华[*]

在当前举国上下为实现伟大中国梦而努力奋斗的社会实践中，美丽乡村建设的社会愿望和时代趋势不仅是不可否认和不可逆转的社会现实，而且是应该积极支持和大力推动的社会实践。但是，在这个史无前例的巨大变革中，我们不能忽略和忘记传统农耕文化的记忆与传承，不能丢弃农耕文化的根与魂。本文试就这一问题谈点看法。

一 美丽乡村建设背后的乡愁情思

当历史跨入 20 世纪后期，随着我国改革开放的伟大进程和现代技术的飞速发展，传统农业的生产方式、农民的生活方式和农村的境况面貌等已经或正在发生革命性变革，昔日的耧犁锄耙被现代农机取代，瓦房草屋被楼房新舍取代，牛车马车被汽车摩托取代，传统村落被新村社区取代；旧时农家的粗粮窝窝成了如今豪华宴席的诱人佳肴，纯棉粗布成了当前时尚衣饰的新宠，曾几何时被人遗忘的古村旧舍成了火爆异常的旅游景点……面对这些现象，我们在为时代进步无比高兴的同时，也对渐行渐远的传统农耕文化充满了深深的思恋与怀念，难怪近年来社会上不少人发出了"乡愁"的感慨。推陈出新、摧枯拉朽永远是不可逆转的历史法则，我们应该为之鼓与呼，为之探索和奋斗。然而，世间许多事物在发展变化的过程

---

* 汪庆华，教授，许昌学院中原农耕博物馆研究员。

中，人们往往是不经意的，一旦老的东西真的从人们的视野和记忆中消失，当他们回望和反思的时候，才会意识到丢失了不少值得珍惜的美好东西。

在当前现代农业发展和美好乡村建设的过程中，就有一些现象值得我们关注。许多村庄旧舍不加甄别一扒了之；农户乔迁新居怀着欣喜将老东西毁的毁、卖的卖、扔的扔；农村新型社区建设跟风冒进、问题重重；等等。对于这些现象，如果我们缺乏记忆、保护的意识以及及时、妥善的政策和行为引导，就可能使几千年形成和沉淀下来的传统农耕文化精髓毁于一旦、湮灭消散。因此，在美丽乡村建设的过程中，我们有必要、有责任好好研究传统农耕文化的记忆与传承问题，不要等到既成事实无可挽回的时候再发惋惜之慨，再去亡羊补牢。

二　美丽乡村建设勿忘传统农耕文化的记忆与传承

习近平总书记在 2013 年 12 月召开的中央城镇化工作会议上指出：城镇建设，要实事求是确定城市定位，科学规划和务实行动，避免走弯路；要体现尊重自然、顺应自然、天人合一的理念，依托现有山水脉络等独特风光，让城市融入大自然，让居民望得见山、看得见水、记得住乡愁。我们在推进美丽乡村建设的过程中，就要认真贯彻落实包括自然生态和文化生态在内的生态文明建设理念。

美丽乡村建设的过程不只是物理空间的建设过程，还应该包括文化空间、精神家园的构建。我们所追求的"美丽乡村"，不仅应该具备适宜人们居住的良好物质条件和优美生态环境，而且应该具有乡土色彩、地方特征和人文个性等丰富的文化内涵。在中国社会中，村落自古以来都是比较稳定的基本社会单元，长期共同生活在一个村庄的人们一般具有趋同的认识情感、生活习俗、道德风尚和价值标准，久而久之，就构成了他们情感和文化的共同体，这就是乡村之魂。在乡村之魂中，既有中国传统农耕时代的共性特征，又有不同地区、不同村落独具特色的个性特征。正如冯骥才先生所说的，"既是那一方水土独特的精神创造和审美创造，又是人们乡土情感、亲和力和自豪感的凭借，更是永不过时的文化资源和文化资本"。

那么，在美丽乡村建设过程中应该怎样注意传统文化的记忆与传承呢？当然应该从实际出发因地制宜、因村制宜地进行规划和实施，不可能有一个统一的模式。但是，我们也不妨讨论几个原则性的工作方向。

一是要尽可能对一些历史文化遗迹、遗存加以保护和利用，包括古村落、古民居、古建筑、古树名木、传统农耕生产工具、生活用品、文化活动道具器物等物质性载体，或成片保留，或单体保留，或收藏存留，依托这些场所和器物，开办展览室或展览馆，乃至专题博物馆，从而发挥记忆农耕文化、传承传统美德、弘扬民族精神、教育子孙后代的积极作用。

二是要深入研究、挖掘、记载和传承当地非物质文化遗产，包括传统习俗、神话传说、方言俚语、谚语歌谣、民间技艺等，有些甚至需要通过口述记载的方式将目前健在老人记忆中那些珍贵的文化资源抢救性地挖掘和存留下来。在这项工作中，地方政府应切实引起重视，负起责任，发挥好主导和引领作用，组织力量将这些非物质文化遗产收集起来撰写成文或成书，并积极扶持使它们得以传承、创新和发展。同时，也要倡导和支持编写村史、族史、家史等，留存后世，教育子孙。

三是要认真研究不同地区、不同村庄的文化特色和内在个性，努力在美丽乡村建设规划中体现和彰显出来。在村落规划、环境构建、建筑造型、建筑风格、景观建设等各个环节中多动脑筋、多做文章，使不同地区、不同村庄不仅有其形，而且有其魂可供辨识，使整个中原农村成为传统文化的大观园、博览园。

四是要积极引导广大农民增强文化自觉意识，不同地区、不同村落的居民要尊重自己的传统生活习俗，维护共同的精神家园，传承发展富有价值的非物质文化遗产活动项目。例如，生活方式、婚丧习俗、商贸集会、节日活动、文化娱乐等，都应坚持"取其精华、去其糟粕"的原则予以传承，使文化的血脉得以延续。

五是要强化尊重自然、顺应自然、保护自然、热爱乡土、重构乡土的生态文明理念，守住乡土之根、文化之魂，使新时代的农民仍然能够守得住田园、看得见山水、观赏到花木、品尝到五谷，要萃取现代城镇生活与传统农家生活的精华融为一体，使他们过上令大都市人羡慕的新型农家生活，在某种意义上说，甚至可以由此创造出引领新时代风尚的新型生活模式。

三 中原农耕文化博物馆所做的点滴努力

许昌学院于几年前就关注到了农耕嬗变与"三农"发展这一重大课题，依托中原农村发展研究中心、城乡规划与园林学院等教学科研单位，紧紧围绕中原经济区建设，加强现代农业、农村发展研究。与此同时，许昌学院也高度重视对传统农耕文化的记忆与传承这一重大课题的研究，并创建了中原农耕文化博物馆，逐步形成"一体两翼"的研究格局，以实际行动做了一些有益的工作。

中原农耕文化博物馆的创建源于我们对改革开放以来我国传统农耕生产生活方式发生实质性重大变革的关注。我们目前正处在一个时代转换和文明嬗变的重要历史节点上，我们应该怀有强烈的社会责任感、时代紧迫感和文化传承的使命感。为此，许昌学院党委、行政部门果断做出决定，历时三年，投资500多万元创建了中原农耕文化博物馆，抢救性地收集、存留、研究和展示传统农耕生产生活用品和非物质文化遗产，旨在努力为弘扬民族文化、传承传统美德、教育子孙后代、推动社会进步做出积极贡献。

中原农耕文化博物馆位于许昌学院中心位置，占地13亩，馆舍面积达1500平方米，设有17个室内展厅和2个室外展览长廊，馆藏展品有2000多件，涉及22个大类，比较全面和系统地反映了中原地区传统农耕文化的内涵和面貌，馆藏展品全部是来自民间的原汁原味的真品，展厅中还以大量的图文展板介绍各种器物及现象的文化内涵，努力凸显高校博物馆的研究功能、育人功能和学术价值。中原农耕博物馆开馆以来，参观者络绎不绝，尤其受到各级各类学校学生的欢迎。据不完全统计，开馆以来除零散观众外，已接待参观团队250多个，累计参观人数超过28000人次，其中有不少国内外的专家学者以及外地有建馆意向者专程造访考察。该馆受到当地有关部门和广大民众的厚爱，先后被命名为许昌市爱国主义教育基地、许昌市中小学校外教育实践基地和许昌市青少年社会教育基地，并且于2013年8月被评定为"河南省爱国主义教育示范基地"，此后又荣获教育部全国高校校园文化建设优秀成果二等奖。今后，我们要在持续抓好实体博物馆建设的基础上，积极开发利用网络平台，通过网上展馆、公众微信平台、新浪微博以及大河网"省级爱国主义教育示范基地"专栏宣传和弘扬传统文化，同时还要加强中原农耕文化的典籍资料建设和丛书编撰，把记忆与传承中原农耕文化作为一个系统工程来建设，力求发挥综合效应，努力为大力繁荣发展社会主义文化和推动中原经济区"三农"发展、建设美好乡村做出积极贡献。

后　记

中原农村发展研究中心（英文简称"RDRC"）暨华中师范大学中国农村研究院河南省调研基地是在与教育部人文社会科学重点研究基地"华中师范大学中国农村研究院"合作基础上成立的学术研究机构，是直属许昌学院的一个跨学科的、开放性的实体研究机构。同时，也是中原经济区"三化"协调发展河南省协同创新中心的重要研究团队之一。

中原农村发展研究中心立足河南、辐射中原，以加快实现"三化"协调与"四化"同步发展为宗旨，以农村综合改革、"三化"协调与"四化"同步发展、农业经营体制创新为研究方向，对整个中原经济区"三农"问题研究中的典型案例、实践探索进行跟踪调查和深入研究，通过挖掘、提炼、总结好的经验和有效模式，研究、探索破解难题的方法、措施和政策，重点研究解决我国中原农村发展进程中面临的重大理论和实际问题，为地方政府和相关职能部门提供咨政服务和决策参考，以实际行动为服务中原经济区建设做出积极贡献。

"中原农村发展研究·智库系列"是中原农村发展研究中心的系列研究成果。自 2011 年以来，中原农村发展研究中心学术团队先后出版了《南农实验：农民的民主能力建设》和《中国工农业发展关系研究（1949 ~ 2003）》等学术著作。经过多年的调研积累，团队又形成了以家庭农场、现代农业与新型城镇化以及河南省工农业发展转型为主题的三部学术著作。研究内容主要依托"中原百村观察数据库"平台，以及中原地区"百村调研"资料，调研资料主要集中在家庭农场、现代农业、土地流转、新型城镇化建设和乡村治理等领域，由调研资料形成的多份咨政研究报告受到了中央及省政府领导的多次批示。因此，研究内容具有时效性、针对性、原创性和客观性。

中原经济区"三化"协调发展是国家发展进程中的重大战略选择，以新型城镇化引领的工业化与农业现代化协调发展在具体实践中面临理论与现实的较大差距。这种实践中的现实差距在彰显中原经济区推进"三化"协调发展困境的同时，也为中原农村发展研究中心学术团队提供了较大的研究空间和较多的研究主题。为此，中原农村发展研究中心课题组和华中师范大学中国农村研究院调研团队经过长达一年的调研，对中原经济区的近 100 个村庄就现代农业发展、新型城镇化、农场社区建设、公司下乡和粮食安全等展开了深入的调查研究，获取了宝贵的调研数据和资料。本书作为"百村观察"项目的重要成果，全面展示了中原经济区河南省范围内农村政治、经济和社会发展各方面的状况。全书分为"城镇化发展与乡村治理""现代农业与粮食安全""土地流转与公司下乡""其他"四篇，内容涵盖新型农村社区、农村土地流转、农村合作经济组织、农村公共服务等方面，反映了当前河南省农村发展过程中亟须解决的社会经济发展问题。

本书能够顺利出版，与各方的关心和支持是分不开的。在编写中，中原农村发展研究中心执行主任、全国百篇优秀博士论文获奖者、博士生导师马华教授对本书的选题、规划、编写及统稿工作进行了全面的统筹。团队核心研究成员马洪伟、王彦、鲁小亚等参与了各章节部分内容的撰写工作，喻琳、蔡玻、王诗文、许晓龙、张凯等多名硕士研究生和博士研究生为本书资料的收集和整理付出了辛勤的汗水。徐勇教授、李小建教授、仉建涛教授、陈建国教授、赵继红教授、郑直教授等专家学者对本书的修改和完善工作提出了许多宝贵的建议。同时，本书的出版得到了中原经济区"三化"协调发展河南省协调创新中心和许昌学院科研基金项目的资助，在此表示诚挚的感谢。

由于编写时间仓促，再加上编者水平有限，本书难免有疏漏之处，敬请专家学者批评指正。

作 者

2015 年 6 月 18 日

图书在版编目（CIP）数据

转型与治理：河南现代农业与新型城镇化发展评价/马洪伟等著.
—北京：社会科学文献出版社，2015.11
（工业化、城镇化和农业现代化协调发展研究丛书）
ISBN 978 - 7 - 5097 - 7126 - 6

Ⅰ.①转…　Ⅱ.①马…　Ⅲ.①农村经济发展 - 研究 - 河南省
②城市化 - 研究 - 河南省　Ⅳ.①F323②F299.21

中国版本图书馆 CIP 数据核字（2015）第 032500 号

工业化、城镇化和农业现代化协调发展研究丛书
转型与治理：河南现代农业与新型城镇化发展评价

著　　者／马洪伟　鲁小亚　等

出 版 人／谢寿光
项目统筹／周　丽　冯咏梅
责任编辑／冯咏梅　王莉莉

出　　版／社会科学文献出版社·经济与管理出版分社（010）59367226
　　　　　　地址：北京市北三环中路甲 29 号院华龙大厦　邮编：100029
　　　　　　网址：www.ssap.com.cn
发　　行／市场营销中心（010）59367081　59367090
　　　　　　读者服务中心（010）59367028
印　　装／三河市东方印刷有限公司

规　　格／开　本：787mm × 1092mm　1/16
　　　　　　印　张：18.25　字　数：294 千字
版　　次／2015 年 11 月第 1 版　2015 年 11 月第 1 次印刷
书　　号／ISBN 978 - 7 - 5097 - 7126 - 6
定　　价／79.00 元